es 1157

edition suhrkamp

Neue Folge Band 157

Wenn in jüngster Zeit die Frage nach der Funktion und dem Funktionswandel der Literatur ins Zentrum literatursoziologischen Interesses gerückt ist, so dürfte das auch mit der gegenwärtigen Kulturkrise zusammenhängen, die den in der bürgerlichen Gesellschaft institutionalisierten Umgang mit Literatur hat problematisch werden lassen. Die Krise schärft den Blick für die systematischen und historischen Grenzen der Autonomieästhetik, ohne daß bereits die Umrisse einer neuen Ästhetik erkennbar wären. In dieser Situation liegt es nahe, auf dem Wege über die historische Analyse eine Erhellung der Gegenwart in Angriff zu nehmen. Dieses Ziel der Gegenwartserhellung (ein hermeneutisches Ziel) versucht der vorliegende Band mit einem wissenschaftspolitischen zu verknüpfen: der Interdisziplinarität. Denn trotz methodologischer Anregungen, die die historisch-dialektische Literaturwissenschaft der Soziologie verdankt, sind die beiden Disziplinen bisher noch zu wenig in Kooperation miteinander getreten. Das liegt einmal an dem hohen Abstraktionsgrad kultursoziologischer Entwürfe, zum andern an der Ausrichtung auch der historisch-soziologischen Literaturwissenschaft auf das Einzelwerk. Einige der in dem Band vorgelegten Problemskizzen wollen dazu beitragen, diese Kluft zu verringern. Sie greifen Fragestellungen wie die Rationalisierungsthese Max Webers auf, beziehen sie aber auf die Literaturentwicklung einzelner Epochen seit der Renaissance. Anvisiert ist eine Betrachtungsebene, die zwischen der Allgemeinheit soziologischer Kulturtheorie und historisch-gesellschaftlicher Erhellung von Einzelwerken liegt. Die Fallstudien thematisieren unter anderem folgende Probleme: das Verhältnis der Institution Literatur zur Institution Religion; Widersprüche und epochale Differenzierungen im Konzept der Autonomie; Literatur und soziale Normen; Literaturgeschichte als Instanz der Institution Literatur.

Zum Funktionswandel der Literatur

Mit Beiträgen von Peter Bürger,
Ulrich Meier, Joël Lefebvre, Gerhard Goebel,
Evelyne Heydemann, Christa Bürger,
Karlheinrich Biermann, Hans Sanders,
Wilfried Grauert und Peter Uwe Hohendahl

Herausgegeben von Peter Bürger

Suhrkamp

Hefte für Kritische Literaturwissenschaft 4

Herausgegeben von Christa Bürger, Peter Bürger,
Jochen Schulte-Sasse

edition suhrkamp 1157
Neue Folge Band 157

Satz: Georg Wagner, Nördlingen
Druck: Nomos Verlagsgesellschaft, Baden-Baden
Umschlaggestaltung: Willy Fleckhaus
Printed in Germany
1 2 3 4 5 6 - 88 87 86 85 84 83

Inhalt

A. Funktionswandel der Literatur als theoretisches Problem

Peter Bürger

Institution Literatur und Modernisierungsprozeß[1]

1. Rationalität und Irrationalität der Kunst als Problem der Soziologie (M. Weber und J. Habermas)

Der Titel bedarf einer Erläuterung. Weder habe ich die Absicht, die vor allem in den Vereinigten Staaten entwickelten Modernisierungstheorien meinen Überlegungen zugrunde zu legen, noch sollen diese hier eingehend erörtert werden[2]; vielmehr knüpfe ich an die Tradition der deutschen Soziologie an, die durch Namen wie Max Weber und Jürgen Habermas bezeichnet wird. Max Weber hat bekanntlich die welthistorische Besonderheit der kapitalistischen Gesellschaften darin gesehen, daß in ihnen ein Prozeß zur vollen Entfaltung kommt, den er als Rationalisierung bezeichnet. Dieser betrifft dabei einerseits »die Fähigkeit, Dinge durch Berechnung zu beherrschen«, zum andern die »Systematisierung von Sinnzusammenhängen« und schließlich die »Ausbildung einer systematischen Lebensführung«.[3] Der Prozeß der Rationalisierung bzw. der Rationalismus wirkt in alle Bereiche menschlicher Praxis hinein. Er bestimmt keineswegs nur wissenschaftlich-technische Abläufe, sondern auch ethische Entscheidungen und alltägliche Lebensorganisation. Daß Max Webers Begriff des Rationalismus einen zentralen Merkmalskomplex kapitalistischer Gesellschaft trifft, dafür spricht die Tatsache, daß die großen Entwürfe kritischer Gesellschaftstheorie im 20. Jahrhundert auf ihn zurückgegriffen haben. Das gilt sowohl für das Verdinglichungskapitel aus Georg Lukács' *Geschichte und Klassenbewußtsein* als auch für die *Dialektik der Aufklärung* von Theodor W. Adorno und Max Horkheimer und schließlich für die soeben erschienene *Theorie des kommunikativen Handelns* von Jürgen Habermas. Zum andern läßt ein Typus der Opposition gegen die kapitalistische Gesellschaft, der von Rousseau bis zur gegenwärtigen Ökologiebewegung reicht, erkennen, daß der Rationalismus im Weberschen Sinne eine wichtige Grenzlinie markiert, an der fundamentale gesellschaftliche Orientierungen sich scheiden. Wenn das zutrifft, dann ergibt sich für eine die gesellschaftliche Funktion von Kunst im allgemeinen bzw. Literatur im besonderen thematisierende Wissenschaft die Frage, wie dieser Bereich zum Rationalisierungsprozeß steht. Werfen wir einen Blick auf die Antworten, die die Soziologie auf diese Frage gibt.

In seiner Adorno-Preis-Rede hat Jürgen Habermas unter Berufung auf Max Weber die Stellung der Kunst innerhalb des gesellschaftlichen Modernisierungsprozesses folgendermaßen bestimmt:

> Indem die [religiösen und metaphysischen] Weltbilder zerfallen und die überlieferten Probleme unter den spezifischen Gesichtspunkten der Wahrheit, der normativen Richtigkeit, der Authentizität oder Schönheit aufgespalten, jeweils *als* Erkenntnis-, *als* Gerechtigkeits-, *als* Geschmacksfragen behandelt werden können, kommt es zur Ausdifferenzierung der Wertsphären Wissenschaft, Moral und Kunst. [...] Das Projekt der Moderne, das im 18. Jahrhundert von den Philosophen der Aufklärung formuliert worden ist, besteht nun in dem Bemühen, die objektivierenden Wissenschaften, die universalistischen Grundlagen von Moral und Recht und die autonome Kunst unbeirrt in ihrem jeweiligen Eigensinn zu entwickeln, aber *gleichzeitig auch* die kognitiven Potentiale, die sich so ansammeln, aus ihrer esoterischen Form zu entbinden und für die Praxis, das heißt, für eine vernünftige Gestaltung der Lebensverhältnisse zu nutzen.[4]

In mindestens zweierlei Hinsicht ist diese an Kant anknüpfende Konstruktion von Habermas bestechend: Einmal versteht er die Entwicklung der Kunst als gleichsinnig mit dem Modernisierungsprozeß, der Ausdifferenzierung der Kunst als eigener Wertsphäre entspricht die Ausdifferenzierung der beiden andern Wertsphären Wissenschaft und Moral. Zum andern versöhnt er die autonome Entwicklung der Kunst bruchlos mit der lebenspraktischen Nutzung der in ihr entwickelten Potentiale. Aber die bestechende Eleganz der Konstruktion macht zugleich ihre Problematik aus. Daß sie den durchaus unterschiedlichen Status nicht erfaßt, den die Kunst im Verlauf der Herausbildung der bürgerlichen Gesellschaft einnimmt, wird man ihr angesichts ihrer idealtypischen Allgemeinheit nicht vorhalten. Dennoch erscheint die Erörterung der historischen Veränderungen des Status der Kunst für ein volles Verständnis ihrer gegenwärtigen Krise notwendig. Entscheidender aber dürfte sein, daß die Konstruktion von Habermas den Widerspruch verdeckt, in den die Kunst (so wie sie in der entfalteten bürgerlichen Gesellschaft institutionalisiert ist) mit dem Rationalismus als dem beherrschenden Prinzip dieser Gesellschaft tritt.

Was Max Weber angeht, so hat er das Verhältnis der Kunst zum okzidentalen Rationalismus nicht einheitlich beurteilt. In der *Vorbemerkung* zu den *Gesammelten Aufsätzen zur Religionssoziologie* faßt er neben Wissenschaft und kapitalistischer Ökonomie auch die Kunst als eine durch den Rationalismus geprägte Sphäre gesellschaftlicher Praxis.[5] Weber nennt in diesem Zusammenhang die rationale Verwendung des gotischen Gewölbes als Mittel der Schubverteilung und der Überwölbung beliebig geformter Räume in der Architektur, die Organisation des Tonsystems in der harmonischen Musik und die »rationale Verwendung der Linear- und Luftperspektive« in der Malerei.[6] Als rational bezeichnet Weber offenbar die Erstellung eines in sich kohärenten architektonischen, musikalischen oder malerischen Systems, das eine optimale Lösung vorgegebener technischer Probleme darstellt. Die Rationalität wäre demnach angesiedelt auf der Ebene, die wir mit einem Ausdruck Theodor W. Adornos und Hanns Eislers die des *künstlerischen Materials* nennen können. In dieser Sicht hat die Kunst keine Sonderstellung innerhalb der abendländischen Gesellschaft; sie wird vielmehr neben anderen Bereichen als Beispiel des abendländischen Rationalismus angeführt. Nicht explizit erörtert wird die Frage des Einflusses eines Bereichs auf den andern; doch der Hinweis, daß »das Mönchtum des nordisch-abendländischen Missionsgebiets [. . .] die volkstümliche Polyphonie für seine Zwecke rationalisierte«[7], läßt die Vermutung zu, daß Max Weber hier eine Beeinflussung durch die mönchische Askese annimmt, deren Bedeutung für die Herausbildung einer rationalen Lebenseinstellung er hoch veranschlagt. In vergleichbarer Weise dürfte er die Einführung der Perspektive auf die Dominanz der Wissenschaftssphäre in der Renaissance zurückführen.[8]

Es ist nun außerordentlich interessant, daß Weber in einem Abschnitt aus *Wirtschaft und Gesellschaft* die Stellung der Kunst innerhalb der modernen Gesellschaft anders charakterisiert. Er arbeitet hier vor allem den Gegensatz heraus, in den die Sphäre der Kunst zur Religion, speziell zur Brüderlichkeitsreligiosität, gerät. Der Gegensatz wird von Weber auf folgenden Ebenen ausgemacht: 1. Die »innerweltliche Erlösung, welche die Kunst rein als Kunst zu geben beansprucht«, steht dem religiösen Erlösungswillen entgegen. 2. »Die subjektivistische Inappellabilität jedes Geschmacksurteils über menschliche Beziehungen, wie es in der

Tat die Kultur des Ästhetentums anzuerziehen pflegt«, steht quer zur religiös-ethischen Norm. 3. Gerade die Rationalisierung der Religion (»die Entwertung der magischen, orgiastischen, ekstatischen und ritualistischen Elemente der Religiosität«) hat eine »religiöse Entwertung der Kunst« zur Folge bzw. geht mit ihr einher.[9]

Auf allen drei Ebenen wird der Gegensatz von Kunst und Religion als einer von Irrationalität und Rationalität ausgelegt. Gegen die »innerweltliche irrationale Erlösung [sc. durch die Kunst] muß sich jede rationale religiöse Ethik wenden«.[10] Das subjektivistische Geschmacksurteil stellt, auf menschliche Verhaltensweisen angewendet, die Rationalität ethischer Normen ebenso in Frage wie umgekehrt die Religion in der Kunst das Fortwirken jener irrationalen Praxen denunziert, von denen sie selbst sich seit langem befreit hat. Die Kunst tritt hier also wegen ihres *irrationalen Charakters* in Gegensatz zur christlichen Religion. In *Wirtschaft und Gesellschaft* schließt Weber seine Überlegungen mit der Feststellung, daß »die systematische Verdammung aller unbefangenen Hingabe an die eigentlichen Formungswerte der Kunst, deren Wirksamkeit ja durch Maß und Art der Kunstproduktivität der frommen jüdischen und puritanischen Kreise genügend belegt ist, in der Richtung intellektualistischer und rationaler Lebensmethodik wirken muß«.[11] In der hier formulierten Perspektive hat die Kunst nicht teil am abendländischen Rationalismus, sondern steht zu diesem im Gegensatz.

Auf den ersten Blick hat es den Anschein, als verstricke sich Max Weber in einen unlösbaren Widerspruch; soll doch die okzidentale Kunst zugleich rational und irrational sein. Auflösen läßt sich der Widerspruch am ehesten, wenn man sich verdeutlicht, was genau in den beiden Texten thematisiert wird. Der erste Text handelt vom künstlerischen Material (wobei wohl nicht zufällig die Dichtung ausgespart bleibt); der zweite Text dagegen handelt von der Kunst als Institution, die mit einer andern Institution, der Religion, in Konflikt gerät. Diesen Konflikt deutet Weber dahingehend, daß die Religion der Kunst ihre Irrationalität vorhält. So gesehen, braucht die Rationalität in der Entwicklung des künstlerischen Materials und künstlerischer Techniken deren Einsatz im Rahmen einer irrationalen Institution (genauer: einer Institution, die von einer andern Institution her gesehen als irrational erscheint) nicht notwendig zu widersprechen.

Diese Auflösung des Widerspruchs, in dem die beiden Texte Webers zueinander stehen, darf aber nicht das dem Widerspruch zugrunde liegende Problem verdecken. Dieses hat, soviel ich sehe, zwei Dimensionen. Eine historische: während des Jahrhunderte währenden Prozesses der Herausbildung der bürgerlichen Gesellschaft veränderte die Kunst ihren Status; und eine aktuelle: die gegenwärtige Krise der Kunst ist eine ihres Status. Mein Versuch besteht darin, durch eine historische Erörterung die aktuelle Problematik zu erhellen. Ich vermute, daß die Autonomiesetzung der Kunst kein gradliniger Emanzipationsprozeß ist, der in der Institutionalisierung einer Wertsphäre neben andern endet, sondern ein außerordentlich widersprüchlicher Prozeß, der keineswegs nur durch die Gewinnung neuer, sondern auch durch den Verlust alter Potentiale bestimmt ist.

Bevor wir uns der historischen Analyse der Veränderungen des Status der Literatur seit dem Absolutismus zuwenden, möchte ich daran erinnern, daß im folgenden nicht von Einzelwerken die Rede ist, sondern von der *Institution Literatur.* Der Begriff bezeichnet nicht die Gesamtheit der in einer Epoche faktisch auffindbaren literarischen Praxen, sondern nur diejenige Praxis, der mindestens folgende Merkmale zukommen: Übernahme bestimmter Funktionen für das Gesellschaftssystem als ganzes; Ausbildung eines ästhetischen Kodex, der zugleich die Legitimationsgrundlage für die Ausgrenzung anderer literarischer Praxen abgibt; Anspruch auf uneingeschränkte Geltung (die Institution Literatur legt fest, was in einer gegebenen Epoche als Literatur gilt). Im Zentrum eines so gefaßten Institutionsbegriffs steht die normative Ebene, weil von hier aus die Verhaltensweise der Produzenten und Rezipienten bestimmt wird. Distributionsapparate wie Theater, Verlage, Lesekabinette oder Buchgemeinschaften verlieren innerhalb dieser Konstruktion den Schein ihrer Selbständigkeit und werden erkennbar als Instanzen, in denen sich der Geltungsanspruch der Institution Literatur erhärtet oder bricht. Literaturdebatten kommt in dieser Sicht eine besondere Bedeutung zu; sie rücken in den Blick als Kämpfe um die Ausformulierung der Normen der Institution Literatur; in ihnen kann sogar der Versuch unternommen werden, einer Gegeninstitution zum Durchbruch zu verhelfen. Diese Kämpfe sind als gesellschaftliche Auseinandersetzungen aufzufassen, in denen soziale Konflikte oftmals in widersprüchlicher Weise zum Ausdruck kommen.

2. Die Institutionalisierung der *doctrine classique* im absolutistischen Frankreich

Die durch Pierre Corneilles *Cid* (1637) ausgelöste Debatte über die Gültigkeit der Regelpoetik *(doctrine classique)* stellt eine wichtige Etappe auf dem Wege der Durchsetzung der feudalabsolutistischen Institution Literatur dar.[12] Die Regeln, an denen die Kritiker Corneilles dessen Tragikomödie *Le Cid* messen, sind damals weder von der Mehrzahl der Dramatiker noch vom Publikum anerkannt. Erst durch die Tatsache, daß Richelieu und auf seine Intervention hin auch die eben gegründete Académie Française auf der Seite der Kritiker Corneilles Partei ergreifen, erhalten die von Theoretikern der italienischen Renaissance in der Nachfolge des Aristoteles formulierten Regeln in Frankreich den Status einer offiziellen Literaturdoktrin, die bis ins 19. Jahrhundert hinein eine kaum erschütterte Geltung bewahren sollte. In der *Querelle du Cid* stehen die Sprecher eines ständeübergreifenden Publikums, das an starken emotionalen Effekten interessiert ist, den Verfechtern der Regelpoetik gegenüber, die das Theater bestimmten Normierungstendenzen zu unterwerfen suchen. Während für das Publikum die ästhetische Qualität eines Stückes mit der Lusterfahrung bei der Aufführung zusammenfällt und daher auch nicht rational begründet werden kann, verfügen die Verfechter der *doctrine classique* über ein Instrumentarium, das rationale Urteile über die ästhetische Qualität eines Stücks zu formulieren erlaubt. Dabei fungieren zum einen soziale Normen als ästhetische (*bienséance*-Regel) und erzwingen eine Konformität zwischen dem Handeln der Bühnengestalten und moralischen Vorstellungen, die damals noch nicht einmal die Lebensformen der aristokratischen Eliten prägten. Die Einführung der Regelpoetik befördert so die von Norbert Elias als wesentliches Merkmal des Modernisierungsprozesses herausgearbeitete Affektkontrolle.[13] Zum andern unterwerfen die bekannten Einheiten der Handlung, des Ortes und der Zeit den Sujetbau der Stücke überprüfbaren Kriterien der Rationalität. Rational dürfen diese Kriterien deshalb heißen, weil sie auf alle Gebilde der gleichen Gattung angewendet werden können (Allgemeinheitsprinzip) und weil eine intersubjektive Verständigung über ihre Erfüllung bzw. Nichterfüllung im Einzelfall relativ problemlos zu erreichen ist. Es ist bezeichnend, daß die Gegner der Regelpoetik sich genötigt sehen, den aus den Regeln abgeleiteten Urteilen zuzustimmen, auch wenn diese ihren eigenen unmittelbaren Rezeptionserfahrungen widersprechen.

Die Frage, welche gesellschaftlichen Kräfte der neuen Institution Literatur zum Durchbruch verhelfen, ist relativ leicht zu beantworten: Es ist vor allem die absolutistische Zentralgewalt. Offenbar setzt sie zur Überwindung der mit ihr rivalisierenden Feudalherren neben dem Ausbau eines stehenden Heeres und einer zentralen Verwaltung auf die Errichtung eines kulturellen Monopols. Von der Reglementierung der literarischen Produktion erhofft man sich das Entstehen einer qualitativ hochwertigen Literatur, die als Repräsentationsinstrument eingesetzt werden kann. Zur Ausformulierung und Durchführung seines Kulturprogramms bedient der Absolutismus sich juristisch geschulter Angehöriger des Bürgertums. Es gehört aber zu den Eigentümlichkeiten der Institutionalisierung der klassischen Regelpoetik, daß diese – trotz der unzweifelhaft in ihr aufweisbaren Momente bürgerlicher Rationalität – zunächst *nicht* von den sozialgeschichtlich als bürgerlich zu bezeichnenden Publikumsschichten getragen wird. Diese halten vielmehr während der *Querelle du Cid* noch an der auf unmittelbaren Genuß des Bühnengeschehens ausgerichteten Rezeptionshaltung fest. Indem die absolutistische Zentralgewalt die Literatur ihren politischen Zielen unterwirft, treibt sie zugleich die Durchsetzung bürgerlicher Rationalität gegen den Willen des zeitgenössischen Bürgertums voran. Das entspricht durchaus der Widersprüchlichkeit absolutistischer Herrschaft, in der bürgerliche und feudale Elemente eine eigentümliche Verbindung eingehen.

Auf den ersten Blick scheint die Frage müßig, ob die feudalabsolutistische Institution Literatur autonom genannt werden kann; denn ihre Abhängigkeit vom politischen System des Absolutismus und mithin ihre Heteronomie ist nicht zu übersehen. Doch so einfach liegen die Dinge nicht. Die unbestreitbare Abhängigkeit vom politischen System garantiert nämlich der Institution Literatur einen gewissen (wenn auch eng begrenzten) Freiraum gegenüber derjenigen Institution, mit der die Literatur mindestens seit Beginn des bürgerlichen Emanzipationsprozesses in der Renaissance in Rivalität steht, der Kirche.[14] Noch 1619, also kurz vor dem Machtantritt Richelieus, wird Vanini in Toulouse als *libertin* öffentlich verbrannt, und einige Jahre später wird Théophile de Viau wegen einiger Verse, aus denen atheistische Vorstellungen herausgelesen werden konnten, ins Gefängnis geworfen. Die Rivalität zwischen der Institution Literatur und der Institution Kirche dauert das ganze Jahrhundert an; sie findet ihren Ausdruck vor allem im Kampf der Kirche gegen den moralisch verderblichen Einfluß des Theaters. Dabei richtet sich der Angriff der Kirche keineswegs in erster Linie gegen das Volkstheater und populäre Genera wie die Tragikomödie, sondern gegen die hohe Literatur, die, institutionell abgesichert, mit kulturellem Anspruch auftritt. Je mehr das Theater sich den Regeln der *bienséance* unterwerfe, so argumentieren Nicole und Bossuet, um so einschmeichelnder und mithin verderblicher sei es. Die Auseinandersetzung um die öffentliche Aufführung von Molières *Tartuffe* kann als ein Höhepunkt des Kampfes zwischen den Institutionen Literatur und Kirche im 17. Jahrhundert angesehen werden. In dem Maße wie das Theater seine bloße Unterhaltungsfunktion überschreitet, um moralische Probleme zu erörtern, wird es für die Vertreter der Kirche gefährlich. Der Ausgang der Auseinandersetzung ist für das Autonomieproblem von Bedeutung. Molière vermag die öffentliche Aufführung des *Tartuffe* nur aufgrund massiver Unterstützung durch den König durchzusetzen. Die politische Heteronomie ist – zumindest in diesem Fall – die Bedingung dafür, daß die Literatur sich gegenüber der direkt mit ihr rivalisierenden Institution, der Kirche, zu behaupten vermag. Die Auseinandersetzung wird im 18. Jahrhundert fortgesetzt, und zwar mit unverminderter Heftigkeit.

Soviel mag deutlich geworden sein: der Geltungsverlust religiöser Weltbilder ist kein bloßer Erosionsprozeß, sondern auch Resultat von Auseinandersetzungen, in denen die Literatur um ihre institutionelle Autonomie kämpft. Insofern die Literatur aufgrund ihrer Rivalität zur Kirche den Geltungsverlust religiöser Weltbilder befördert, steht ihre Entwicklung während des Feudalabsolutismus im Einklang mit dem Modernisierungsprozeß. Das trifft, wie wir gesehen haben, noch in anderm Sinne zu. Die klassische Regelpoetik, die als normatives Zentrum der feudalabsolutistischen Institution Literatur gelten kann, ist charakterisiert durch das Bemühen, die literarische Produktion einer zugleich sozialen und rationalen Normierung zu unterwerfen. Damit wird die Literatur einem zentralen Prinzip der Modernität unterstellt, dem Rationalitätspostulat. Das ist selbstverständlich nicht gleichbedeutend mit einem Verzicht auf emotionale Wirkungsmittel, grenzt aber deren unkontrollierte Verwendung ein und postuliert ihre Kalkulierbarkeit. Man muß allerdings im Blick behalten, daß Rationalität hier noch eingebunden bleibt in das feudalabsolutistische Herrschaftssystem, dessen Repräsentationsbedürfnissen die klassische französische Literatur dient. Trotzdem wird man die relativ stabile Geltung der *doctrine classique* während der Aufstiegsphase des Bürgertums im 18. Jahrhundert nur erklären können, wenn man das moderne Moment der Rationalität in ihr erkennt.

3. Durchsetzung und Krise des aufklärerischen Literaturbegriffs

Die Veränderungen der Institution Literatur im Verlauf des 18. Jahrhunderts lassen sich folgendermaßen schematisieren: Der Bereich der institutionalisierten Genera – Epos, Tragödie, Komödie und lyrische Großformen – wird weiterhin von der *doctrine classique* reglementiert. Voltaire wird zunächst als Verfasser klassischer Regeltragödien berühmt, und als »le grand Rousseau« gilt während des ganzen Jahrhunderts nicht Jean-Jacques, sondern der Odendichter Jean Baptiste Rousseau. Gerade diejenigen Genera jedoch, die von der Regelpoetik nicht erfaßt sind – moralistische Kleinformen wie Aphorismus, Portrait, Brief, aber auch Dialog und Essay, schließlich die Prosaerzählung und der Roman –, werden immer stärker in den Dienst einer alternativen literarischen Praxis gestellt, die man am ehesten als aufklärerisch bezeichnen kann. Mindestens zwei Merkmale unterscheiden diese von der feudalabsolutistisch institutionalisierten Praxis: die Prosaform und die Verknüpfung von moralerzieherischer Intention mit dem Prinzip rationaler Kritik. Auch die Regelpoetik hatte die Literatur sozialen Normen unterworfen; die *bienséance*-Regel forderte aber nur die Übereinstimmung der Handlungsweise der Figuren mit den gesellschaftlich anerkannten (feudalaristokratischen) Normen; eher verbal wurde gelegentlich auf das Horazische *prodesse* rekurriert. Das ändert sich mit der Aufklärung: Jetzt genügt es nicht mehr, daß die Literatur mit den geltenden Normen übereinstimmt; sie soll diese vielmehr in einer Weise vertreten, daß sie in die Verhaltensdispositionen der Subjekte eingehen.

Wie Jochen Schulte-Sasse für die deutsche Frühaufklärung nachgewiesen hat, ist die erstarkende Handels- und Manufakturbourgeoisie in einem sehr elementaren Sinn an der Geltung moralischer Normen interessiert: sie sind Voraussetzung für das Funktionieren des kapitalistischen Markts.[15] So entsteht aus einer alternativen literarischen Praxis eine neue (aufklärerische) Institution Literatur, welche die Einzelwerke, statt sie einem absolutistischen Repräsentationsbedürfnis zu unterwerfen, zu Instrumenten moralischer Erziehung macht. Der Ästhetiker Sulzer schreibt:

> Den schönen Künsten kommt es zu, die Lehren der Philosophie dem Gemüthe mit einer Kraft einzudrücken, dergleichen die nackte Wahrheit niemals hat; sie müssen sich der Einbildungskraft und des Herzens der Menschen bemächtigen, um sie nach dem erhabenen Ziele zu lenken, welches die Philosophie vorgesetzt hat.[16]

Nun wäre es zweifellos unzulässig, die aufklärerische literarische Praxis auf Moralerziehung reduzieren zu wollen. Zwei ergänzende Hinweise sind notwendig, um Mißverständnisse zu vermeiden: die Prinzipien und Normen, die durch Literatur den Individuen vermittelt werden sollen, sind selbst wiederum Gegenstand von Diskussionsprozessen. Literatur ist also zugleich Instrument von Moralerziehung und Medium politisch-moralischer Diskussion. Insofern bleiben die »Lehren«, von denen Sulzer spricht, an eine auf Rationalität verpflichtete Wahrheitssuche innerhalb der literarischen Öffentlichkeit gebunden. Was das Verhältnis der aufklärerischen literarischen Praxis zur feudalabsolutistischen Institution Literatur angeht, so entstehen überall dort Spannungen, wo der Geltungsanspruch der Regelpoetik angetastet wird. Dies geschieht indirekt, wo der Roman mit dem Anspruch literarischer Qualität auftritt; das geschieht direkt mit Diderots Versuch der Durchsetzung eines bürgerlichen Trauerspiels *(drame bourgeois).* Insofern Diderot eine Kritik der Normen der *doctrine classique* vornimmt, kann man seine Programmatik des *drame bourgeois* als Versuch deuten, einer aufklärerischen Institution Literatur zur Hegemonie zu verhelfen. An die Stelle des Nebeneinanders einer der Regelpoetik unterliegenden *Poesie* und einer aufklärerischen *Prosa* sollte ein einheitlich aufklärerischer Literaturbegriff treten. Dieser Versuch, ein kulturelles Monopol des erstarkenden Handels- und Manufakturbürgertums in der Mitte des 18. Jahrhunderts durchzusetzen, scheitert.[17]

Mit der aufklärerischen Institution Literatur wird dieser eine zentrale Stelle innerhalb des Modernisierungsprozesses zugewiesen. In dem Maße, wie die Normen zwischenmenschlichen Zusammenlebens nicht mehr durch autoritativen Geltungsanspruch von Glaubenssätzen zu legitimieren sind, müssen sie in Diskussionsprozessen ermittelt werden. Und in dem Maße, wie die Internalisierung von Normen nicht mehr, jedenfalls nicht mehr ausschließlich durch religiöse Unterweisung geleistet wird, müssen andere Formen der Normenvermittlung gefunden werden. Beide Aufgaben fallen jetzt der Literatur in umfassendem Sinne zu. Als philosophische Kritik überprüft sie den Geltungsanspruch von Normen; als schöne Literatur arbeitet sie darauf hin, daß die Rezipienten die Normen verinnerlichen. Die emotionalen Potenzen der Literatur, ihr Vermögen, den Rezipienten zu rühren und zu erschüttern, werden eingebunden in ein in zweifachem Sinne rationales Projekt. Einmal sind die Normen, um deren Internalisierung es geht, in vernünftiger Diskussion ermittelt und überprüft; zum andern ist das aufklärerische Projekt selbst ein rationales, die planmäßige Verwirklichung einer humanen Gesellschaft. In der Aufklärung konstituiert sich die Trägerschicht des Modernisierungsprozesses, das kapitalistische Bürgertum (im Gegensatz zu der traditionalen Lebensformen verpflichtet bleibenden »bourgeoisie d'Ancien Régime«), als historisches Subjekt. Der Modernisierungsprozeß selber gewinnt damit eine andere Qualität: er wird jetzt als Projekt formulierbar. Insofern dies in der Literatur geschieht, wird sie zur zentralen Institution des gesellschaftlichen Lebens.

Die Krise der Aufklärung und damit auch des aufklärerischen Literaturbegriffs hat man früher meist als Auswirkung der Französischen Revolution erklärt. Diese Auffassung ist nicht schlechthin unrichtig; aber sie hat den Mangel, die Veränderung der Institution Literatur unmittelbar aus einem politischen Ereignis abzuleiten. Die Kritik des die Gesellschaft beherrschenden Nützlichkeitsprinzips, die im Anschluß an Rousseau von Karl Philipp Moritz und den Autoren des Sturm und Drang formuliert wird und die eine wesentliche Grundlage der idealistischen Ästhetik ausmachen wird, zeigt an, daß bereits vor der Französischen Revolution der Modernisierungsprozeß einen Typus radikaler Kritik hervortreibt. Obwohl diese an traditionalen Lebensformen orientiert ist (Herder und der junge Goethe z. B. nehmen Anregungen des Traditionalisten Justus Möser auf), kann man sie doch nicht einfach als traditionalistisch einordnen. Dem Nützlichkeitsprinzip, der Unterwerfung immer weiterer Lebensbereiche unter mechanische Ablaufsgesetze und der Zersplitterung der Tätigkeiten wird die Sehnsucht nach einem ganzheitlichen Leben entgegengestellt, die sich zwar aus Erfahrungen in traditionalen Lebenskontexten speist, aber erst unter dem Eindruck des Modernisierungsprozesses überhaupt formulierbar wird. Diese fundamentale Kritik der Rationalisierung des gesellschaftlichen Lebens konnte in der Religion keinen institutionellen Ort mehr finden, weil diese, wie Weber und Groethuysen nachgewiesen haben, in den Rationalisierungsprozeß hineingezogen worden ist und darüber hinaus für große Teile der durch Besitz und Bildung privilegierten Schichten ihre Bedeutung als Lebenssinn gewährende Instanz eingebüßt hatte. Für die aufklärerische Institution Literatur aber mußte die Kritik an der Rationalität notwendig zu einer Infragestellung der Institution selbst führen. Zwar war das Prinzip der Kritik in ihr verankert, aber dieses gründete auf das Vertrauen in Vernunft und in die Übereinstimmung von Vernunft und Humanität. Wer diese Grundlage aufkündigte, griff, ob er es wollte oder nicht, die aufklärerische Institution Literatur an. Die Autonomieästhetik, die die Kunst allen theoretischen und moralisch-praktischen Rationalitätsforderungen entzieht und für das Kunstwerk einen Freiraum innerhalb der Gesellschaft vindiziert, stellt, so gesehen, eine konsequente Antwort dar auf die Krise der aufklärerischen Institution Literatur. Daß die sich abzeichnende Autonomiesetzung der Literatur als Kunst von Anfang an mit Problemen belastet war, läßt deren Vorgeschichte in der Genie-Ästhetik erkennen.[18]

4. Die Genie-Ästhetik und die Entdeckung des Barbarischen in der Poesie

Für die Frühaufklärer, aber auch für Voltaire stellt sich der zivilisatorische Prozeß als eine (wenn auch von möglichen Rückschritten bedrohte) gradlinige Entwicklung von der Barbarei zur Zivilisation dar. Als Anzeichen des erreichten Kulturniveaus gilt Voltaire gerade auch die Literatur des »Siècle de Louis XIV«, wobei der Aufklärer nicht auf die Legitimationsfunktion dieser Literatur für das absolutistische Herrschaftssystem abhebt, sondern einmal die Bedeutung einer nationalen Tradition herausstellt und zum andern auf der Rationalität der Regelpoetik insistiert. Im Vergleich mit Racine ist Shakespeare barbarisch, die Regelverstöße in seinen Stücken sind allenfalls entschuldbar durch den Hinweis auf den niedrigen Stand der Kultur seiner Zeit. Es ist jedoch interessant zu beobachten, daß der frühaufklärerische Rationalismus sich keineswegs so bruchlos mit der Regelpoetik verträgt, wie Voltaire dies glauben machen möchte. Das zeigt sich an seiner Auseinandersetzung mit La Motte. Dieser Schüler Fontenelles hatte den Rationalismus *gegen* die Regelpoetik gekehrt, die Vernünftigkeit der Einheiten des Ortes und der Zeit in Frage gestellt und im Namen der Wahrscheinlichkeitsregel die Versform der Tragödie angegriffen. Die argumentativ schwache Antwort Voltaires enthüllt dessen Position als eine traditionalistische. Wer die Einheiten und die Versform angreife, greife die Poesie an, argumentiert Voltaire und beansprucht damit für die Regelpoetik einen Status jenseits von Kritik und Diskussion. Die Bedeutung der Debatte besteht darin, daß Poesie und Ratio, die in der Regelpoetik als Einheit gedacht wurden (»Aimez toujours la raison«, hatte Boileau dem Dichter angeraten), auseinanderzutreten beginnen. Nichts bezeugt diese Entwicklung besser als die vergeblichen Bemühungen des Enzyklopädisten d'Alembert, beide wieder miteinander zu versöhnen: *Dialogue entre la poésie et la philosophie pour servir de préliminaire et de base à un traité de paix et d'amitié perpétuelle entre l'une et l'autre* lautet der Titel einer seiner Abhandlungen, die gegen den Willen des Verfassers die Kluft zwischen dichterischer *sensibilité* und *raison* nur bestätigen. Sieht er sich doch gezwungen, einen Zusammenhang herzustellen zwischen der Zunahme an Rationalität (sowohl im allgemeinen wie bei der Produktion und Rezeption von Werken) und der Abnahme der Intensität von Lusterfahrungen (»nos lumières sont presque toujours aux dépens de nos plaisirs«).[19]

Von hier aus ist dann nur noch ein Schritt zur positiven Besetzung dessen, was Voltaire als das Barbarische verabscheut. Dieser Schritt wird in Frankreich im Umkreis Diderots getan, in Deutschland im Sturm und Drang. Vergleicht man Voltaires Ausführungen über *enthousiasme* und *imagination* aus dem *Dictionnaire philosophique* mit den entsprechenden Abschnitten aus dem von Saint-Lambert verfaßten Artikel *Génie* der *Encyclopédie,* so lassen sich die möglichen Konsequenzen der Selbstkritik der Aufklärung für die Institution Literatur erkennen: Während Voltaire den dichterischen *enthousiasme* entweder als milde Manie verspottet oder ihn in die Nähe des religiösen Fanatismus rückt und auch der *imagination* nur innerhalb enger Grenzen eine Bedeutung für den künstlerischen Schaffensprozeß zuzugestehen bereit ist, rücken gerade diese Fähigkeiten ins Zentrum einer Auffassung vom Dichter, die um den Begriff des Genies zentriert ist. Der Regel, die jetzt als bloß äußerliche Konvention abgewertet wird, setzt man die Unregelmäßigkeit, ja sogar das Wilde als ästhetische Qualitäten entgegen. Schließlich wird das Konzept des Genies mit einem Typus allseitig entwickelter Wahrnehmungsfähigkeit verknüpft, das zur eingeschränkten Sinnlichkeit all derer im Gegensatz steht, die die Verfolgung festumrissener Ziele zur Ausrichtung ihrer Wahrnehmung auf diese zwingt. Hier klingt bereits die in der Autonomieästhetik bei Karl Philipp Moritz und Schiller entwickelte Entfremdungskritik an.

Plädoyer für eine uneingeschränkte Sinnlichkeit, Preis der Spontaneität des produzierenden Künstlers, Lust an Objekten, die dem idealisch überhöhten Schönheitsideal der *doctrine classique* sich nicht fügen: in der Genie-Ästhetik, wie sie sich in der zweiten Hälfte des 18. Jahrhunderts herausbildet, kündet sich eine Auffassung von Kunst an, in der diese nicht in Übereinstimmung mit dem Modernisierungsprozeß steht, sondern als dessen Widerpart gedacht wird. Die Bestimmungsmomente der Genie-Ästhetik enthalten explizit oder implizit eine Kritik an den Prinzipien der Rationalität und der kalkulierten Arbeit. Diese Kritik wird formuliert im Namen einer partiellen Neubewertung dessen, was in der Kulturtheorie Voltaires endgültig der Vergangenheit angehörte: des Barbarischen. »La poésie veut quelque chose d'énorme, de barbare et de sauvage«, schreibt Diderot.[20] Und er formuliert darüber hinaus den Gedanken, daß große epische und dramatische Dichtung nur in einem archaischen Gesellschaftszustand entstehen könne. Poesie (der Terminus ist durchaus schon im Sinne des späteren Kunstbegriffs verwendet) tritt hier in Gegensatz zur Moderne (im soziologischen Wortsinne verstanden).

Fragt man nach den gesellschaftlichen Bedingungen dieser Neubestimmung der Stellung der Kunst innerhalb der im Entstehen begriffenen bürgerlichen Gesellschaft, so muß man sich zunächst darüber im klaren sein, daß zumindest in Frankreich die Genie-Ästhetik keineswegs dominant ist. Selbst bei Diderot und Mercier ist sie nur in einzelnen Äußerungen faßbar, die nicht selten in einem Kontext stehen, der andern Vorstellungen verpflichtet ist (z. B. dem Postulat der Moralerziehung). Die Genie-Ästhetik, die die Kunst radikal von den Prinzipien der Rationalität und der (herrschenden) Moral abkoppelt, kann als Entsprechung zur Zivilisationskritik Rousseaus gelesen werden. Auch sie ist ein Teil jener Selbstkritik der Aufklärung, die mit Rousseau einsetzt. Je weiter die wissenschaftlich-technische Entwicklung im Zeichen der Rationalität fortschreitet, um so mehr enthüllt sie ihren widersprüchlichen Charakter. Das Autonomie für sich beanspruchende bürgerliche Subjekt, selbst ein Resultat des Modernisierungsprozesses, tritt jetzt der Gesellschaft als einem ihm fremden Gebilde gegenüber. Damit wird es möglich, die Kritik, die sich bislang an traditionalen Restbeständen (wie z. B. dogmatischen Glaubenssystemen) abgearbeitet hatte, gegen den Modernisierungsprozeß selbst zu richten. Die These von Rousseaus *Discours sur l'inégalité* lautet: Der Prozeß des Fortschritts ist *zugleich* ein Prozeß der Regression. Mit dem technisch-wissenschaftlichen Fortschritt geht Rückschritt in den zwischenmenschlichen Beziehungen einher. Die positive Besetzung von *Natur* (genauer: einer frühen Stufe der Zivilisation, die noch keine Konkurrenzbeziehungen der Menschen untereinander kennt) ist bei Rousseau die theoretische Bewältigung einer Leidenserfahrung, die im Verlust traditionaler Lebensformen ihren Grund hat.[21] Für ihn ist Natur ein theoretisches Konstrukt, das Kritik der Zivilisation möglich macht. (Eine Rückkehr zur Natur hat er – anders als manche Rousseauisten – nicht für möglich gehalten.) Die Genie-Ästhetik geht von der Rousseauschen Zivilisationskritik aus, gibt sich aber mit deren Ergebnissen nicht zufrieden. Sie will »Natur« in der bestehenden Gesellschaft realisieren. Das ist nur möglich, indem man einen Ausnahmestatus für das Subjekt solch einer »natürlichen« Erfahrung in Anspruch nimmt. Für die Radikalität ihrer Kritik an der Modernisierung zahlt die Genie-Ästhetik einen hohen Preis: sie bindet die Entfremdungskritik ans außerordentliche Individuum und droht der Faszination durchs Barbarische zu erliegen.

5. Über einige Entsprechungen zwischen *doctrine classique* und Autonomieästhetik

Daß in der Genie-Ästhetik, wie sie sich in der zweiten Hälfte des 18. Jahrhunderts in Frankreich herausbildet, wichtige Elemente der später in Deutschland von Moritz, Kant und Schiller entwikkelten Autonomieästhetik bereitliegen, ist offenkundig. Dennoch kommt es in Frankreich zwischen 1780 und 1815 nicht zur Ausformulierung einer kohärenten idealistischen Ästhetik. Angesichts der Schnelligkeit, mit der diese in Deutschland sich durchsetzt – bereits im ersten Jahrzehnt des 19. Jahrhunderts ist die ästhetische Diskussion hier durch sie beherrscht –, bedarf die unterschiedliche Entwicklung in Frankreich einer Erklärung, vor allem angesichts der Tatsache, daß langfristig sich auch hier autonomieästhetische Vorstellungen durchgesetzt haben.

Wie die Genie-Ästhetik setzt die Autonomieästhetik den produzierenden Künstler der Gesellschaft entgegen. Für den dabei vorausgesetzten Erfahrungstypus waren die Entwicklungsbedingungen im vorrevolutionären Frankreich offenbar nicht im gleichen Maße vorhanden wie in Deutschland. Trotz der Härte der gesellschaftlichen Auseinandersetzungen konnten die französischen Aufklärer zu Recht den Eindruck gewinnen, daß sie aktiv am Prozeß des gesellschaftlichen Fortschritts mitwirkten. Von daher lag es für sie nicht nahe, das in der Genie-Ästhetik bereitliegende Modell einer radikalen Entgegensetzung von Künstler und Gesellschaft aufzunehmen und weiter auszuarbeiten. Rousseau stellt diesbezüglich eine Ausnahme dar: durch traumatische Kindheitserlebnisse geprägt, hat er eine besondere Empfindlichkeit für die Deformationen zwischenmenschlicher Kommunikation unter Bedingungen einer Konkurrenzgesellschaft entwickelt und zumindest für sich eine scharfe Entgegensetzung von Ich und Gesellschaft vorgenommen.

Wenn in Frankreich am Ende des 18. Jahrhunderts so gut wie keine autonomieästhetischen Konzepte formuliert werden, so hängt das zweifellos auch mit der Dominanz der Regelpoetik zusammen, gegen die, von wenigen Ausnahmen abgesehen, selbst die Aufklärer nicht rebellieren. Das wiederum wird aus der Tatsache verständlich, daß die für die Aufklärung besonders wichtigen Prosa-Genera, die wir heute als operativ bezeichnen, nicht durch die Regeln betroffen sind. Die Trennung zwischen Poesie und Prosa stellt eine Scheidelinie dar, die Konflikte vermeiden hilft. Hinzu kommt das Gewicht der klassischen französischen Literatur, die direkt oder indirekt als Beweis für die unumstößliche Geltung der *doctrine classique* fungiert. Noch Schiller und Goethe, denen es zweifellos nicht an kulturellem Selbstbewußtsein fehlt (man denke an die *Xenien*), können sich die Entwicklung einer deutschen Nationalliteratur nur in Anlehnung an die französische Klassik vorstellen. Hier liegt die Frage nahe, ob nicht *doctrine classique* und Autonomieästhetik unter dem Aspekt der Institutionalisierung der Kunst (Poesie) in der bürgerlichen Gesellschaft *funktionale Äquivalente* darstellen. Wenn diese Annahme sich erhärten ließe, wäre das ›Fehlen‹ einer Autonomieästhetik in Frankreich verständlich.

Wohlgemerkt, es kann nicht darum gehen, Gemeinsamkeiten zwischen den beiden Ästhetiken auszumachen, sondern einzig um den Aufweis einer funktionalen Entsprechung. Eine solche könnte man in dem Prinzip der Trennung von Kunst und Lebenspraxis sehen. Sie wird in der idealistischen Ästhetik theoretisch durchgeführt (Autonomie des Ästhetischen gegenüber den Bereichen der theoretischen und der praktischen Vernunft bei Kant), sie hat in der *doctrine classique* als Überhöhungsprinzip den Charakter einer produktionsästhetischen Anweisung. Wenn in den Populärästhetiken zu Beginn des 19. Jahrhunderts in Deutschland das Autonomiepostulat als produktionsästhetische Anweisung (Forderung nach Idealisierung des Dargestellten) umgedeutet wird[22], so spricht das für die oben formulierte Annahme. Unbeschadet der großen Differenzen zwischen Autonomieästhetik und *doctrine classique* erfüllen sie doch die gleiche Funktion, das Kunstwerk als Teil einer idealen Welt von der Realität zu trennen.

Auch in bezug auf das Verhältnis von Kunst und Moral dürften die beiden Ästhetiken funktionale Äquivalente darstellen. Die Behauptung mag auf den ersten Blick erstaunen, denn in der Tat fungieren in der *doctrine classique* moralische Normen als ästhetische, während die idealistische Ästhetik explizit den Bereich des Ästhetischen vom Bereich des Moralisch-Praktischen trennt. Eine solche Betrachtung übersieht, daß die prinzipielle Autonomie des Ästhetischen von den Theoretikern der idealistischen Ästhetik meist mit einer Bindung des Kunstwerks an Moral zusammengedacht worden ist. Auch dies wiederum gilt besonders für die Popularästhetiken, die den Kunstbegriff des deutschen Bildungsbürgertums wesentlich geprägt haben. Das Verhältnis von Kunst und Moral in der bürgerlichen Gesellschaft ist ein widersprüchliches: die Kunst gilt als ein von der Moral unabhängiger Bereich, dennoch wird ihr immer wieder eine Übereinstimmung mit der herrschenden Moral abverlangt.

Wenn sich langfristig auch in Frankreich autonomieästhetische Konzepte durchsetzen, dann dürfte das unter anderm folgende Gründe haben: Innerhalb der *doctrine classique* ist eine literarisch-künstlerische Evolution nicht denkbar. Da sie die ästhetische Qualität an die Erfüllung bestimmter Regeln bindet und außerdem unerreichbare Muster der Vollendung annimmt, muß jede Veränderung des künstlerischen Materials als Angriff auf die ästhetische Doktrin selbst gelten. Genau dies ist mit dem romantischen Theater in Frankreich geschehen. Die eher zaghafte Infragestellung einiger Regeln der *doctrine classique* durch Victor Hugo erscheint sowohl ihm wie seinen Gegnern als eine Literaturrevolution. Dabei wagt er noch nicht einmal, sich für die Prosaform im Drama auszusprechen. So rückt in Frankreich die Romantik in einen scheinbar unversöhnlichen Gegensatz zur Klassik, den die deutsche Literaturentwicklung so nicht kennt (Goethe wird bekanntlich von den Jenaer Romantikern als *der* große Autor verherrlicht), weil die idealistische Ästhetik die gemeinsame Grundlage beider Bewegungen abgibt.

Die Überlegenheit der idealistischen Ästhetik gegenüber der *doctrine classique*, um als normativer Rahmen der Institution Kunst/Literatur in der bürgerlichen Gesellschaft zu fungieren, dürfte auch darin liegen, daß unterschiedliche, ja sogar gegensätzliche Programmatiken sich auf sie berufen können. Ein Beispiel: Victor Cousin, der wirkungsvolle Verbreiter der idealistischen Ästhetik in Frankreich, dem wir die Formulierung »l'art pour l'art« verdanken, betont emphatisch die Autonomie der Kunst, hält aber andererseits an der moralischen Wirkung fest (»si l'art produit le perfectionnement moral, il ne le cherche pas«).[23] Während Cousin den autonomieästhetischen Rahmen im Sinne einer Konformität zwischen Kunst und herrschender Moral auslegt, radikalisiert Théophile Gautier das Autonomiepostulat, indem er in seiner *Mademoiselle de Maupin* durch das gewählte Sujet (der Held ist ein Hermaphrodit) die herrschende Sexualmoral seiner Epoche angreift. Langfristig, so wird man zusammenfassend sagen können, vermochte nur eine Ästhetik die Institution Kunst/Literatur normativ zu regeln, die eine widersprüchliche Bestimmung des Verhältnisses von Kunst und Moral vornahm.[24] Die Institution Kunst/Literatur ist innerhalb der bürgerlichen Gesellschaft derjenige Ort, in dem ihre immanenten Widersprüche eine scheinhafte Lösung erfahren. Nicht nur Moral und Freiheit, sondern auch Kalkül und Spontaneität, Rationalität und das ihr Widerstreitende sollen hier miteinander versöhnt sein.

6. Institution Kunst als funktionales Äquivalent der Institution Religion

Geht man davon aus, daß in der entfalteten bürgerlichen Gesellschaft die Autonomieästhetik das normative Zentrum der Institution Kunst ausmacht, dann fragt sich, wie diese zum Modernisierungsprozeß steht. Dem institutionssoziologischen Ansatz geht es dabei nicht um die z. T. durchaus beträchtlichen Unterschiede zwischen verschiedenen autonomieästhetischen Theorien; er fragt vielmehr nach der gesellschaftlichen Funktion, die die Institution den Objekten und Handlungen zuweist, die sie als ästhetische anerkennt. Ästhetische Theorie rückt also nur insofern in den Blick, als sie die in der entfalteten bürgerlichen Gesellschaft weithin geltenden Vorstellungen von Kunst prägt. Unter dieser Fragestellung mag es legitim sein, die Erörterung auf drei Kategorien der idealistischen Ästhetik zu beschränken, die Produktion, Rezeption und Werk betreffen. Ich meine die Auffassung des Produzenten als Genie, die der Rezeption als eines Akts des kontemplativen Sichversenkens ins Werk und die Auffassung des Werks als organische Totalität. Hier soll keine dialektische Kritik der genannten Kategorien unternommen werden (dies wird an anderer Stelle geschehen)[25]; zur Debatte steht die Stellung des damit formulierten Kunstbegriffs zur modernen Gesellschaft, wobei letztere durch Max Webers Begriff der Rationalität bestimmt sein soll.

Wir haben oben bereits gesehen, daß die Kategorie des Genies zugleich ein Resultat des Modernisierungsprozesses ist (besser: eine Antwort auf diesen) und sich dennoch diesem Prozeß entgegenstellt (indem nicht-rationale Fähigkeiten und Verhaltensweisen wie Phantasie und Spontaneität darin als positive gesetzt sind).

Die Annahme, daß es sich bei den beiden andern Kategorien ähnlich verhalten könnte, liegt nahe. Mit der kontemplativen Versenkung ins Werk wird in der Tat eine Verhaltensweise propagiert, die sich rationalen Kriterien von Erfolgskontrolle und Effizienzmessung weitgehend entzieht. Sie erinnert eher an eine mystische Einstellung, die auch Max Weber als die irrationalste Form des religiösen Verhaltens gilt, als an einen spezifisch modernen, d. h. rationalen Umgang mit Objekten. Es mag so etwas geben wie eine Technik der Kontemplation; aber es fehlt doch eine Methode, mit deren Hilfe man über die einzelnen Schritte und deren Erfolg intersubjektiv verbindlich Rechenschaft abzulegen vermöchte. Zwar kann auch der kontemplative Betrachter seine Aufmerksamkeit auf einzelne Teile des Gegenstandes richten, aber er tut dies nicht systematisch mit dem Ziel einer möglichst genauen Erfassung aller Teile, sondern geht dabei auf das ihm eigentümliche Ziel eines Verschmelzens mit dem Gegenstand aus. Während rationale Aneignungsverfahren die Distanz zwischen Subjekt und Objekt zugleich voraussetzen und akzentuieren, wird in der Kontemplation diese zumindest tendenziell verschliffen. – Nun lassen die frühen Formulierungen der Autonomieästhetik, besonders die Schriften von Karl Philipp Moritz, erkennen, daß diese auf Erfahrungen reagiert, deren Ursachen im Modernisierungsprozeß liegen. Zunehmende Unterwerfung der verschiedensten Bereiche menschlicher Tätigkeit unter das Gesetz formaler Rationalität und der damit einhergehende Verlust ganzheitlicher Erlebnismöglichkeiten mußten in dem Maße alternative Verhaltensweisen hervorrufen, wie gleichzeitig die religiösen Praktiken einen zunehmenden Geltungsverlust ihres Objektbereichs hinzunehmen hatten.[26]

Wie die Kategorien des Genies und der Kontemplation steht auch die der organischen Werkstotalität in Opposition zum Prinzip der Rationalität. Nicht der Organismus, sondern die Maschine ist das entwickeltste Resultat rational geplanter Produktion. Organismen vermag der Mensch nicht herzustellen. Kunstwerke als Organismen bzw. als organische Ganzheiten betrachten heißt, sie dem Bereich gewöhnlicher menschlicher Produktion entziehen, sie als quasi-natürliche auffassen. Hier greifen die Kategorien des organischen Werks und des Genies ineinander. Nur das Genie vermag hervorzubringen, was rational planender Produktion niemals gelingen kann. Auch für die Werkstotalität gilt, was für die beiden andern Kategorien ausgeführt wurde: sie ist eine Reaktionsbildung auf den Prozeß zunehmender Durchsetzung rationaler Handlungsstrukturen. Insofern sich formale Rationalität gegenüber moralisch-praktischen Fragen sowie gegenüber Sinnfragen indifferent verhält, entsteht unter Bedingungen eines wachsenden Geltungsverlusts religiöser Weltbilder für die durch Besitz und Bildung privilegierten Schichten das Bedürfnis nach einem Objektbereich, der Sinnerfahrung möglich macht. »Die Kunst konstituiert sich nun als ein Kosmos immer bewußter erfaßter, selbständiger Eigenwerte. Sie übernimmt die Funktion einer, gleichviel wie gedeuteten innerweltlichen *Erlösung*: vom Alltag und, vor allem, auch von dem zunehmenden Druck des theoretischen und praktischen Rationalismus.«[27]

Unsere Überlegungen legen den Gedanken nahe, daß die Institution Kunst in der entfalteten bürgerlichen Gesellschaft als funktionales Äquivalent der Institution Religion fungiert. Der Trennung von Diesseits und Jenseits in der Religion entspricht die Trennung der idealen Welt der Kunst vom Alltagsleben. Auf der Grundlage dieser Opposition kann dann im Bereich der Kunst die Form aus der Verpflichtung auf Zwecke herausgelöst und als eigenständige (semantische) Potenz werthaft besetzt werden. Sicherlich haben Kunstwerke nicht den Charakter religiöser Offenbarungstexte, aber sie werden, wie wir angedeutet haben, auch nicht wie andere menschliche Produkte angesehen; vielmehr kommt ihnen als Erzeugnissen eines Genies der Charakter absoluter Einmaligkeit zu. Als quasi-übermenschliche verlangen die Werke vom Rezipienten ein Verhalten, das Strukturentsprechungen mit der religiösen Kontemplation von Gläubigen aufweist. Benjamins Begriff der Aura zielte darauf ab, diesen Zusammenhang sichtbar zu machen, den auch der von Adorno in kritischer Absicht verwendete Begriff »Kunstreligion« meint.[28] Wie einst die Religion liefert nun die Kunst ein Refugium, in dem allerdings nur die durch Besitz und Bildung privilegierten Schichten Schutz suchen können vor den Folgen des Rationalisierungsprozesses für den einzelnen. Abgespalten vom zweckrational organisierten Alltag wird hier ein Typus von Subjektivität gepflegt, dessen Problematik – wie Herbert Marcuse gezeigt hat – eben in dieser Abspaltung besteht.[29]

Freilich wird man zu bedenken haben, daß eine Funktionsäquivalenz keine Identität der Funktionsträger (d. h. der Objekte und

Handlungen) verlangt. Mit andern Worten, aus der Funktionsäquivalenz der Institutionen darf nicht gefolgert werden, daß die Kunst in der bürgerlichen Gesellschaft »nichts anderes« als Religionsersatz sei. Diese Schlußfolgerung wäre deshalb problematisch, weil sie voraussetzt, daß die Werke total von der Institution bestimmt seien. Dies ist aber nicht der Fall; vielmehr lebt die Kunst in der bürgerlichen Gesellschaft von der Spannung zwischen Institution und Einzelwerk.

Anmerkungen

1 Der Beitrag ist die überarbeitete Fassung eines Vortrags, den ich im April 1981 in dem von Albrecht Wellmer geleiteten Kurs »Theories of Modernity« am Inter-University-Center in Dubrovnik (Jugoslawien) und im Januar 1982 an den Universitäten Stockholm, Göteborg und Oslo gehalten habe.

2 Zur Kritik des Modernisierungsbegriffs vgl. H.-U. Wehler, *Modernisierungstheorie und Geschichte*, Göttingen 1975 (Kleine Vandenhoeck-Reihe 1407), 18-30. Der Begriff, unter dem oftmals ein ganzes Bündel von Phänomenen subsummiert wird, deren Beziehung untereinander ungeklärt bleibt, wird im folgenden im Sinne des Max Weberschen Rationalisierungstheorems verstanden. Um zu vermeiden, daß Modernisierung als selbstgesteuerter Prozeß erscheint, wird man darüber hinaus versuchen müssen, die sozialen Träger jeweils historisch konkret namhaft zu machen. Schließlich wird man sich vor der Auffassung hüten müssen, was der »Modernisierung« entgegensteht, sei notwendig als traditionaler Restbestand zu identifizieren. Eingedenk der Widersprüchlichkeit geschichtlicher Prozesse wird man sich immer zu fragen haben, ob die Widerstände gegen die Modernisierung nicht gerade deren Resultat sind.

3 W. Schluchter, *Rationalismus und Weltbeherrschung. Studien zu Max Weber*, Frankfurt 1980 (stw 322), 10.

4 J. Habermas, *Die Moderne – ein unvollendetes Projekt*, in: *Die Zeit*, Nr. 39, 19. September 1980, 48; vgl. auch J. Habermas, *Theorie des kommunikativen Handelns*, Frankfurt 1981, Bd. 1, 233 f.

5 M. Weber, *Soziologie, universalgeschichtliche Analysen, Politik*, hg. v. J. Winckelmann, Stuttgart 1973 (Kröners Taschenausg. 229), 340 ff., vgl. auch 287 ff.

6 M. Weber, *Soziologie* (s. Anm. 5), 341 f.

7 M. Weber, *Der Sinn der Wertfreiheit der Sozialwissenschaften*, in: ders., *Soziologie* (s. Anm. 5), 289.

8 Über Leonardo als künstlerischen Experimentator sagt er: »Die Kunst sollte zum Rang einer Wissenschaft, und das hieß zugleich und vor allem: der Künstler zum Rang eines Doktors, sozial und dem Sinne seines Lebens nach, erhoben werden.« (M. Weber, *Soziologie*, s. Anm. 5, 321).

9 M. Weber, *Wirtschaft und Gesellschaft [. . .]*, hg. v. J. Winckelmann, Tübingen 1972, 365 ff. – Eine zweite Fassung des Abschnitts hat Weber unter dem Titel *Zwi-*

schenbetrachtung. Stufen und Richtungen der religiösen Weltablehnung im *Archiv für Sozialwissenschaft und Sozialpolitik* 41, 1915, 387-421, veröffentlicht; eine dritte Fassung findet sich im 1. Band der *Gesammelten Aufsätze zur Religionssoziologie* (Tübingen 1920) und ist abgedruckt in dem oben angegebenen Auswahlband: M. Weber, *Soziologie* (s. Anm. 5), 441-483 (der die Kunst betreffende Passus: 461 ff.). – Der Hinweis auf die verschiedenen Fassungen dieses Textes verdanke ich W. Schluchter, *Rationalismus der Weltbeherrschung. Studien zu Max Weber,* Frankfurt 1980 (stw 322), 208-214.

10 M. Weber, *Soziologie* (s. Anm. 5), 463.

11 M. Weber, *Wirtschaft und Gesellschaft* (s. Anm. 9), 367.

12 Ich übernehme im folgenden die Ergebnisse meines Aufsatzes *Zum Funktionswandel der dramatischen Literatur in der Epoche des entstehenden Absolutismus,* in: P. Brockmeier / H. H. Wetzel (Hg.), *Französische Literatur in Einzeldarstellungen,* Stuttgart 1981, Bd. I, 77-114.

13 N. Elias, *Über den Prozeß der Zivilisation [...],* Frankfurt 1976 (stw 159), Bd. II, 369 ff.

14 Vgl. dazu in diesem Heft den Beitrag von J. Lefebvre.

15 J. Schulte-Sasse, *Drama,* in: *Deutsche Aufklärung bis zur Französischen Revolution 1680-1789,* hg. v. R. Grimminger, München 1980 (dtv 4345), 426 ff. (Hanser Sozialgeschichte der deutschen Literatur, 3).

16 J. G. Sulzer, *Von der Kraft (Energie) in den Werken der schönen Künste,* in: ders., *Vermischte philosophische Schriften [1773-1781],* Reprint: Hildesheim/New York 1974, 123; die Ausführungen Sulzers sind eng an den Artikel *beaux arts* der *Encyclopédie* angelehnt.

17 Allerdings wird man die traditionelle These vom Aufstieg *des* Bürgertums im 18. Jahrhundert präzisieren und nuancieren müssen, nachdem die neuere französische Sozialgeschichtsschreibung einerseits die hohe Beteiligung des Adels an der Entwicklung der Produktivkräfte und das Vorhandensein einer nicht-investitionsorientierten »Bourgeoisie d'Ancien Régime« nachgewiesen hat (dazu zusammenfassend: G. Ziebura, *Frankreich 1789-1870 [...],* Frankfurt/New York 1979, 25-35; dort auch weitere Literaturhinweise).

18 Zur Krise der aufklärerischen Institution Literatur vgl. den Band *Aufklärung und literarische Öffentlichkeit,* Frankfurt 1980 (es 1040; Hefte für Krit. Literaturwiss., 2).

19 D'Alembert, *Œuvres complètes,* Reprint: Genève 1967, Bd. IV, 333.

20 D. Diderot, *De la Poésie dramatique,* in: ders., *Œuvres esthétiques,* hg. v. P. Vernière, Paris 1959, 261.

21 Vgl. die Deutung von I. Fetscher, *Rousseaus politische Philosophie [...],* Frankfurt [3]1975 (stw 143).

22 Dies die These des Beitrags von Christa Bürger in diesem Heft.

23 V. Cousin, *Cours de philosophie [...],* Paris: Hachette 1836, 223.

24 Vgl. dazu die Forschungsergebnisse mit eigenen Quellenstudien verbindende Darstellung von K. Heitmann, *Der Immoralismus-Prozeß gegen die französische Literatur im 19. Jahrhundert,* Bad Homburg/Berlin/Zürich 1970 (Ars poetica 9), 209 ff.

25 Vgl. dazu meine demnächst erscheinende Studie *Zur Kritik der idealistischen Ästhetik.*

26 Vgl. dazu Ch. Bürger, *Der Ursprung der bürgerlichen Institution Kunst [...],* Frankfurt 1977, Kap. 5.

27 M. Weber, *Soziologie* (s. Anm. 5), 462.

28 Th. W. Adorno, *Ästhetische Theorie*, hg. v. Gretel Adorno / R. Tiedemann, Frankfurt 1970, 88.

29 H. Marcuse, *Über den affirmativen Charakter der Kultur*, in: ders., *Kultur und Gesellschaft 1*, Frankfurt 1965 (es 101), 56-101.

Ulrich Meier
Soziologische Bemerkungen zur Institution Kunst

1. Absagen an die Soziologie. Kritischer Hinweis auf einen Trend

Wenn in Alain Tanners Film *Jonas, der im Jahr 2000 25 Jahre alt sein wird* der Mitarbeiter eines biologischen Landwirtschaftsbetriebs Gedanken über seine persönliche und soziale Situation mit der Feststellung »Merde, j'ai froid« durchbricht, weist diese Äußerung auf eine Denk- und Fühlweise hin, wie sie sich in der westeuropäischen linken Szene der zweiten Hälfte der siebziger Jahre durchgesetzt hat. Unter den Stichworten Subjektivität, Sinnlichkeit, Spontaneität vollzieht sich um die Mitte des letzten Jahrzehnts bei den Mitgliedern der linken Subkultur ein Umschwung. Man kehrt den bis dato gebräuchlichen allgemeinen, von subjektiven Befindlichkeiten im großen und ganzen abstrahierenden Erklärungsmustern unwirtlicher Lebensverhältnisse den Rücken, um allererst die Erfahrungen zu thematisieren, die man am eigenen Leib machen kann, wenn man der häßlichen Realität ausgeliefert ist. Eine Artikulation des Unbehagens wie die oben zitierte muß unter mindestens drei Gesichtspunkten als von besonderer Relevanz für das neue linke Lebensgefühl angesehen werden: sie ist nicht-intellektuell, also für jedermann verständlich; sie geschieht spontan, was ihr eine bestimmte Gefühlsechtheit gibt; sie sprengt einen analytischen Zusammenhang auf, eben jene Gedankenreihe des Landarbeiters über seine Situation. Diese drei Kriterien verleihen der Unmutsäußerung einen Grad an Authentizität, den die ältere Linke nach dem Dafürhalten der neuen Szene nie erreicht hat. Zweifellos ist es früher üblich gewesen, für alles Leid – sei es individuelles Unglück oder ein sozialer Mißstand – die Struktur des Spätkapitalismus verantwortlich zu machen, dessen theoretische Widerlegung häufig schon als erster Schritt zu seiner Überwindung und zugleich zur Auflösung persönlicher Schwierigkeiten galt. Im Mittelpunkt stehen nun der Schmerz, die Angst, aber auch die Wut der Subjekte, deren Ursachen weniger systemanalytisch als vielmehr konkret in der Wohnraumvernichtung durch Immobilienagenturen, der Diskriminierung von Schwulen und Lesben, dem Beton der Städte oder der intersystemaren industriellen und militärischen Atomrüstung gefunden werden. Authentizität bedeutet im Bewußtsein der späten siebziger Jahre, daß sinnliche Eindrücke, Gefühle, Ängste, Glauben, Stimmungen im Denken und in der Sprache ungebündelt und unmittelbar präsent sind; negativ gewendet: analytisches Denken, begriffliches Sprechen ist nicht-authentisch, weil es sinnliche Erfahrungen kategorial zerhackt, Leben durch den Begriffsapparat der Wissenschaft abtötet.

Der Angriff auf solche Argumentationsstrukturen, die mit Beschreibungsmerkmalen wie rational, diskursiv, systematisch, begrifflich zu identifizieren sind, richtet sich besonders auch gegen eine Wissenschaft, die im Zusammenhang mit der 68er-Revolte von der damaligen Generation enthusiastisch vertreten wurde: die Soziologie. Merkwürdige Koalitionen bilden sich dabei. Denn diejenigen rechten Kräfte, denen die Soziologie immer ein Dorn im Auge war, schließen sich der Ablehnung dieser Wissenschaft und ihrer Begriffsbildung durch die Linke schadenfroh an.

Ein besonderer Fall von Anti-Soziologie ist der Helmut Schelskys. Der Soziologieprofessor wendet sich nach seiner Emeritierung gegen sein eigenes Fach. Er bezichtigt seine Disziplin pauschal, sie unterwerfe den Menschen mitsamt seiner Freiheit und Würde fortschreitend den von ihr selbst konstituierten und genährten Ideologien und theoretischen Systemen. Habermas habe sein Engagement für die Autonomie der Person zugunsten einer »sozialistischen Weltveränderungspolitik« aufgegeben[1], in Parsons' und Luhmanns Theorien sei der Mensch »zum Hampelmann der sozialen Normen« degradiert.[2] Mit dem abschließenden Vorwurf des Autismus[3] nimmt der Stammredner auf CSU-Parteitagen Elemente der neuen linken Soziologie-Schelte auf. Die Soziologie erdreiste sich, die ganze menschliche Wirklichkeit erforschen zu wollen, organisiere aber die Realität lediglich nach dem rigiden Kategoriensystem, das ihr Selbstzweck sei.

Links wie rechts werden wissenschaftliche Kategorien des gesellschaftlichen Lebens nicht mehr beherzt kritisiert, sondern einfach wegen ihrer Existenz verpönt. Ein Unterschied ist festzuhalten: Während Schelsky die Freiheit des Menschen, die für ihn faktisch in unserer Gesellschaft existiert, von der Soziologie bedroht sieht, setzt die neue Szene Soziologie mit einem Hindernis auf dem Weg einer erst noch zu erwirkenden Befreiung gleich. Gemein ist beiden Positionen die Annahme, daß sich freies, gelungenes Leben gegen sozialwissenschaftliche Begriffsbildung zu verwahren habe.

Michael Rutschky beschreibt unter dem Titel *Erfahrungshunger* essayistisch Utopien und Ansätze der neuen linken Szene, der der Autor wohl selbst zugehört. Das Buch interessiert hier wegen der Bipolarität, die es rekonstruiert: für neues linkes Bewußtsein konstitutiv ist die schroffe und schematische Entgegensetzung von gesellschaftlichem Zwang und Freiheit im Ästhetischen. Die unerfreulichen gesellschaftlichen Tatsachen sind in dieser Entgegensetzung durchaus akzeptabel soziologisch erfaßbar:

> Die feindselige Außenwelt unterwirft denjenigen, der aus der Innenwelt heraustritt, ihren Handlungsschemata, ihren irreversiblen Bestimmungen und Begrenzungen; diese Handlungsschemata können in soziologischen und sozialpsychologischen Kategorien beschrieben werden [...], ein Sprachgebrauch, der aber zugleich Ohnmacht und Entfremdung mitteilt.[4]

Folglich hat die Soziologie im anderen, d. i. der Bereich der Poesie, des Cineastischen, der Utopie, nichts zu suchen: die Sehnsucht geht auf »eine Utopie der Unbestimmtheit, des Vagierens, der Strukturlosigkeit und Entgrenzung. Jederzeit muß jede Veränderung möglich sein. Vor dem Hintergrund dieser Utopie erscheint alles, was nach Bestimmung, Schema, Identität aussieht, schon auf den ersten Blick als Inbegriff von Einschränkung und Entfremdung«.[5] Bei bestem Verständnis für den Wunsch, aus der häßlichen Realität auszusteigen, ist entschieden vor dem Fehler zu warnen, der sich hier abzeichnet: nämlich die Ideologie der ästhetischen Autonomie derart zu restituieren, daß Künstlerisches um keinen Preis mit soziologischem Instrumentarium berührt werden dürfe, welches zwischen und in den Werken der Kunst soziale Relationen dingfest macht. Welch naive Wiederholung bürgerlich-ästhetizistischer Kunstauffassung!

Auf eine weitere Auseinandersetzung mit den Anti-Soziologien muß hier verzichtet werden. Bedenklich ist ein Satz wie »Freiheit ist das kontrafaktische Lebensziel der menschlichen Existenz«[6], solange nicht genau definiert ist, mit welchen Mitteln Freiheit gewonnen werden soll, welche historischen Formen der Freiheit existieren, gegen wen und was es Freiheit zu erkämpfen gilt. Hier wären Bestimmungen angebracht, die Schelsky seinen Lesern nicht geben kann, da er ja Anti-Soziologe geworden ist. – Bei Rutschkys essayistischer Dokumentation des Erfahrungshungers der aktuellen linken Szene konnte sehr schnell der Eindruck entstehen, daß der gegen rationales Denken, soziologisches Argumentieren gerichtete linke Neo-Irrationalismus in längst überwunden geglaubte Positionen zurückfällt.

Entgegen dem gegenwärtigen Trend insistiert der nachstehende Versuch auf der rationalen, in diesem Fall: kunstsoziologischen Begriffsbildung mit ihren Möglichkeiten, Kunst in der bürgerlich-kapitalistischen Gesellschaft als besonders institutionalisierte Form gesellschaftlicher Wirklichkeit mit den Spannungspolen Protest und Affirmation zu begreifen. Damit trachtet er zum einen, die Wiederholung geschichtlich überholter Auffassungen zu vermeiden, zum anderen, in seinen Ergebnissen für den Leser nachprüfbar zu sein.

2. Zum Verhältnis von Kunstwerken und gesellschaftlichen Institutionen in Gehlens *Zeit-Bilder*

In seiner 1960 erstmalig erschienenen Schrift macht Arnold Gehlen u. a. den Prozeß der Demokratisierung in den bürgerlichen Nationalstaaten dafür verantwortlich, daß »die repräsentative Funktion der Kunst leer [lief]«.[7] Die mit der Demokratisierung einhergehende Zersetzung der tradierten Wertehierarchie, die zunehmende Gleich-Gültigkeit von Meinungen und Orientierungen ließen in der Kunst, insbesondere der Malerei, die Darstellung von vorbildlichen, heroischen Sujets anachronistisch werden. »In den heroischen klassizistischen Bildnissen der Napoleonzeit erschien zum letzten Male die große Aktion und der hohe Stil, dann wurde die präsentierende Geste pathetisch und unglaubhaft.«[8]

Bevor wir fragen, wohin die Kunstentwicklung nach diesem Umbruch tendiert, soll kurz rekapituliert werden, wie Gehlen die bis dahin geltende Repräsentationsfunktion der Kunst näher zu bestimmen sucht. Man kann drei Aspekte unterscheiden: *Soziologisch-historisch* faßt Gehlen den Feudalismus und den jungen Kapitalismus zu einer Epoche zusammen, »in der [. . .] das aristokratische Element das Regiment führte«.[9] Den herrschenden Klassen dieser Epoche, dem Adel und später der aufstrebenden Bourgeoisie, dient die Kunst als symbolischer Beweis ihrer Autorität,

Herrlichkeit und ihres Reichtums. »Bekanntlich hat das siegreich sich hocharbeitende Bürgertum von Anfang an auch da, wo es die politische Herrschaft des Feudalismus sprengte, die kulturellen Attitüden des Adels übernommen, so auch das große repräsentative Porträt.«[10] Neben solchem Dienst an den Mächtigen (Dekoration von Herrschaft) übt die Kunst in den aristokratisch gelenkten Gesellschaften eine bewußtseinsbildende Funktion aus, der Gehlen sich *soziologisch-psychologisch* nähert. »Keine Macht, welche sich zur Herrschaft im entschiedenen Sinne berufen fühlt, kann darauf verzichten, das Bewußtsein der Menschen zu besetzen, und die Endgültigkeit ihres Anspruchs drückt sich darin aus, daß sie dieses Bewußtsein vollständig bestimmt: also bis in die Anschauungen hinein.«[11] Nach Gehlen konzentriert sich die im Medium des Ästhetischen vollzogene herrschaftsorientierte Bewußtseinslenkung auf zwei Bereiche, den sakralen und den profanen: »die Gläubigen zusammenzuführen und auf Kernvorstellungen festzulegen« und (zumeist als Hofkunst) vorherrschende Ideen und Gesinnungen sowie Schlachtszenen und kriegerische Triumphe »mit einer regierenden gedanklichen Geltung« sinnlich zu vergegenwärtigen.[12] Kunst in repräsentativer Funktion manifestiert sich in einem Werktyp, den Gehlen *kunstsoziologisch* als ›ideelle Kunst‹ bestimmt. Damit ist ein Organisationsprinzip angesprochen (in Gehlens Terminologie: Bildrationalität), welches stabile soziale Normen voraussetzt und verarbeitet. »Der Inhalt des Dargestellten ist dem Bilde allein nicht zu entnehmen, man muß ihn als Konnotation dem Bilde zuführen, und was im Bilde dargestellt ist, hat außerhalb dessen bereits seine Gültigkeit.«[13]

Diese Differenzierung, zu der man bei aufmerksamer Lektüre der *Zeit-Bilder* gelangt, soll nun noch hinsichtlich der gesellschaftlichen Realisation der Repräsentationsfunktion ideeller Kunst diskutiert werden. Wenn Dekoration und normative Reproduktion die Leistungen dieser Bildform sind, dann ist zu fragen, wie sich damit eine bewußtseinsdirigierende Wirkung im Sinne der Herrschaftskonstellationen der feudalen und frühbürgerlichen Gesellschaft verbindet. Zur Klärung dieser Frage behilft sich Gehlen mit einem Hinweis auf die Einbindung der Kunst in soziale Institutionen. »Die ideelle Kunst ist [. . .] stets innerhalb der ihr übergeordneten Institutionen zu sehen.«[14] Gemeint sind mit dieser unglücklichen Formulierung Kirche und Hof hauptsächlich. Auf unlogische Weise bringt Gehlen hier zwei einander widersprechende Ortsbestimmungen zusammen. Er verortet ideelle Kunst zuerst *in* Institutionen, die er dann jedoch *über* die Kunst stellt. Wie kann man den Widerspruch lösen? Gehlen will offenbar klarmachen, daß der dienenden Stellung der Kunst ihre Subordination unter die Interessen zentraler gesellschaftlicher Instanzen, wie eben die ständischen Institutionen Kirche und Hof, entspricht. Der Sinn ihrer Dienerschaft ist aber ihr Wirken innerhalb dieser Institutionen, wo sie als dekorative und normreproduktive Kraft am intrainstitutionellen Leben teilnimmt. Einfacher wäre es gewesen, von der institutionellen Eingebundenheit der vor-autonomen Kunst und ihrer Leistungen in die Lebens- und Herrschaftspraxis der feudalen Gesellschaft zu sprechen. Man hätte damit ein klareres Bild über Ort, Leistung und Funktion der ideellen Kunst gewonnen.[15]

Für den hier vorliegenden historischen Sachverhalt (Integration der ideellen Kunst in die Institutionen Hof und Kirche zum Zweck der Repräsentation) erhalten wir von Gehlens allgemeiner Institutionenlehre keine Verständnishilfe. Was soziologisch besondere Schwierigkeiten bereitet, ist die Zusammenfassung feudaler und frühbürgerlicher Lebensverhältnisse zur aristokratischen Epoche. Hier wären doch gerade die historische Instabilität und die Erschütterungen derjenigen Institutionen zu bedenken gewesen, in denen und für die ideelle Kunst zu Diensten steht. Auch Gehlens These, daß die junge Bourgeoisie dem Adel in Fragen der Kunst nacheiferte, ist ungenau. Das Bürgertum knüpft zwar zunächst in seiner künstlerischen Produktion an die ästhetischen Formen des Feudalabsolutismus an, gibt ihnen aber eine anders geartete, nämlich aufklärerische Tendenz. Daneben schafft es sich eine alternative ästhetische Praxis, die sich der überkommenen Normierung entzieht.[16]

Wenden wir uns nun Gehlens Bestimmung der Kunst in der entwickelten bürgerlichen Gesellschaft zu. Nach dem geschichtlichen Abdanken der Aristokratie und, damit verbunden, der Auflösung der Repräsentationsfunktion von Ästhetischem gerät die Kunst »zur Gesellschaft in eine exzentrische Lage«.[17] Die neuen gesellschaftlichen Steuerungs- und Regelungsinstanzen Industrie, Bürokratie und Wissenschaft drängen die Kunst an den Rand der Gesellschaft, weil sie ihnen keinen Nutzen bringt. Die neue, von gesellschaftlicher Verpflichtung freie Stellung der Kunst, ihre Autonomie, bedeutet nicht, daß kein kunstbeflissenes Publikum mehr da ist. Die Auseinandersetzung um ästhetische Tendenzen und Werke sind passioniert wie ehedem, nur fallen sie »nicht mehr, wie früher, in die zentralen Interessen der Gesellschaft hinein«.[18] Besonders die Künstler bekommen die soziale Randstellung ihres Métiers zu spüren. Die Isolation der Kunst von entscheidenden sozialen Belangen treibt sie in eine prekäre Lage. »Hier trat nun zum Glück eine *sekundäre Institutionalisierung* ein, die den ganzen luftigen, gefährdeten Kunstorganismus durch ein stabiles Gerüst von internationalen Dimensionen versteifte.«[19] Mit sekundärer Institutionalisierung meint Gehlen den Kunstmarkt (Kunsthandel, Museen, Sammler, Spekulanten, das gesamte Kunst-Publikationswesen). Damit bewegt er sich auf einer anschaulichen Ebene. Plausibel ist Gehlens Argumentation insofern, als der Kapitalismus dazu neigt, alles zu vermarkten. Dieses sein Interesse macht auch vor der Kunst nicht halt. Trotz der Überzeugungskraft, die Gehlens Argumentation auf den ersten Blick entfaltet, haften ihr bei näherem Zusehen Mängel an. Der Ausdruck sekundär hat hier zwei Aspekte. Zum einen bezieht er sich auf die chronologische Relation, in der der Kunstmarkt zu den Institutionen Hof und Kirche steht. Zum anderen klingt in ihm auch etwas von Zweitrangigkeit an. Tatsächlich hat der Kunstmarkt für die autonome Kunstproduktion nur eine Art Stützfunktion, er bleibt den ästhetischen Themen und Formen – anders als die ständischen Institutionen der feudalen Gesellschaft – äußerlich. Genaugenommen, erfaßt Gehlen mit seinem Begriff der sekundären Institutionalisierung nur einen Zipfel des Kunstkomplexes soziologisch, nämlich die Pauperisierung der von gesellschaftlichen Aufträgen freigesetzten Künstler im Kapitalismus, welcher die beschriebene Institutionalisierung marktwirtschaftlich entgegenwirkt. Die anderen ästhetischen Tatsachen, die Gehlen für die autonome Kunst aus deren sozialer Absonderung herleitet: ihre moralische Neutralität[20], ihre Ignoranz gegenüber allen »eigentlich die Gesellschaft beschäftigenden Realitäten«[21], der Hang zur Selbstbespiegelung, d. i. »Reflexionskunst«[22] und die Wirkung der momentanen Entlastung der rezipierenden Zeitgenossen von gesellschaftlichen Zwängen[23] aufgrund des bewußtseinsexkursiven Charakters autonomer Kunst[24], können mit Gehlens soziologisch angelegtem zweiten Institutionshinweis nicht erreicht werden. Damit reproduziert der Soziologe mit seinem begrifflichen Instrumentarium einen Schein, der dem Autonomiestatus der Kunst in der bürgerlichen und spätbürgerlichen Gesellschaft geschuldet ist und, wie wir in der Diskussion von Rutschkys *Erfahrungshunger* sehen mußten, selbst bei Teilen der Linken heute noch seine Wirkung tut. Dort wo Kunst nicht mit handfesten Interessen verbunden ist (wie etwa denen der Herrscher im Mittelalter oder der professionellen Kunstsammler), will und kann Gehlen sie nicht mit seinem Institutionsbegriff erfassen; denn der »freischwebende Postulatscharakter« der autonomen Kunst[25], jener »luftige [. . .], gefährdete [. . .] Kunstorganismus«[26] ist für ihn über der soziologisch erfaßbaren Realität angesiedelt. Mit solchen Worten formuliert Gehlen das Scheinhafte am Autonomiestatus von Kunst nur noch einmal. Zwar unterliegt der ästhetische Kommunikationsprozeß in der bürgerlich-kapitalistischen Gesellschaft nicht den Zwängen der Zweckrationalität, welche das gesellschaftliche Leben allgemein durchwalten. Trotzdem bleibt autonome Kunst – ihre Produktion und Rezeption – aber Teil der gesellschaftlichen Wirklichkeit. Kunstsoziologie sollte die von Gehlen nicht genutzte Chance wahrnehmen, den Schein ästhetischer Wirklichkeitstranszendenz zu erkennen und ideologiekritisch zu begründen, wie er zustande kommt.[27] Auch wenn also autonome Kunst am Rande der Gesellschaft angesiedelt und der bürgerlichen Lebenspraxis enthoben ist, gehört sie doch zur gesellschaftlichen Wirklichkeit. Ihr Autonomiestatus, dem Gehlen nicht beikommt, läßt sich als spezifische Form der Einbettung in eine Gesellschaftsstruktur auffassen, die sich, Habermas zufolge, in zahlreiche, häufig selbständige Teilsysteme ausdifferenziert. Die spezifische Stellung autonomer Kunst in der gesellschaftlichen Ordnung, ihre Desintegration, die eine besondere Weise der Integration ist, ihre Leistung für das Funktionieren bürgerlicher Herrschaft gilt es zu beleuchten.

3. Leistung und Defizite des Institutionsbegriffs

Ein häufig von materialistischer Soziologie begangener Fehler scheint mir darin zu liegen, daß sie nach der zutreffenden Kritik an allzu positiven Bewertungen gesellschaftlicher Institutionen seitens der traditionellen Soziologie (z. B. Gehlens Behauptung der Schutzfunktion auch bei verselbständigten Institutionen) die Berechtigung und mögliche Reichweite dieses Begriffs nicht weiter prüft. Demgegenüber hielte ich Überlegungen darüber für lohnenswert, inwieweit sich die Faktizität von gesellschaftlichen Einrichtungen, Verhaltensmustern, Normgefügen samt ihren Erstarrungen mit einem Begriff von Institution erfassen läßt, welcher auf deren kritische Hinterfragung keineswegs verzichten will. Anstatt diesen allgemeinen Weg zu beschreiten, soll hier nun die Diskussion des Institutionsbegriffs unter dem Aspekt seiner Brauchbarkeit für die Kunstsoziologie aufgenommen werden. Nachdem Gehlen den Begriff in die kunstsoziologische Debatte eingeführt hatte, nimmt Peter Bürger ihn mit anderer Intention auf. Institution Kunst bezeichnet nach diesem Konzept ein an die Peripherie der arbeitsteiligen bürgerlichen Gesellschaft ausgelagertes Teilsystem, in dem der Autonomiestatus bürgerlicher Kunst makrosystematisch (Entfernung vom Zentrum gesellschaftlichen Lebens) und mikrosystematisch (in individueller Produktion und Rezeption, Kunstnormen und Materialbearbeitung) ausgereift ist.[28]

Schnell läßt sich zusammenfassen, in welchen Punkten die gängigen Definitionsvorschläge, von denen Hans Sanders ausgeht, übereinstimmen: Wesentliche Eigenschaft der Institution ist ihr Doppelcharakter. Der Begriff bezeichnet nämlich sowohl materielle gesellschaftliche Einrichtungen und Apparate (z. B. Familie, Schule, Kirche, Privatbesitz etc.) als auch die für solche Gebilde und in solchen etablierten Sozialformen geltenden gesellschaftlichen Leitwerte und Orientierungen.[29]

Der Begriff der Institution bezieht sich also gleichermaßen auf soziale Einrichtungen als objektive Faktizität wie auch auf deren normative Einbettung in den gesamtgesellschaftlichen Zusammenhang (kulturelle Legitimation) bzw. die in den faktischen Einrichtungen geltenden Verhaltensregeln. Als konkrete Umsetzungen der vorgängigen Normen vermitteln diese Regeln intrainstitutionelles subjektives Handeln mit kulturellen oder Leitwerten der sozialen Ordnung. In bezug auf die agierenden Subjekte läßt sich über diese Vermittlungsebene deren Teilhabe an gesellschaftlicher Sinnkonstitution und -reproduktion erklären. In bezug auf die objektive soziale Struktur ist die Funktion von Institutionen als Herstellung und Bewahrung der sozialen Ordnung zu bestimmen.

Seine Kritik an dieser Konzeption konzentriert Sanders auf zwei Aspekte. Er moniert, daß der Institutionsbegriff in der tradierten soziologischen Theorie »unter Abstraktion von der historisch variablen Struktur verschiedener Gesellschaften entworfen ist«.[30] Legt man zugrunde, daß sich in der Geschichte der menschlichen Gesellschaft die Prinzipien wandeln, nach denen Gesellschaft organisiert ist, wird man nicht umhin können, epochal spezifische Formen der Sozialintegration mitzuberücksichtigen. Sanders weist in diesem Zusammenhang auf die unterschiedlichen Reaktionsweisen hinsichtlich individueller Abweichung im Feudalismus und in der bürgerlichen Gesellschaft hin. Der mittelalterliche Abweichler wird zwanghaft angepaßt oder als Ketzer verfolgt. Gesellschaftliche Normen und Verhaltensregeln sind eindeutig definiert. Deren Nicht-Erfüllung wird nicht geduldet. Demgegenüber erlaubt das Organisationsprinzip der bürgerlichen Gesellschaft auf der Subjektseite Konteridentifikation und Gegenidentität. Diese Tatsache leitet Sanders nicht bloß aus dem Wandel der Subjektstrukturen bei der Norm- und Regelinternalisierung her, sondern er setzt den Wandel der objektiven Bezugsstrukturen als wesentlich voraus.

So scheint in modernen Gesellschaften ein Zusammenhang zu bestehen zwischen dem durch höhere Produktivität der Arbeit erzeugten Reichtum, einer durch die Ablösung des Agrarbereichs als ökonomisch primärem Sektor durch die Industrie bedingten relativen Freisetzung von Zwängen der Natur und einem relativ größeren Freiheitsspielraum für konkurrierende Normen.[31]

Aus dem von Sanders angesprochenen Komplex läßt sich eine gewisse Variabilität und Unbestimmtheit der subjektiven Aneignungsmechanismen einschließlich der Möglichkeit von Zurückweisungen von Verhaltensmustern durch – im Extremfall – Oppositionelle folgern. Diesen Wandel der institutionellen Subjekt-Objekt-Strukturen vor dem Hintergrund gesellschaftlicher Evolution erreicht der tradierte Institutionsbegriff nicht. Für kritische Kunstsoziologie ist dieser Wandel aber dann zentral, wenn sie auf die Untersuchung der historisch akzentuierten Subjektvermittlungen (einschließlich subjektiver Zurückweisungen) kultureller Werte im ästhetischen Kommunikationsprozeß von Autor-Werk-Publikum abhebt. Desgleichen müssen Einwände gegen die Art erhoben werden, wie der überkommene Institutionsbegriff mit dem Normaspekt umgeht. Er setzt nämlich Normen grundsätzlich als Verpflichtungen an, denen die Individuen sich zu unterwerfen haben. Damit ist aber die Tatsache ausgeklammert, daß es in der bürgerlichen Gesellschaft häufig zur Konkurrenz von Wertsystemen kommt, die keine eindeutige Pränormierung des Handelns zuläßt. Hinsichtlich der Konzeption einer Institution Kunst wird man noch eine weitere Differenzierung vornehmen müssen. Neben der Normpluralität gilt es zu berücksichtigen, daß die für feudale Verhältnisse beobachtbare Tatsache einer häufig auftretenden Identität von gesellschaftlichen und ästhetischen Normen in der bürgerlichen Gesellschaft nicht fortbesteht. Hier sind soziale Bezugsnormen und ästhetische Konstruktions- und Rezeptionsnormen zu differenzieren. Normen, so läßt sich aus den genannten Aspekten für die kunstsoziologische Fragestellung folgern, sind nicht als Voraussetzung, sondern besser als historisch sich wandelnde vielschichtige Rahmenbedingungen des ästhetischen Kommunikationsprozesses aufzufassen, die dieser reproduziert, modifiziert und durchbricht.

Sanders kritisiert weiterhin die stabilisationstheoretischen Implikationen des überkommenen Institutionsbegriffs. Der konservativen Funktionsbestimmung, Institutionen seien Stabilisatoren und Garanten sozialer Ordnung, ist entgegenzuhalten, daß gesellschaftliche Basiskonflikte sich durchaus in den Strukturen der Institutionen abzeichnen. Von gesellschaftlichen Bewegungen mitunter selbst bewegt, erbringen Institutionen ihre (Re-)Stabilisierungsleistung für die etablierte Ordnung nicht mehr ganz oder in keiner Weise mehr. In konfliktreichen Zeiten oder gar Epochen wird man nicht mit homogen ausgerichteten Institutionen zu rechnen haben, welche die vom gesellschaftlichen Dissens ausgehenden Impulse ohne innere Umstrukturierungen überdauern. (Man denke z. B. an die Wandlung der lateinamerikanischen Kirche von einer ursprünglichen Missionierungsanstalt zur sozialen Einrichtung einer praktischen Theologie der Befreiung unter den Bedingungen des Neokolonialismus und der Militärdiktaturen auf dem Kontinent.) Sanders weist in diesem Zusammenhang darauf hin, daß die Institutionen Kunst und Wissenschaft im Übergang vom Feudalismus zum Kapitalismus »in Hinblick auf den gesellschaftlichen Status quo auch entstabilisierende Funktionen« erfüllt haben.[32] Ausgehend von der Notwendigkeit, eine pauschale Erklärung zurückzuweisen, der zufolge Institutionen das soziale System stabilisierten, wird im Einzelfall zu klären sein, welchen Beitrag – stabilisierend oder verändernd oder, widersprüchlich, von beidem etwas – eine bestimmte Institution für die bürgerliche

Gesellschaft leistet.

Auf der Seite der positiven Bewertung hält Sanders drei Implikationen des Institutionsbegriffs für wesentlich. Als erste nennt er die »Auffassung einer gesellschaftlichen Struktur als objektiv gegebene Faktizität und als Sinnstruktur«.[33] In der Tat ist eine Vermittlung materiell-faktischer und ideell-sinnbezogener Aspekte in der Institutionskategorie geleistet (Doppelcharakter: materieller *Apparat* und *Normen* als dessen Rahmenbedingungen). Darüber hinaus ist Institution als Ort sozial-kultureller Sinnherstellung in die gesellschaftliche Totalität integriert, sofern man neben dem *Reproduktions*moment das Moment gesellschaftlicher *Produktion* nicht unterschlägt. Komplementär nämlich zur politökonomischen Fragestellung bezüglich der Bedingungen und Verhältnisse materieller Produktion des gesellschaftlichen Lebens, liefert die Erforschung des institutionellen Bestands einer Gesellschaft Aufschluß über die sozialen und kulturellen Reproduktionsmechanismen des öffentlichen und privaten Lebens. Dabei gehe ich mit Eder davon aus, daß die gesellschaftliche Reproduktion mit der materiellen Produktion nicht deckungsgleich ist, sondern darüber hinausreicht.[34] Auch Sanders unterstreicht die Wirkung von »Bestandserhaltung *und* Veränderung«[35], welche er dem Reproduktionsmodus einer institutionell vollzogenen Sinnkonstitution zuschreibt. Zweitens differenziert der Institutionsbegriff nach Sanders intrainstitutionelles Handeln als Sinnhandeln vom Zweckhandeln in der Arbeitswelt. Und drittens: »Die Funktionen von Institutionen lassen sich nicht abstrahierend von der Struktur der Subjektivität erörtern.«[36] Während Sanders die ersten beiden Punkte schon im tradierten Institutionsbegriff zumindest ausbaufähig angesprochen findet, gewinnt er den letzten Punkt aus seiner Kritik dieses Begriffs. Er muß also eher als Postulat einer Begriffserweiterung denn als reale Implikation angesehen werden.

Bisher beschäftigten wir uns lediglich mit der Kategorie der Institution, wie sie uns in der Gesellschaftsbeschreibung bürgerlicher Soziologie begegnet. Ein häufig zu beobachtendes Merkmal dieser Form soziologischen Forschens ist die Ausklammerung des Problems gesellschaftlicher Herrschaft. Antonio Gramsci hat demgegenüber ein soziologisches Konzept entworfen, das auf der Basis seiner Intention, die differenzierten Herrschaftsstrukturen des hochkomplexen westlichen Kapitalismus zu erfassen, auch die

Funktionen gesellschaftlicher Institutionen zur Sprache bringt. Kern seines Konzepts ist die Unterscheidung von società politica und società civile. Während Gramsci unter società politica den Staat mit seinen Organen im engeren Sinn faßt, bedeutet società civile

> all jene *formell* vom Staat [. . .] getrennten und insofern »privaten« Institutionen und Organisationen, die das kulturelle Selbstverständnis einer Gesellschaft prägen und dadurch die Hegemonie der herrschenden Klasse und den gesellschaftlichen Konsensus garantieren.[37]

Den Begriff der privaten Institution benutzt Gramsci in seinen *Briefen aus dem Kerker.* Dort subsumiert er Einrichtungen wie »Kirche, Gewerkschaften, Schulen usw.« darunter.[38] Perry Anderson weist in seiner Gramsci-Studie darauf hin, daß Gramsci in einem zweiten Versuch die Behauptung eines ausschließlichen Privatheitscharakters der an der Hegemonieregeneration beteiligten Institutionen nicht aufrechterhalten kann. Auch der Staat im engeren Sinn übernimmt hegemoniale Funktionen, da die Institutionen Recht und Schule z. B. in seinen Bereich gehören.[39] Eindeutige Definitionen – darin besteht ein Mangel – gibt Gramsci nicht, so daß

> manchmal der Staat als reiner Repressionsapparat aufgefaßt wird, der sich neben den hegemonischen Apparat der bürgerlichen Gesellschaft stellt, während er ein anderes Mal in einem erweiterten Begriff aufgeht, der in sich sowohl den Zwangsapparat als auch den hegemonialen Apparat der bürgerlichen Gesellschaft umfaßt.[40]

Trotz dieser definitorischen Unklarheit läßt sich folgendes grob skizzieren: Gramsci sieht die Herrschaft der bürgerlichen Klasse vornehmlich nicht auf das Wirken repressiver Staatsorgane (wie etwa Polizei, Militär) gegründet. Der Zwangscharakter des Staats tritt lediglich in Situationen hervor, in denen die gesellschaftlichen Institutionen funktional versagen. Die Aufgabe der sogenannten privaten Institutionen der società civile als auch derjenigen, die im Bereich der società politica angesiedelt sind (so die eine Version), besteht nach Gramsci darin, die Bevölkerung in kognitivem und pragmatischem Niveau, Sozialverhalten und Affekten den kulturellen und ökonomischen Erfordernissen der kapitalistischen Gesellschaft permanent anzupassen. Darüber hinaus stellen sie Massenloyalität gegenüber dem herrschenden System her. Als norm- und wertvermittelnde Instanzen sind die gesellschaftlichen Institutionen *Hegemonieapparate,* die insgesamt »die ideologische Vorherrschaft des herrschenden Machtblocks über die Gesamtgesellschaft garantieren«.[41] Bei solcher Funktionsbestimmung denkt Gramsci auch eine Umfunktionierung des Hegemonie restituierenden Prozesses mit. Wir stoßen hier auf zwei Momente, die uns bereits aus Sanders' Überlegungen bekannt sind. Es ist das Moment der Entstabilisierung des bestehenden Hegemoniemechanismus, das Gramsci den Institutionen des Gegenblocks – den Gewerkschaften und Arbeiterparteien – zuweist. Ferner spielt das Moment der Subjektivität eine gewichtige Rolle. Mit der Figur des Intellektuellen – sicherlich viel weiter definiert als im alltäglichen Sprachgebrauch – formuliert Gramsci eine Funktion erzieherisch-pädagogischer Art. Der Intellektuelle hat maßgeblichen Einfluß auf die Art, den Verlauf, die Intensität und Richtung des institutionellen Wertbildungsprozesses. Seiner bürgerlichen Herkunft gemäß wird er meistens im Sinne der etablierten Hegemonie der bürgerlichen Klasse wirken. Doch dies ist kein Naturgesetz. Bedenkt man, welche Attraktion die Sache der Arbeiterbewegung auf Intellektuelle ausübt, so ist damit zu rechnen, daß zahlreiche der in gesellschaftlichen Institutionen maßgeblichen Personen zur anderen Seite überlaufen (man denke an Italiens Arbeiterpriester). Wesentlich ist darüber hinaus, daß die Arbeiterschaft über ein gänzlich unausgeschöpftes intellektuelles Potential verfügt, welches im Sinne der Umfunktionierung zu nutzen wäre.

Das analytische Instrumentarium, welches Gramscis Institutionsbegriff enthält, macht neben den Momenten der Entstabilisierung und Subjektivität das von Sanders benannte Moment des institutionellen Sinnhandelns unter dem leitenden Gesichtspunkt von Herrschaft neu erschließbar. Ist die Aufgabe der gesellschaftlichen Institutionen damit beschrieben, durch Reformulierungen des kulturellen Selbstverständnisses einer Gesellschaft die Hegemonie eines historischen Blocks (einer Klasse oder eines Klassenbündnisses) zu regenerieren und die Volksmassen intrainstitutionell auf das herrschaftsadäquate Normgefüge qua Konsensierung zu verpflichten, so kann kein Zweifel daran bestehen, daß das Handeln in Institutionen grundsätzlich als normgeleitet und wertvermittelt zu verstehen ist. Auch negative Handlungen sind als Umwertungsversuche in besonderer Weise am geltenden kulturellen System orientiert.

Ich will versuchen, die hier thematisierten Momente einmal kurz unter dem Gesichtspunkt kunstsoziologischer Relevanz zusammenzufassen: Hinsichtlich des zuletzt genannten Komplexes des Sinnhandelns ist davon auszugehen, daß sich der ästhetische Kommunikationsprozeß über Symbole vollzieht, die sich mit dem kulturellen Wertsystem ihrer Epoche bzw. den historisch sich wandelnden Wertvorstellungen der Rezipienten positiv oder negativ vermitteln. Selbst bei der Zertrümmerung von Werksinn – für Adorno ein wesentliches Merkmal moderner Kunst – handelt es sich noch um Sinnhandeln im Rahmen der Reflexion kultureller Konventionen. Man wird das Normproblem hierbei als institutionsimmanentes anzusehen haben. Schon Gramsci legt diese Perspektive nahe. Zwar bringt er die Gültigkeit von Normen vorinstitutionell mit dem historischen Interesse der hegemonialen bürgerlichen Klasse in Verbindung; der Akt ihrer Regeneration wird allerdings im institutionellen Leben selbst vollzogen. Für kunstsoziologisches Forschen stellt sich an dieser Stelle die Frage nach dem Gegensatz von Konsensbildung bzw. Entstabilisierung herrschender Normen in und vermittels der Institution Kunst. Darauf wird weiter unten einzugehen sein. Des weiteren ist der Aspekt der Subjektivität für kunstsoziologische Untersuchungen zweifellos von Bedeutung, da zumindest seit der Etablierung bürgerlicher Lebensverhältnisse die ästhetisch sich vollziehende Wertvermittlung auf seiten des Produzenten wie auch des Rezipienten radikal subjektiv verläuft. Dabei habe ich nicht nur den Akt des individuellen Produzierens und Rezipierens im Auge. Ich denke besonders an die von Herbert Marcuse beschriebene gesellschaftliche Tendenz, qua ästhetischem Medium all das in die Innerlichkeit der Subjekte zu verbannen, was an Werten die bürgerliche Gesellschaft ursprünglich zu verwirklichen beanspruchte.[42]

Mit Gramscis Erklärung der Institution zum Hegemonieapparat ist das Problem aufgegeben, die Spezifik der Partizipation einzelner Institutionen an bürgerlicher Herrschaft herauszuarbeiten. Wenn ich im folgenden versuche, Funktionen der Institution Kunst im gesellschaftlichen Regenerationsprozeß von Herrschaft zu erhellen, dann kann es nicht darum gehen, bestimmte Autoren und Werkgruppen mit der Ausübung von Klassenherrschaft zu identifizieren (wie wir es von orthodoxen marxistischen Versuchen her kennen, vgl. z. B. die Vorwürfe gegen sog. Modernismus in der DDR). Die Frage zielt im Ansatz auf den Komplex der grundsätzlichen Bedingungen und Konsequenzen von Kunst im

System bürgerlicher Hegemonie. Das Leitproblem ist das der Partizipation von Kunst an dieser Hegemonie. Die herausgearbeiteten anderen Aspekte der Institution (Doppelcharakter, Sinnhandeln, Subjektivität) kommen in der problemorientierten Gedankenführung, freilich nicht systematisiert, zur Sprache.

4. Institution Kunst als Hegemonieapparat

Es mag verwundern, daß hier der Versuch unternommen wird, Kunst als funktional *für* Herrschaft zu bestimmen, tendieren doch die meisten ästhetischen Ansätze unserer Epoche gerade dahin, deren emanzipativen Charakter herauszustreichen.

Gemeinhin wird die Entfernung der bürgerlichen Kunst vom gesellschaftlichen Zentrum, also ihr Autonomiestatus, als deren Chance gewertet, sich den repressiven gesellschaftlichen Zuständen und Normierungen zu entziehen und entgegenzustellen.

An der Kritik*fähigkeit* autonomer Kunst soll hier nicht gezweifelt werden. Vielmehr geht es um ihre kritische *Wirkung*. Auch an dieser Stelle räume ich ein, daß Faktoren wie subjektive Betroffenheit, Bewußtseinserweiterung etc. wesentliche Komponenten der ästhetischen Erfahrung sind. Auf die letztgenannte Komponente legt Adorno einiges Gewicht: »Praktische Wirkung üben Kunstwerke allenfalls in einer kaum dingfest zu machenden Veränderung des Bewußtseins aus.«[43] Die einschränkende Formulierung zeigt allerdings gleich, daß sich Adorno keinerlei Illusion hingibt; die Wirkung autonomer Kunst auf die Einstellung der Rezipienten ist von ihm als relativ gering veranschlagt. Noch weniger als bei Individuen ruft autonome Kunst bezüglich gesellschaftlicher Verhältnisse eine Veränderung hervor. Denn der individuelle Kunstgenuß, in dem sich das allseitig reduzierte bürgerliche Individuum momentan als Persönlichkeit erfährt, vermittelt sich nicht mit gesellschaftlicher Praxis. Der Autonomiestatus als institutioneller Rahmen bürgerlicher Kunstproduktion und -rezeption verhindert die Integration ästhetischer Erfahrung in Lebenspraxis. Autonomer Kunst ist so die Möglichkeit zum Eingriff in soziale Verhältnisse genommen. An den Rand der Gesellschaft abgedrängt, erhält sie zwar die Freiheit zugebilligt, zu sagen, was sie will. Sie bleibt indes mit ihrer Kritik folgenlos, da sie den Lebensnerv der bürgerlichen Gesellschaft, die Alltagspraxis der kapitalistischen Wirklichkeit nicht erreicht. Damit ist nicht etwa ausgedrückt, daß bürgerliche Kunst wegen ihrer Folgenlosigkeit funktionslos sei. »Folgenlosigkeit ist nicht gleichbedeutend mit Funktionslosigkeit [...], sondern bezeichnet eine spezifische Funktion von Kunst in der bürgerlichen Gesellschaft: die Neutralisierung von Kritik«[44]. Diese besondere Funktion kann nach zwei Seiten diskutiert werden. Zum einen ist sie für die literatur-, allgemein: kunstgeschichtliche Entwicklung bedeutend, zum anderen besitzt sie eine nicht geringe Relevanz für das soziale System bürgerlicher Gesellschaft. Bezüglich der literarischen Evolution hat Peter Bürger in der *Theorie der Avantgarde* ein entwicklungslogisches Modell vorgelegt, in dessen Kontrastphasen Ästhetizismus und historische Avantgarde das Faktum gesellschaftlicher Folgenlosigkeit ästhetischer Kritik eine zentrale Rolle spielt.

Kann der Ästhetizismus zum Ende des 19. Jahrhunderts als literarische Epoche gelten, in der der lebensabgewandte Gehalt der Einzelwerke, die eine Wirklichkeit sui generis zu konstruieren intendieren, mit dem lebensabgehobenen Status der autonomen Kunst in der bürgerlichen Gesellschaft zusammenfällt, so gehen die Bestrebungen der europäischen Avantgardisten dahin, ihre in jeder Hinsicht radikale Kunst in Lebenspraxis zu überführen, um so den bürgerlichen Alltag ästhetisch-praktisch zu verändern. Der Ästhetizismus ist dabei als entwicklungslogische Zäsur zu betrachten, bei der der Charakter der bürgerlichen Kunst nunmehr klar liegt. Dadurch, daß die institutionell inzwischen voll ausgeprägte Abgehobenheit der Kunst von der Lebenspraxis zum wesentlichen Gehalt der ästhetizistischen Werke gemacht ist, wird die somit auf allen Ebenen vollzogene »Herauslösung der Kunst aus lebenspraktischen Kontexten und die damit einhergehende Herausdifferenzierung eines besonderen Bereichs der Erfahrung (eben der ästhetischen) als Entwicklungsprinzip der Kunst in der bürgerlichen Gesellschaft« offensichtlich und kritisierbar.[45] Der Ästhetizismus produziert demzufolge die Voraussetzung dafür, daß die historischen Avantgardebewegungen die bürgerliche Kunst so total haben in Frage stellen können.

Die vorstehende Verkürzung des von Bürger herausgearbeiteten Komplexes mag verdeutlichen, daß sich sowohl der Ästhetizismus als auch die historische Avantgarde – positiv jener, negativ diese – am Faktum gesellschaftlicher Folgenlosigkeit ästhetischer

Kritik orientieren. Indem nämlich die Ästhetizisten, angewidert von der zweckrational geordneten, materiellen Wirklichkeit des Kapitalismus, mit ihren Werken in eine ganz anders geartete ideelle Erfahrungssphäre entfliehen, negieren sie zwar die häßliche wirkliche Welt, durch ihre Flucht aber akzeptieren und bestätigen sie die gesellschaftliche Machtlosigkeit ihrer Kunst gegenüber dem Bestand dieser Welt. Der Ästhetizismus kommt der Funktion der Neutralisierung ästhetischer Kritik durch die Institution Kunst bereits auf der Werkebene zuvor, indem er – im Gegensatz zum zeitlich parallelen Naturalismus – keine explizit sozialkritischen Gehalte hervorbringt. In der Abkehr von der realen Welt liegt zweifellos ein latentes Protestpotential, das nicht übersehen werden kann. Doch der Protest ist zur Geheimsache eines esoterischen Zirkels gemacht. Ohne Anspruch auf soziale Wirksamkeit gleicht er einer Verschwörung, die sich darauf beschränkt, die Verwerflichkeit gesellschaftlicher Praxis draußen, in ästhetischen Chiffren zu bekunden. Gefahr für das Funktionieren des etablierten sozialen Systems geht davon nicht aus. Dagegen wollen sich die Avantgardisten mit der Absonderung des Ästhetischen und der daraus resultierenden gesellschaftspraktischen Ohnmacht ästhetischer Kritik nicht abfinden. Mit ihren provokativen Manifesten und schockierenden Artefakten bezwecken sie die Sprengung des institutionellen Rahmens autonomer Kunst zugunsten unmittelbarer sozialer Eingriffs- und Veränderungsmöglichkeiten. Im Fall der Avantgarde demonstriert die Tatsache des Scheiterns ihrer Intention die Stabilität der Institution Kunst im gesellschaftlichen Feld hegemonialer Ordnung. Obwohl das zeitgenössische Publikum zuerst tatsächlich schockiert war und damit etablierte Kunstvorstellungen ins Wanken gerieten, obwohl z. B. Dada zu einer Bewegung anschwoll, die in fast allen Metropolen Europas, auch in New York, Fuß faßte und beträchtliches Aufsehen erregte, trotz der zeitweisen Verbrüderung von Surrealisten mit den nationalen kommunistischen Parteien, war, nachdem ihre Schockwirkung nachzulassen begann, die avantgardistische Revolte alsbald in den bestehenden Kunstbetrieb integriert. Der massive Angriff auf Produktionsnormen, Rezeptionskonventionen, den auratischen Charakter, die Zweckfreiheit etc. der bürgerlichen Kunst, also gegen Grundfesten der Institution, hatte innovative Konsequenzen für den fortlaufenden ästhetischen Kommunikationsprozeß *innerhalb* der Institution. Das gesellschaftskritische Anliegen dieser Revolte aber war paralysiert.

Richten wir nun die Fragestellung auf den anderen, den Systemaspekt. Hierbei kann eine Überlegung zur Theorie des Konflikts von Lewis Coser eine Anregung liefern. Coser untersucht Möglichkeiten für einzelne und Gruppen, ihre Unzufriedenheit mit sozialen Tatbeständen zu artikulieren. Neben der ›Rebellion‹, einer dysfunktionalen Reaktion auf Frustration, arbeitet Coser eine innerhalb des Systems fungierende Form abweichenden und protestierenden Verhaltens heraus. Die Belastung von Frustration kann ein einzelner, so Coser, »dadurch mindern, daß er sie in besonderen Ventilinstitutionen ›abreagiert‹, soweit solche Institutionen im sozialen System vorgesehen sind«.[46] Bei dem Wort »Ventilinstitution« denkt man zuerst an Fußballstadien, Diskotheken und ähnliche Angebote der Freizeitindustrie. Dies sind diejenigen Ventile, die am stärksten ins Auge springen, weil sie massenhaft genutzt werden. Es existieren aber auch subtile Formen des Abreagierens. Arnold Gehlen hat mit dem Begriff der Entlastung auf solch eine subtile Form aufmerksam gemacht, in der moderne Kunst die Leistung vollbringe, den Rezipienten im Akt der Rezeption von seiner äußeren Determination freizusetzen. ›Libertinismen‹ garantiere die Kunst in einer Zeit, in der nach den Worten Ernst Jüngers der Staat wie ein Gebirge auf den Individuen liege; »der Sozialdruck ist wie der atmosphärische so gewaltig«[47], die durchbürokratisierte Gesellschaft sei so freiheitsbeschneidend, daß nur noch außerhalb der gesellschaftlichen Kerninstitutionen, positiv gewendet: in der Kunst für »phantastische, hochgetriebene Appetite, für großherzige Dummheiten, künstlerische Paradiese, für die Räusche genialer Vereinsamung und die Sorglosigkeit breiter Naturen« ein Ort gefunden werden könne.[48] Anstatt die Auseinandersetzung mit Gehlen hier wieder aufzunehmen, drehe ich die Fragestellung um. Nachdem wir von der befreienden Leistung der Kunst für das von sozialen Determinismen belastete Individuum gehört haben, frage ich nach der Leistung der subtilen Entlastungseinrichtung Kunst für das bürgerliche Sozialsystem.

Erinnern wir uns, daß Gramsci den gesellschaftlichen Institutionen die Aufgabe zuweist, qua Konsensierung die Loyalität der Massen gegenüber dem etablierten System bürgerlicher Hegemonie herzustellen. Es dürfte schwerfallen, die Realisierung dieser Aufgabe am ästhetischen Kommunikationsprozeß in der bürgerlichen Institution Kunst zu dokumentieren. Wenn es stimmt, daß sich Individuen der Kunst zuwenden, egal ob als Produzenten oder Rezipienten, weil sie dem mangelhaften und unbefriedigenden Alltag der bürgerlichen Gesellschaft etwas entgegensetzen wollen, dann muß eben dieser Kommunikationsprozeß als eine symbolische Interaktion verstanden werden, welche das allgemein verbindliche Normsystem ständig in Frage stellt. Unter dieser Perspektive hätten wir mit der Institution Kunst eine Einrichtung gefunden, die eher einer Entstabilisierung bürgerlicher Hegemonie zuarbeitet. Doch als Residuum für Enttäuschungen, für Leid an real verübtem Unrecht hat die Institution Kunst jene Ventilfunktion, die Lewis Coser allgemein im Zusammenhang mit Frustrationsreduktion oder -überwindung ins Spiel bringt. Ästhetisch vermittelte Kritik fängt Unzufriedenheit institutionell auf, indem sie die frustrierten Individuen, wie Gehlen sagt, entlastet. Damit entlastet die Institution Kunst gleichzeitig auch die bürgerlichen Verhältnisse, da sie potentielle Rebellion kanalisiert. Provozierend formuliert: Während der Besuch einer Diskothek als Ventil eine individuelle Abreaktion schafft, die möglicherweise noch an der Auflösung der bürgerlichen Sexualmoral oder allgemein am Wandel sittlicher Umgangsformen teilhat, rettet die Kunstproduktion und -rezeption im Rahmen der Institution Kunst Individuen vorübergehend vor der bedrohlichen Alltagswirklichkeit, ohne aber – der Abgehobenheit von der Lebenspraxis wegen – irgendwo verändernd in den Gesellschaftsprozeß eingreifen zu können. – Thesenhaft ist festzuhalten, daß die Konsensierungsaufgabe in Gramscis Sinn für die Institution Kunst der bürgerlichen Gesellschaft nicht besteht; ihre Aufgabe ist indes, gezielt gerade diejenigen Bedürfnisse anzusprechen, die im praktischen Lebensalltag zu kurz kommen oder gar nicht erfüllt werden. Dabei fungiert Kunst als subtile Ventileinrichtung, in der, ohne daß für das Interesse des herrschenden Blocks Rückwirkungen auf die Ordnung der Privilegien zu befürchten sind, sich dieses oder jenes Bedürfnis frei entladen kann. Weiterhin ist zu berücksichtigen, daß je heftiger die ästhetisch vermittelte Kritik ausfällt, je beherzter die normativ-kulturellen Umwertungen statthaben, je verächtlicher sich die ästhetische Interaktion vom Alltag abkehrt, je aggressiver auch die Zerstörung von Formkonventionen, die Umkehrung des Kunstschönen ins Häßliche durchgeführt wird, desto mehr sich das hegemoniale System in seinem

Anspruch bestätigt sieht, Pluralität und Liberalität zu garantieren und zu wahren. Aufgrund ihrer Desintegration, der Entfernung der Institution Kunst vom gesellschaftlichen Zentrum, sind alle institutionsimmanenten sozialen Proteste, kulturellen Umwertungsbemühungen und formalen Zersetzungsversuche gesellschaftlich folgenlos. Ein Hegemonieapparat ist die Institution nicht wegen dem, was in ihr geschieht, sondern aufgrund des Status, der Kunst in der bürgerlich-kapitalistischen Gesellschaft zuteil wird. Die Tendenz einer auf inhaltlicher und formaler Ebene in Angriff genommenen und ästhetisch kommunizierten Entstabilisierung von allgemein gültigen sozialen Normen, welche der Institution explizit oder latent einwohnt, läuft im Grunde aufs Gegenteil hinaus: sie ist eine gut zu verkraftende Kritik und Alibi für bürgerliche Hegemonie.

In einer Analyse von Marcuses Aufsatz *Über den affirmativen Charakter der Kultur* (1937) arbeitet Hans Sanders u. a. diejenigen Momente heraus, die Marcuse zur Beschreibung der Wirkung von Sozialisationsmitteln der Kunst bei Freud entliehen hat. Kurz zusammengefaßt, geht Marcuse davon aus, daß die Funktion der Kunst für die bürgerliche Gesellschaft u. a. darin besteht, über dem Realitätsprinzip des sozio-ökonomischen Systems (Profitmaximierung, Zweckrationalität) im abgezirkelten ästhetischen Bereich das menschliche Lustbedürfnis zu sublimieren.

> Kultur hätte [...] eine doppelte Funktion: Sie ist Betätigungsfeld des Lustprinzips, dessen Spielraum in der Lebenswirklichkeit begrenzt sein muß, die auf der Ausdehnung der Systeme zweckrationalen Handelns beruht (kompensatorische Funktion). Indem Lust aber sublimiert wird, werden gefährliche Tendenzen des Lustprinzips zugleich neutralisiert. Dies ist die Leistung der Phantasieproduktion. Kultur ist also Marcuse zufolge die institutionalisierte Form von Bedürfnissen, die aufgrund der Ausdehnung der Prinzipien zweckrationalen Handelns in fortgeschrittenen Gesellschaften marginal werden.[49]

Sanders' Folgerung enthält Aspekte, die an unsere vorangegangenen Überlegungen anschließbar sind. Bereits in dem zuletzt angeführten Gehlen-Zitat klingen Momente von Lust an (phantastische Appetite, Paradiese, Räusche). Mit seinem Entlastungs-Theorem hat Gehlen versucht, diese Momente der gesellschaftlichen Wirklichkeit auszugrenzen. In Marcuses Freud-Adaption erscheint der kulturelle Bereich allerdings stark mit dem zweckrationalen Organisationsschema der bürgerlichen Gesellschaft verknüpft. Ihm ist hier die Funktion der Bändigung des Lustprinzips übertragen. Marcuse geht dabei mit Freud von einer menschlichen Triebstruktur aus, die sich ungeachtet der jeweiligen sozialen Ordnungen ausleben muß. Da, wie Max Weber behauptet, der Kapitalismus von protestantischer Ethik und Askese, d. h. Nötigung zum Lustverzicht geprägt ist, hat er seines Fortbestands wegen dafür Sorge zu tragen, daß das im kapitalistischen Alltag unbefriedigt bleibende Lustbedürfnis der Individuen irgendwo zum Austrag kommt; sonst bleiben tiefe soziale Erschütterungen nicht aus. Zum Funktionieren des Systems einschließlich seiner Herrschaftsstrukturen bedarf es folglich sozialer Einrichtungen, die diese Aufgabe übernehmen. Eine solche Einrichtung ist der kulturelle Bereich, in dem Lust sich, freilich nicht ungehemmt, ausleben kann. Ihrer anarchischen Komponente beraubt, ist sie hier zum bürgerlichen Kunsterlebnis kultiviert.

Die Stützfunktion für die etablierten bürgerlich-kapitalistischen Verhältnisse, der affirmative Charakter der Kultur eben ist in Marcuses Konzept von 1937 deutlich ausgewiesen. Man mag sich berechtigterweise darüber streiten, ob es sinnvoll ist, eine überzeitliche anthropologische Triebstruktur anzunehmen. Wesentlich ist für unseren Zusammenhang, daß die ästhetischen Aktivitäten innerhalb der bürgerlichen Institution Kunst nicht als *absolute* Formen des menschlichen Drangs, sich von der Rigidität der gesellschaftlichen Kerninstitutionen frei zu machen (Gehlen), oder der Befriedigung des menschlichen Lustbedürfnisses (Freud) erscheinen, sondern – und diese Verbindung stellt Marcuse her – *relativ* auf das bestehende Sozial- und Herrschaftssystem Kapitalismus bezogen bleiben. Der Autonomiestatus der Kunst, welcher Produzenten und Rezipienten Freiheit suggeriert, erweist sich als funktionaler Apparat für bürgerliche Hegemonie.

Werfen wir zum Schluß noch einen Blick auf das ästhetisch interagierende Individuum in diesem Hegemonieapparat. Weiter oben war die Rede von einer im institutionellen Rahmen vollzogenen vorübergehenden Rettung des Individuums vor der bedrohlichen Alltagsrealität. Auch diesen Aspekt hat Marcuse erfaßt: »Eine private Durchbrechung der Verdinglichung findet statt.«[50] Im ästhetischen Erlebnis wird kurzzeitig das unbefriedigende Dasein des Lebensalltags zurückgelassen. Dieses momentane, andersgeartete Lebensgefühl verdankt sich dem Autonomiestatus, dessen Ideologie – sofern man hierunter die Verschränkung von Schein und Wahrem faßt – sich folgendermaßen darstellt: Wahr ist an autonomen Werken, daß sie von zweckrationaler kapitalistischer Praxis freigesetzt sind. Sie unterliegen keinem sozialen Zwang und können jede beliebige Thematik frei und kritisch ausformen. Insofern haben autonome Werke überhaupt die Chance, *apparition* im Sinne Adornos zu sein, d. h. etwas für die Länge eines Augenblicks zu bezeugen, was erst und nur zu erfahren ist, wenn man sich außerhalb des engeren gesellschaftlichen Funktionsgefüges befindet. Gleichzeitig ist ideologiekritisch darauf hinzuweisen, daß diese Freiheit der Transzendenz nur Schein ist. Faktisch sind alle ästhetischen Aktivitäten der Institution Kunst Teil der gesellschaftlichen Reproduktion. Als soziale Einrichtung stabilisiert Kunst nachgerade das hegemoniale System, da ihre Kritiken, welcher Art auch immer, neutralisiert werden. Die Marginalität der institutionellen Äußerungen verurteilt diese zur Folgenlosigkeit. – Das Kunsterlebnis in der bürgerlichen Gesellschaft nähert sich, wenn man so will, einem religiösen Ereignis an. Der Kunstbeflissene tritt als Erretteter »aus der Welt des Profanen in die des Heiligen« über.[51] Für kurze Zeit steht er – in der ästhetischen Erfahrung des Großen, aber auch des Leids dieser Welt – über deren realen Übeln, ist als Enthobener ein Erlöster. Danach kehrt er in die schlechte Wirklichkeit zurück; geläutert kann er sie ertragen. Auch hierin trägt Kunst – diesmal auf seiten der subjektiven Stabilisation – zum Weiterfunktionieren des hegemonialen Systems bei.

Insgesamt ist also die Bilanz negativ, schaut man aus Gramscis Perspektive, die ihr Interesse an einer Umfunktionierung gesellschaftlicher Herrschaftsstrukturen anmeldet. Es muß allerdings auch bemerkt werden, daß Kunst zu den wenigen Bereichen der Gesellschaft gehört, in denen die Persönlichkeit sich noch als ganze, wenn auch in disziplinierter Form, erfährt. In der Kunst kann sich eine Subjektivität in Phantasie und Spontaneität erhalten, die in der übrigen Gesellschaft schon längst nicht mehr zugelassen ist. Es gilt allerdings für die Subjektivität der ästhetischen Erfahrung, daß sie »nur über die Stränge schlagen [darf], solange sie sich dessen bewußt bleibt, und sofern sie den Ausbruch wieder zurücknimmt«[52], d. h. auf seine Integration in alltägliche Lebenspraxis verzichtet.

Anknüpfend an diesen letzten Punkt sei eine Schlußbemerkung gestattet, die zur Integration ermutigen möchte: Die Situation am

Ende des 2. Jahrtausends unserer Zeitrechnung stellt sich problematischer dar, als noch zu Zeiten von Marx und Engels. Es geht nicht mehr nur um die Frage des *Besitzes* an Produktionsmitteln, sondern grundsätzlich darum, daß die *Existenz* der modernen Produktions- und Destruktionsmittel – Folge einer von Marx und der Arbeiterbewegung nicht hinterfragten industriellen Produktivkraftentwicklung – die Gattung Mensch in ihrem Fortbestehen ökologisch und militärisch universal bedroht. Sollte man noch daran glauben, daß Chancen bestehen, der Tendenz zur Vernichtung von Mensch und Natur in Kapitalismus, Sozialismus und der Dritten Welt entgegenzutreten, dann sind tiefgreifende Veränderungen der Gesellschaftsorganisation vorauszudenken und zu realisieren. Beim gedanklichen Durchspielen von Überlebensmodellen sind die Werke der Kunst unentbehrlich, da sie Alternativen zur Menschheitsgeschichte pointieren, die Versäumnisse, falsche Entscheidungen, Irrtümer, Täuschungen, Trugschlüsse der wirklichen Geschichte entlarven. Nimmt man diese Alternativen mit kritischem Bewußtsein ernst, weiß man also um ihre Einflußlosigkeit, den Scheincharakter, das Affirmative an ihnen, bleibt immerhin noch möglich, den kritischen Diskurs über alternierende ästhetische Weltbilder in andere Institutionen zu tragen: in Schulen, Universitäten, Kirchen oder Gruppen von Menschen, die nicht nur sich selbst, sondern auch anderes erfahren wollen. Sollte die neue linke Szene, um auf das Eingangskapitel zurückzukommen, ihre ästhetizistische Hinwendung zur Kunst kritisch zu bedenken lernen, könnte die Chance bestehen, daß sie durch den privaten und öffentlichen Austausch über ästhetisch Erfahrenes die Welt und ihre Probleme wiederentdeckt und ihre Veränderung neu in Angriff nimmt.

Anmerkungen

1 Helmut Schelsky, *Rückblicke eines ›Anti-Soziologen‹*, Opladen 1981, 112.
2 Ebd., 115.
3 Ebd., 125.
4 Michael Rutschky, *Erfahrungshunger. Ein Essay über die siebziger Jahre*, Köln 1980, 52.
5 Ebd.

6 Schelsky (s. Anm. 1), 117.

7 Arnold Gehlen, *Zeit-Bilder. Zur Soziologie und Ästhetik der modernen Malerei*, Frankfurt/Bonn ²1965, 43.

8 Ebd.

9 Ebd., 36.

10 Ebd.

11 Ebd., 24.

12 Ebd., 24 f.

13 Ebd., 23 f.

14 Ebd., 24.

15 Zudem muß kritisch angemerkt werden, daß Gehlen den Begriff der Institution unexpliziert läßt. Zieht man Äußerungen des Soziologen aus anderen Zusammenhängen zu Rate, so erfährt man, daß soziale Institutionen die Aufgabe erfüllen, dem instinktarmen Lebewesen Mensch Orientierungen und Schutz zu gewähren. (Vgl. Arnold Gehlen, *Anthropologische Forschung. Zur Selbstbegegnung und Selbstentdeckung des Menschen*, Reinbek 1974, rde 138, 71.) Der Wertbegriff, der Institution für Gehlen damit ist, wird aber keinesfalls geschichtlich-material gesichert. Die behauptete Tatsache, daß Institutionen die Kontinuität menschlichen Zusammenlebens garantieren, reicht ihm zu deren Legitimation. Darüber hinaus begreift Gehlen abstrakt-anthropologisch die Institutionen Recht, Wirtschaft, Familie, Eigentum etc. als »konstante Wesensmerkmale des Menschen«. (Theodor W. Adorno und Arnold Gehlen, *Ist die Soziologie eine Wissenschaft vom Menschen? Ein Streitgespräch*, in Anhang zu: Friedemann Grenz, *Adornos Philosophie in Grundbegriffen. Auflösung einiger Deutungsprobleme*, Frankfurt 1975, S. 225-251, hier: 244.) Mit einem Wort: Gehlen erklärt die gesellschaftlichen Institutionen zu unabdingbaren objektiven Strukturen menschlichen Lebens. Da sie also notwendig zur menschlichen Existenz mit hinzu gehören, ist ihre Kritik, vom empirischen Standpunkt aus betrachtet, nur müßig. Selbst die von Gehlen festgestellten institutionellen Verselbständigungen (er redet von der »Selbstmacht«, die Institutionen gegenüber den Individuen gewinnen; ebd.) vermögen ihn nicht dazu zu bewegen, grundsätzlich über Rechtmäßigkeit oder Anachronismus bestehender Institutionen nachzudenken. Institutionen haben für ihn allemal Vorrang vor den Bedürfnissen der Subjekte, weil diese ohne jene hilflos wären. Gehlens Soziologie verschafft mit solcher Gewichtung allen etablierten sozialen Institutionen unbefragte Geltung.

16 Vgl. hierzu Peter Bürgers Beitrag in diesem Heft.

17 Gehlen (s. Anm. 7), 207.

18 Ebd.

19 Ebd., 207 f.

20 Ebd., 222.

21 Ebd., 207.

22 Ebd., 223.

23 Ebd., 220 ff.

24 Ebd., 223.

25 Ebd.

26 Ebd., 207.

27 Vgl. hierzu Peter Bürger, *Theorie der Avantgarde*, Frankfurt 1974 (es 727), 11 ff. und 19 ff., sowie ders., *Vermittlung – Rezeption – Funktion. Ästhetische Theorie und Methodologie der Literaturwissenschaft*, Frankfurt 1979 (stw 288), 176 ff.

28 Vgl. dazu P. Bürger, *Vermittlung – Rezeption – Funktion* (s. Anm. 27), 173 ff.; zur Diskussion von Bürgers Ansatz vgl. Hans Sanders, *Institution Literatur und*

Roman. Zur Rekonstruktion der Literatursoziologie, Frankfurt 1981 (es 688), 37 ff.

29 Abgehoben werden könnte im materiellen Bereich, wie es gelegentlich geschieht, die *Organisation* von der *Institution*. Demnach ist Organisation die konkrete, häufig mit Weisungsbefugnis versehene Handlungs- oder Verwaltungsinstanz einer Institution (Beispiel: ein Amtsgericht ist eine Organisation der Institution Recht). Im Bereich der wertmäßigen Ausrichtung tut eine Differenzierung not zwischen den für die materiellen Apparate konstitutiven Normen und den hiervon abgeleiteten Verhaltensmustern, an denen sich intrainstitutionelles Handeln orientiert.

30 Sanders (s. Anm. 28), 40.

31 Ebd.

32 Ebd., 39.

33 Ebd., 41.

34 Klaus Eder, *Zum Problem der logischen Periodisierung von Produktionsweisen. Ein Beitrag zu einer evolutionstheoretischen Rekonstruktion des Historischen Materialismus*, in: *Theorien des Historischen Materialismus*, hg. v. Urs Jaeggi u. A. Honneth, Frankfurt 1977 (stw 182), S. 501-523, hier: 502 ff.

35 Sanders (s. Anm. 28), 41.

36 Ebd., 42.

37 Karin Priester, *Zur Staatstheorie bei Antonio Gramsci*, in: *Das Argument*, Nr. 104, 1977, 515-532, hier: 516.

38 Antonio Gramsci, *Briefe aus dem Kerker*, hg. v. Gerhard Roth, Frankfurt 1972, 56.

39 Perry Anderson, *Antonio Gramsci. Eine kritische Würdigung*, Berlin 1979, 42 f.

40 Valentino Gerratana, *Staat, Partei, Institutionen. Politische Hegemonie der Arbeiterklasse*, in: De Giovanni, Gerratana, Paggi, *Gramsci-Debatte 1. Hegemonie, Staat und Partei*, Hamburg 1978, 32-47, hier: 40 f.

41 Priester (s. Anm. 37), 518.

42 Vgl. Herbert Marcuse, *Über den affirmativen Charakter der Kultur*, in: ders., *Kultur und Gesellschaft 1*, Frankfurt 1965 (es 101), 56-101, hier: 71.

43 Theodor W. Adorno, *Ästhetische Theorie*, hg. v. Gretel Adorno u. Rolf Tiedemann, Frankfurt 1973 (stw 2), 360.

44 P. Bürger, *Vermittlung – Rezeption – Funktion* (s. Anm. 27), 158.

45 P. Bürger, *Theorie der Avantgarde* (s. Anm. 27), 29.

46 Lewis A. Coser, *Sozialer Konflikt und die Theorie des sozialen Wandels*, in: *Moderne amerikanische Soziologie. Neuere Beiträge zur soziologischen Theorie*, hg. v. Heinz Hartmann, Stuttgart 1973 (dtv WR 4131), 414-428, hier: 423.

47 A. Gehlen (s. Anm. 7), 222.

48 Ebd.

49 H. Sanders (s. Anm. 28), 26.

50 H. Marcuse (s. Anm. 42), 89.

51 Pierre Bourdieu, *Elemente zu einer soziologischen Theorie der Kunstwahrnehmung*, in: *Seminar: Literatur- und Kunstsoziologie*, hg. v. P. Bürger, Frankfurt 1978 (stw 245), 418-457, hier: 450.

52 H. Marcuse (s. Anm. 42), 91.

B. Historische Fallstudien

Joël Lefebvre
Zur Autonomie der Literatur in der frühen Neuzeit

In letzter Zeit ist der Begriff der Autonomie in den Mittelpunkt der Diskussion über die Beziehung von Literatur und Gesellschaft und über die Funktion der Literatur gerückt. Die ersten Ergebnisse der Forschung haben unter anderem gezeigt, daß die Idee der Autonomie der Literatur, die für viele Literaturhistoriker selbstverständliche und überzeitliche Geltung hatte, geschichtlich bedingt und an gewisse historische Konstellationen gebunden ist. Eine solche Konjunktur bilden sicherlich der Übergang zur Goethezeit und die Moderne. Die meisten literaturwissenschaftlichen Untersuchungen, die sich mit dieser Problematik befassen, sind auch diesen beiden Schwerpunkten der Entwicklung gewidmet.

Dabei könnte man den Eindruck haben, daß die Debatte: autonome Literatur versus Zweckliteratur erst mit der klassisch-romantischen Epoche einsetzt. Die Historisierung des Autonomiebegriffs bleibt aber unvollständig, wenn man ihn nicht bis in seine Ursprünge, die Zeit der Renaissance, des Humanismus und der Reformation, zurückverfolgt. Diese Umbruchszeit hat gegenüber anderen Schwerpunkten den Vorteil, daß sie es erlaubt, in der frühbürgerlichen Literatur diese Problematik geradezu in statu nascendi zu erfassen. In dieser Hinsicht haben Kunsthistoriker, so scheint es, gegenüber den Literaturforschern einen gewissen Vorsprung. Die Literaturwissenschaft sollte sich in Zukunft mit der Vorgeschichte der Autonomiesetzung der Literatur intensiver befassen.

Wir möchten im folgenden einiges Material und einige Beobachtungen zur Schließung dieser Lücke vorstellen und andeuten, daß das, was sich im Übergang von der Aufklärung zur Klassik abspielt, nur die unter anderen Vorzeichen vollzogene Wiederholung einer Debatte darstellt, die bereits im Mittelpunkt der Auseinandersetzungen über Literatur im Spannungsfeld von Renaissance und Reformation, von »litterae humaniores« und Zweckliteratur, steht. Dabei kann die Opposition: institutionalisierte/nicht-institutionalisierte Literatur einen brauchbaren Leitfaden liefern und etwas Licht in das scheinbar bunte Chaos der literarischen Produktion jener Zeit bringen.

1. Literatur als Predigt: Brants *Narrenschiff*

Das prägnanteste Beispiel für institutionalisierte Literatur im Spätmittelalter ist das *Narrenschiff* von Sebastian Brant (1494), in dem die für diese Übergangszeit charakteristische Narrenthematik literarischen Rang erlangt. Die Rezeptionsgeschichte des Brantschen Werkes macht deutlich, daß es für beinahe zwei Jahrhunderte vorbildliche Bedeutung hatte. Bis zum Beginn des Dreißigjährigen Krieges wurde es oft gedruckt und nachgeahmt; Hans Sachs, Fischart und der anonyme Autor des *Faustbuchs* (1587) kannten es und haben es genutzt; für Satiriker der Barockzeit, vor allem Moscherosch und Grimmelshausen, behielt es noch seinen Modellwert. Die Geschichte der Mittleren deutschen Literatur deckt sich zum großen Teil mit der Einflußgeschichte dieses »Codex theutonicus«.

Ausgangspunkt der Brantschen Satire ist die Verunsicherung eines Menschen, der in allen Lebenserscheinungen seiner Zeit der Auflösung des mittelalterlichen christlichen Ordo beiwohnt. Die »Welt«, deren Zusammenhalt in diesem Ordo gegeben war, ist einer um sich greifenden Anarchie preisgegeben und hat sich in individuelle »Narrheiten« verflüchtigt und aufgelöst. »Narr« ist jeder Mensch, der von dem göttlichen Ordo und von den Gesetzen, die ihm in der Lebenspraxis entsprechen, abweicht. Brants Anliegen besteht darin, den »Lauf der Welt« darzustellen, eine vollständige Imago mundi zu bieten und dabei die Erinnerung an den Ordo und an dessen Normensystem wach zu erhalten. Da die Totalität im Konkreten nicht mehr existiert, kann sie nur noch als Inventar von Teilphänomenen vermittelt werden. Daher die eigenartige, höchst signifikative Struktur des Werkes: es folgt dem Prinzip der additiven Reihung, der Summierung von einzelnen »Narrheiten«. Bei jedem der 110 Narren, die Brant Revue passieren läßt, wiederholt er die gleiche Mahnung mit dem gleichen Hinweis auf den Ordo. Die dichterische Gestaltung, die als eine notwendige Konsequenz des Weltbildes erscheint, geht über diese Inventarform kaum hinaus. Das Potential an romanhafter Erzählung, das in der Verbindung des Narrenthemas mit dem Urbild der Schiffahrt enthalten war, hat Brant nur in geringem Maße und sporadisch ausgewertet. An der Entfaltung fiktionaler Motive war ihm offenbar nicht viel gelegen. Er beschränkt sich auf den unermüdlich wiederholten Hinweis auf den Ordo und auf die direkte Polemik gegen die »Narrheiten der Welt«.

Die Vorrede bestimmt die Wirkungsabsicht des Autors und die gesellschaftliche Funktion, die der Literatur zugewiesen wird. Es ist, so heißt es dort, der Bibel, den Schriften der Kirchenväter und der Masse der Erbauungsbücher nicht gelungen, die Manifestationen der Narrheit einzudämmen und die Welt zu verbessern. Infolgedessen muß der Satiriker zu neuen Mitteln greifen: Literatur soll ein »Narrenspiegel« sein, in dem den Menschen die allgemein verbindlichen Werte präsentiert werden, in dem sie also ihr wahres Gesicht sehen und dadurch zur Selbsterkenntnis und zur Erkenntnis des Ordo gelangen können. Dabei soll sie »Scherz und Ernst« verbinden, um sicherer wirken zu können. Die Realisierung im Werk hält aber nicht, was die Vorrede in dieser Beziehung verspricht: analog zum Schwund der Erzählmotive ist eine Einschränkung des Scherzes festzustellen, und unterhaltende Passagen treten nur vereinzelt in Erscheinung. Dies ist auch eine folgerichtige Konsequenz des Weltbildes, denn in Brants Weltsicht kann Literatur nur religiös-didaktischer Natur sein, Sündenschelte »zu Gottes Ehr' und Nutz der Welt«. Sie ist nichts als das Medium zur Verbreitung von ethisch-religiösen Normen, und die Funktion des Dichters ist die eines Sittenrichters. Auch wenn er ein Laie ist, bleibt somit seine Schöpfung mit der Institution der Predigt verwandt.

Diese Affinität zur Predigt ist durch die unmittelbare Nachfolge des *Narrenschiffs* bezeugt. 1498/99 hielt der Straßburger Domprediger Geiler von Kaysersberg eine Reihe von Predigten nach den vorgegebenen Schemata des *Narrenschiffs.* So griff auch der Franziskaner Thomas Murner 1512 in seiner *Narrenbeschwörung* dessen Idee und Inventarform wieder auf. Beinahe ein Drittel von Murners Text besteht aus mehr oder minder direkten Zitaten aus Brants Werk. Die religiös-didaktische Perspektive ist die gleiche geblieben. Neu ist allerdings, daß Murners Narren sich nicht in gefährlichen Irrfahrten nach »Narragonia«, der utopischen Wunschlandschaft, eingeschifft haben. Bei ihnen ist die »Narrheit« zu einer so bösartigen und teuflischen Macht geworden, daß der Satiriker sich in einen Exorzisten hat verwandeln müssen.

Kaum zwanzig Jahre nach dem *Narrenschiff* verrät Murners Verzicht auf jede fiktionale Einkleidung die Spannungen und Obsessionen, die die große Erschütterung der Reformation ankündigen.

Die Reformation selbst wird an der didaktischen Ausrichtung der Narrenliteratur nichts Grundsätzliches ändern. Luthers Äußerungen zur Gattung Fabel und zur Bühne beweisen, daß für ihn die Funktion der Literatur die Erziehung des Rezipienten bleibt. Literatur soll auf der Grundlage der göttlichen Weltordnung zur Verbreitung von Verhaltensnormen dienen und in dem gottgewollten Rahmen von Obrigkeit, Amt, »Beruf« und Ehestand den Christen auf seine gesellschaftliche Rolle vorbereiten. Was sich im Vergleich mit der Vorreformation gewandelt hat, ist nicht die Funktion, sondern nur die Struktur der Werke. Die additive Form, die der Narrensatire eigentümlich war, wird nun aufgegeben zugunsten der Parabel biblischer Inspiration. Bei gleichbleibender Verwandtschaft mit der Predigt übernimmt jetzt das Schuldrama die Aufgaben der Narrenliteratur. Eines der beliebtesten Themen, die Parabel vom verlorenen Sohn, zeigt einen »Narren«, der sich von der göttlich-väterlichen Ordnung abwendet und nach dem Gang durch die Welt zum Vaterhaus zurückfindet. Der Schluß ist insofern optimistischer und erbaulicher als bei Brant, als sich hier der Narr zur Ordnung bekehrt.

Aber auch hier bleiben das ästhetische Prinzip und die Schreibweise im Grunde genommen die der Homiletik. Wie die Predigt selbst, weisen all diese Werke eine dualistische Textstruktur auf, die zwei Typen von Diskurs nebeneinanderstellt. Einerseits hat man es mit einem moralischen Diskurs zu tun, der die ethischen Ideale explizit verkündet sowie die Laster und Sünden »anprangert«. Zum andern findet man einen Text anderer Natur, »exemplum« genannt, der realistisch oder komisch sein kann oder beides. Dem realistischen Exempel ist illustrative Funktion zugedacht: es soll als Wirklichkeitsfall e contrario der direkten Sündenschelte zu größerer Wirkung verhelfen. Das komische Detail soll auch zu dieser Wirkung beitragen, indem es durch die Abwechslung dem Rezipienten allzu große psychische Spannung erspart. In dieser Hinsicht besteht zwischen Narrensatire und biblischem Drama oder Erziehungsroman kein wesentlicher Unterschied, nur ein Unterschied des Grades. In der ersteren ist direkte Didaktik massiver und der Raum, der dem realistischen und/oder komischen Exempel zugestanden wird, tendenziell gering, wofür das *Narrenschiff* ein gutes Beispiel liefert. Im Drama dagegen ist direkte Didaktik auf Prolog und Epilog der Spiele beschränkt, während das konkrete Exempel die eigentliche Dramenhandlung bildet. Im Erziehungsroman (Wickram) ist eine positive Figur als Modellfall Trägerin der ethischen Werte. Die Erbauung ist theoretisch dadurch gesichert, daß die durch die Darstellung des Narrenlebens im Exempel gefährdete moralische Ordnung am Schluß wiederhergestellt wird.

Man sieht aber die Gefahr, die das Predigtmodell und diese Art der Didaktik ex negativo in sich bergen. Denn der Typus von Literatur, der sich daraus ergibt, ist notwendigerweise und von Natur aus zweideutig. In der Absicht der Autoren hat der realistische und/oder komische Diskurs gegenüber der lehrhaften Zielsetzung, die dominieren soll, nur untergeordnete Funktion. Die Gefahr liegt darin, daß das Verhältnis der beiden Komponenten zueinander sich umkehrt und daß beim Rezipienten (und gelegentlich auch beim Autor) die Lust am Exempel größer wird als die vom moralischen Diskurs geforderte Aufmerksamkeit. In Grenzfällen können die unterhaltenden Elemente sich völlig verselbständigen. Ein besonders klares Beispiel dafür bietet Grimmelshausens berühmte Erzählung *Die Landstörtzerin Courasche*, in der die realistischen bzw. belustigenden Elemente sich derart emanzipieren, daß das Gesamtergebnis der moralisierenden Intention direkt zuwiderläuft, eine Verschiebung, deren am Ende der Autor sich plötzlich bewußt geworden ist und in unerwarteter Weise massive, direkte Didaktik wieder einführt. In diesem Fall haben die Spielelemente (Schwänke), die realistischen Szenen und die Titelfigur selbst, die im Prinzip negativ konzipiert ist, im Verhältnis zur didaktischen Intention ihre illustrative Funktion eingebüßt und sind autonom geworden. Man darf hier wohl von einer ungewollten Autonomisierung von Literatur sprechen.

Es darf deshalb nicht verwundern, wenn die ästhetische Reflexion, die die deutschsprachige Literatur des ganzen Zeitalters in Vorreden und Widmungen begleitet, die alte Problematik des »delectare aut prodesse« fortsetzt. Brant, Murner, Pauli, Wickram, Hans Sachs und Grimmelshausen – um nur die bekanntesten Autoren zu nennen – kennen das gleiche Dilemma. Lassen sie es bei der direkten Belehrung bewenden, so laufen sie Gefahr, die Rezipienten zu langweilen, weil die moralischen Themen grundsätzlich gleich bleiben. Greifen sie zu Mitteln der Unterhaltung, die theoretisch illustrativ und funktional bleiben sollen, dann setzen sie sich wieder der Gefahr aus, auch dann die Wirkung zu verfehlen, weil diese Mittel ungewollt zur Autonomie tendieren.

Das Schwanken zwischen beiden Perspektiven ist in der Literatur der Zeit überall spürbar. Dieses Schwanken ist der auffallendste Zug einer Literatur, die sich noch nicht oder nur halb von den Institutionen der Kirche und der Schule losgelöst hat. Die Langwierigkeit dieses Säkularisationsprozesses unterscheidet meines Erachtens die deutsche Literatur etwa von der französischen. Diese halb säkularisierte Literatur lebt so lange wie der mittelalterliche Ordo-Begriff selbst, auf dessen Hintergrund sie entsteht. Erst wenn die Literatur ihre Unabhängigkeit vom traditionalen christlichen Weltbild erlangt hat, hört, möchten wir sagen, das Mittelalter auf. Kurz bevor dies geschah, flackerte das christliche Ordo-Denken ein letztes Mal auf und brachte das größte Werk dieses Typus von Literatur, das von Grimmelshausen, hervor. Die Spannungen und Risse, die dieses Werk durchziehen, verraten aber, wie stark sich der Autor an das Ordo-Denken klammerte, und gleichzeitig, mit welcher Wucht bei ihm Literatur im modernen Sinne – im realistischen und/oder komischen Exempel – zur Autonomie tendierte.

2. Oppositionelle Genera: Fastnachtsspiel und Schwank

Über der Dominanz der halbsäkularisierten Zweckliteratur darf man jedoch nicht vergessen, daß es in der frühen Neuzeit auch Ausdrucksformen gab, die sich von vornherein dem Druck der Institutionen Schule und Kirche entziehen und dem Kanon der Erbauungsliteratur fern liegen, in denen also die Tendenzen zur Abhebung vom religiösen Alltag sich stärker behaupten. Bei diesen Ausdrucksformen sind verschiedene Ebenen und Sphären zu unterscheiden, vor allem die der »volkstümlichen« Literatur und die der Gelehrtenwelt. An Konvergenzen zwischen beiden fehlt es übrigens nicht, z. B. in dem, was Bachtin »die Lachkultur der Renaissance« genannt hat, oder in Formen, in denen die »Subjektivität des einzelnen zum Druchbruch gelangt.

Als Parenthese und Ausnahmezustand im gesellschaftlichen Leben entspricht die Fastnacht einer vorübergehenden Aufhebung der Gesetze, einer Durchbrechung der Normalität des Alltags, einer Entlastung vom Druck der Verbote, Tabus und Hemmungen, der Zensur im Freudschen Sinne. Die Fastnacht bildet einen den meisten europäischen Kulturen des Spätmittelalters gemeinsamen Grund. Im deutschen Sprachraum hat dieses Fest eine beträchtliche Bühnenliteratur hervorgebracht, deren Zentren Nürnberg, Südtirol und die Schweiz waren.

In seiner ursprünglichen Phase ist das Fastnachtsspiel ein Reihenspiel ohne eigentliche Handlung, eine einfache Reihung von Strophen, die von Rezitatoren vorgetragen werden. Das Verbindungsmoment ist nicht dramatischer, sondern thematischer Natur: die Fastnachtsspieltexte sind die einzigen, in denen das sonst absolut tabuierte Sujet der Sexualität evoziert wird. Dies geschieht nach dem Prinzip der metaphorischen Verhüllung und nach dem Modus der komischen Variation. Das Lachen im Rahmen des Fastnachtsspiels erfüllt offenbar die Funktion eines Sieges über die Angst. Erwähnenswert ist die Tatsache, daß Darsteller und Publikum ausschließlich Männer sind.

Man könnte die Ansicht vertreten, daß die Fastnacht kein Fremdkörper in der christlichen Kultur war, weil sie einigermaßen legalisiert war, so daß die Fastnachtsspieltexte nur eine andere Form von institutionalisierter Literatur darstellten. Dem ist entgegenzuhalten, daß die Fastnacht und das Fastnachtsspiel in Deutschland nur geduldet und oft Gegenstand einer heftigen Polemik waren. Schon die Rezitatoren wußten, daß sie sich in einer prekären Ausnahmesituation befanden: in den Epilogen der frühen Spiele wird nicht selten die Perspektive der Erbauung plötzlich wieder eingeführt, wenn der »Ausschreier« in den letzten Versen um Entschuldigung dafür bittet, daß die Darsteller es »grob, unzüchtig und närrisch« getrieben hätten.

Die Entwicklung vollzieht sich in mehreren Phasen. In der zweiten Hälfte des 15. Jahrhunderts treten an die Stelle der ursprünglichen Spiele richtige Handlungsspiele, in denen die sexuellen Inhalte schon verdrängt sind zugunsten einer Liebesintrige, die von moralisierender Absicht nicht frei ist. Die Anfänge der Reformation bringen dann eine Politisierung des Fastnachtsspiels mit sich, weil diese einfache Form ein passendes Vehikel für antipäpstliche Propagandazwecke bietet. In der Restaurationsphase der Reformation ist das Fastnachtsspiel vollends moralisiert und befindet sich wieder in der Nähe der Narrenliteratur, indem es mit dem Parabelstück biblischer Inspiration verschmilzt. Nur Hans Sachs ist es einigermaßen geglückt, ein gewisses Gleichgewicht zwischen Erbauung und Unterhaltung zu wahren. Dies war ihm aber nur im Rahmen eines Motivs möglich, das zur Ethik des Luthertums in enger Beziehung steht: unter seinen 77 Fastnachtsspielen – davon 66 zwischen 1550 und 1560 geschrieben – hat die große Mehrheit die Ehe, genauer den Ehestreit mit anschließender erbaulicher Versöhnung, zum beinahe einzigen Gegenstand. Die besten sind die, in denen die sichtliche Lust des Autors an der Intrige und an Situationsumschlägen die direkte Formulierung der Moral fast ganz zurücktreten läßt.

Es wäre falsch, anzunehmen, daß es sich bei dieser Umfunktionierung um eine gattungsimmanente Entwicklung handelt. Die schon vor der Reformation begonnene Moralisierung des Fastnachtsspiels vollzog sich unter dem Druck von verschiedenen äußeren Einflüssen. Zum Beispiel waren Fastnacht und Fastnachtsspiel, wie bereits angedeutet, Zielscheibe einer ständigen Polemik von seiten der Prediger und Moralisten (angefangen mit Brant, der selbst gegen die Fastnachtsbelustigungen polemisiert), die darin die verabscheute Nachfolge von heidnischen Bräuchen, vor allem der römischen Saturnalien, aufspüren. Später haben die Wandlungen der Gesellschaft und der religiösen Atmosphäre diese Entwicklung gefördert. Am Endpunkt dieses Prozesses steht das Aussterben der Fastnacht (abgesehen von einigen Ausnahmen, z. B. Basel) in protestantischen Gegenden sowie der Verlust der Komik in den Spielen am Ende des 16. Jahrhunderts. All diese Momente haben dazu beigetragen, die Unterhaltungsfunktion der Bühnenliteratur einzuschränken.

Als ein anderer Versuch, die Möglichkeit einer nicht allein lehrhaften Literatur auf »volkstümlicher« Ebene zu retten, ist das Schwankbuch *Eulenspiegel* anzusehen. 1510 oder 1511 erschienen, gehört es zu den großen ironischen Werken der deutschen, wenn nicht der Weltliteratur – obgleich die ironische Dimension den Gehalt des wesentlich polysemischen Textes nicht erschöpft.

Der Hauptsinn des Buches ergibt sich aus dem impliziten Gegensatz zum *Narrenschiff*. War Brants Werk ein großangelegter Versuch, angesichts des verlorengegangenen Weltzusammenhalts ein Normensystem zu verkünden, so stellt das Eulenspiegelbuch die Ironisierung jeder Normsetzung aus dem Geist des Spiels dar. Im Augenblick, da das Fastnachtsspiel in verschärftem Maße den Weg zur Moralisierung einschlägt, nimmt *Eulenspiegel* dessen Geist und Tradition auf. Die ironische Infragestellung gilt allen Verfestigungen im Gesellschaftsleben, insbesondere in der Handwerkerwelt, wie in der Sprache, wobei Sentenz, Sprichwort und stehende Redensarten als Ausdrucksformen der überkommenen Lehrhaftigkeit zerstört werden. Bedeutete außerdem das *Narrenschiff* die Bekämpfung des Individualismus, so markiert der Triumph des Narren Eulenspiegel das historische Auftauchen der Individualität, zwar nicht in ihren konkreten Erscheinungsformen, wie im gleichzeitigen Roman *Fortunatus,* aber doch die Idee, die abstrakte Form davon.

3. Der humanistische Kampf um die Autonomie der Literatur

Eine vergleichbare Tendenz zur Autonomie gegenüber dem ethisch-religiösen Weltbild macht sich in einigen seltenen Werken aus der Humanistenwelt bemerkbar. Das hervorstechendste ist das *Lob der Narrheit* von Erasmus, das 1509 geschrieben wurde und 1511, ungefähr zur gleichen Zeit wie *Eulenspiegel,* erschien. Der Druckort der ersten Ausgabe war Paris. Viele der späteren Ausgaben erschienen aber in Deutschland, so daß das Werk mit der deutschen Kulturgeschichte eng verflochten ist.

Unter den drei sich deutlich voneinander abhebenden Teilen dieser Declamatio beruht der erste auf der Umkehrung des Brantschen Narrenbegriffs, der hier positiv gefaßt wird. Alles, was Brants ethischer Rationalismus verwarf, wird jetzt in ein neues Wertsystem aufgenommen: Freude, Glück, Schönheit, Lust, Liebe, Kreativität, Spiel und Fest, all diese Kategorien erfahren eine geradezu revolutionäre Aufwertung, die einem neuen Lebensgefühl entspricht und eine andere Lebensweise begründet, die den irdischen Freuden und den Künsten mehr Spielraum gewährt. In seinem ersten Teil ist das *Lob der Narrheit* ein Manifest des Renaissance-Geistes, in dem die ästhetische Dimension rehabilitiert wird. Dieses Konzept setzt neue Ausdrucksformen frei und legt unter anderem den theoretischen Grund für eine Literatur, die sich nicht die Erbauung zum einzigen Ziel setzt. Die

Erasmische »Moria« ist aus dem Gegensatz zu Brants Narrheit und zu seiner Welt entstanden. Die Übersetzung von »Encomion Moriae« (Stultitiae Laus) durch »Lob der Narrheit«, und nicht, wie oft, durch »Lob der Torheit«, trägt diesem dialektischen Umschlag Rechnung.

Die Umkehrung des Narrenbegriffs bedeutet aber nicht, daß Erasmus sich zu einer Apologie des Irrationalen verstiegen hätte. Der Mittelteil des Textes kehrt zum negativen Narrenbegriff zurück und benutzt ihn nach dem Verfahren des ironischen Lobes als rationalistisches Instrument einer Satire, die sich nicht mehr nur hauptsächlich gegen die Narrheiten im Alltag richtet, sondern auch gegen die Formen des religiösen Lebens: Heiligenverehrung, Bilderkult, scholastische Spitzfindigkeiten, Streitsucht der Theologen, kirchliche Hierarchie. Der kritische Rationalismus, der dieser Narrensatire zugrunde liegt, nimmt Luthers Angriffe auf die römisch-katholische Kirche vorweg.

Im dritten Teil erhält der Begriff seine anfängliche positive Bedeutung wieder, aber diesmal auf der Ebene eines gereinigten Christentums paulinischer Prägung und einer beinahe mystischen Frömmigkeit. Dieser letzte Teil ist für eine Geschichte der Glaubensformen in der Vorreformation von hohem Interesse, aber für die Problematik der Autonomie von Literatur weniger relevant.

Man sollte es also vermeiden, das mehrschichtige Werk auf die eine oder die andere Komponente zu reduzieren, wie es oft geschah und noch geschieht. Wenn man den Mittelteil überbewertet, dann ist das *Lob der Narrheit* nichts als eine besonders aggressive und besonders gelungene Narrensatire geläufigen Typs und die Konkretisierung eines vorbehaltlosen Engagements; sieht man dagegen von diesem Teil wie auch vom letzten ab, so erscheint das Werk als die Auslassung eines übermütigen heidnischen Vitalismus, der in manchen Punkten an Ästhetizismus grenzt. Die epochemachende Bedeutung der *Moria* liegt eben in der Verbindung des negativen Narrenbegriffs mit einem positiven, in der Öffnung des ethischen Rationalismus zu anderen Lebenswerten, in der Idee einer im Rahmen der christlichen Kulturwelt vollzogenen Synthese zwischen Ethik und Ästhetik, zwischen emanzipierter Kunst und sozialem Engagement. In Erasmus' genialem Entwurf emanzipieren sich die Künste und die Literatur, aber nur bis zu einem gewissen Grade. Die Autonomie, die hier verfochten wird, ist nur eine relative. Dies ist der Inbegriff des Erasmischen Humanismus in der vorreformatorischen Zeit.

Die Rezeptionsgeschichte des *Lobes der Narrheit* zeigt, daß die Nachwelt dieser Komplexität der Perspektiven selten gerecht zu werden wußte. Detailvergleiche können nachweisen, daß der deutsche Übersetzer Sebastian Franck (1534) die hellenistische Inspiration des ersten Teils übersieht und ihn an das traditionale religiöse Weltbild adaptiert, indem er ihn in die Denkstrukturen der Narrensatire zurückbiegt. Die Aufklärung dagegen wendete sich mit Vorliebe dem Mittelteil zu und sah in Erasmus den Voltaire des 16. Jahrhunderts. Christliche Interpreten des 20. Jahrhunderts interessieren sich häufig vorwiegend für die spiritualistische Schlußpartie. Nur eine Deutung, die die Verschränkung der Perspektiven und deren Stellenwert im geistigen und sozialen Kontext berücksichtigt, kann verhindern, daß das Werk um eine seiner Dimensionen verkürzt und seiner historischen und vielleicht immer noch aktuellen Substanz beraubt wird.

Manche der Gedanken, die Erasmus im ersten Teil des *Lobes der Narrheit* ausführt, sind nicht sein Eigentum. Man findet sie, wenn auch vereinzelt und nicht mit soviel Schwung und Intensität vorgetragen, in lateinisch geschriebenen Poetiken des Humanismus in Deutschland. Aus dem umfangreichen Corpus dieser Poetiken, das sich etwa von 1480 bis 1520 erstreckt und in dem Vadians *De poetica et carminis ratione* (1518) besonders hervortritt, kann man einige Grundansichten herausschälen, die den Thesen von Erasmus entsprechen.

Referenzen an Platon und den Neuplatonismus kommen in den meisten dieser Poetiken vor und dienen der Erarbeitung einer Theorie, die die künstlerische Subjektivität grundsätzlich anerkennt. Die Vielzahl dieser Referenzen könnte zu der Meinung führen, als sei die platonische Lehre vom dichterischen Wahnsinn bei den deutschen Humanisten zu einem rhetorischen Thema und einem leeren Gemeinplatz degradiert. Berücksichtigt man aber den feindlichen Kontext, die Widerstände und Kritiken, auf die diese Theorie stößt, so läßt sich im Gegenteil behaupten, daß der archaische Mythos vom »poeta vates«, der dank seinem »furor« zu den göttlichen Instanzen in unmittelbarer Beziehung steht, eine große Sprengkraft erhält. Denn dadurch wird der Dichter als inspiriertes Wesen, und nicht mehr der Heilige, der Mönch oder der Prediger als Sittenrichter, zur höchsten Form des Menschlichen. Der Geniekult und die Auffassung einer »auratischen«

Kunst, die später Triumphe feiern sollten, finden hier ihren ersten Ausdruck. Darin äußert sich auch am Anfang der Neuzeit das Verlangen der Intellektuellen und Dichter nach Emanzipation und Autonomie der Literatur. Man muß aber auch darauf hinweisen, daß die von humanistischen Intellektuellen getragene Geniekonzeption kaum eine Entsprechung in der dichterischen Praxis gefunden hat: auf der Grundlage dieser Theorie ist nur ein Werk von Bedeutung entstanden, nämlich die lateinische Lyrik des Conrad Celtis.

Außerdem wird in den Poetiken den poetischen Möglichkeiten der antiken Mythologie neues Verständnis entgegengebracht. Vadian insbesondere argumentiert gegen die, welche die Mythologie als eine »heidnische Lüge« verwerfen: Mythos sei nur eine Art und Weise, »dissimulanter« zu schreiben; hinter dem »sensus litteralis« müsse man den »sensus allegoricus« zu entdecken wissen, dann werde man gewahr, daß Mythologie und Poesie die gleiche Sprache sprechen; den Dichtern sei die mythologische Ausdrucksweise freizugeben, ohne die sie in die apoetische Sprache des Theologen und des Historikers zurückfallen. Den Dichtern solle man das Recht zuerkennen, nicht nur vorgegebene mythologische Motive zu verwerten, sondern auch neue zu erfinden; ihnen sei Schaffensfreiheit zu gewähren.

Konsequent ist auch Vadian, wenn er die Frage, ob die Dichter aus der Polis zu verbannen seien, entschieden mit Nein beantwortet. Gegen die Meinung, daß die Dichter wegen ihrer Armut und ihrer Lebensweise sowieso Randgestalten in der Gesellschaft seien, macht er geltend, daß es unfromm sei, alles nach dem materiellen Reichtum zu beurteilen und zu werten; der wahre Reichtum sei der geistige; soziale Würde sei also den Dichtern zuzuerkennen. Die kaiserliche Institution der Dichterkrönungen (Poeta laureatus) berechtige die Dichter, einer erfreulicheren Zukunft entgegenzusehen.

Wie man sieht, läßt sich am Anfang der Neuzeit eine differenzierte Einstellung zum Problem der Autonomie konstatieren. Während Brant keine Autonomie zuläßt und die Abhängigkeit der dichterischen Aktivität von der ethisch-religiösen Norm behauptet; während Erasmus seinerseits eine relative Autonomie verficht, die das ethisch-soziale Engagement nicht ausschließt, enthalten die Furor-Theorie und das *poeta vates*-Konzept Möglichkeiten einer vollen Emanzipation des literarischen Schaffens.

Diejenigen Prediger und Moralisten, die in der Zeit des Humanismus diese Theorie bekämpfen, haben die Bedrohung richtig erkannt, die für das traditionale Weltbild in der Absolutsetzung der dichterischen Subjektivität und in der Idee einer Freiheit des Schaffens potentiell enthalten war. In diesem Streit ging es um die literarische, wie im Reuchlin-Streit um die religiöse Toleranz. In beiden Fällen deuten viele Daten an, daß nicht die Humanisten, sondern ihre Gegner, die »barbari«, den Sieg davongetragen haben.

4. Die Entkarnevalisierung der deutschen Literatur im Übergang zur Neuzeit

Die Hauptcharakteristik der deutschen Literatur der frühen Neuzeit, die Dominanz und die Kontinuität der Narrenliteratur, ihrer Strukturen und Themen von Brant bis Grimmelshausen, erklärt sich aus ihrem Funktionsrahmen, den kirchlichen (Predigt) und pädagogischen (Schule) Institutionen, die beide auf sittliche Unterweisung ausgerichtet sind. Die Frage drängt sich nun auf, ob diese Kontinuität der Institutionen nicht wiederum auf dem Substrat einer sozio-historischen Gruppe beruht. Mit anderen Worten, ob es eine soziale Schicht gab, die diesen Typus von Literatur trug, erwartete und immer wieder reproduzierte. Wir möchten hier folgende heuristische Hypothese formulieren: Während die humanistische Bewegung und ihre ideologische Manifestation, die Humanistenpoetiken, nur auf einer schmalen sozialen Basis beruhten, war die lehrhafte Literatur Ausdruck des frühbürgerlichen Bewußtseins, genauer: der Lebensinteressen des Mittelstands, jener Handwerkerwelt, die sich seit dem 15. Jahrhundert in den Zunftkämpfen der deutschen Städte gegen Patriziat und städtischen Adel durchsetzt.

Die Biographien der markantesten Autoren liefern Elemente zur Unterstützung dieser Hypothese. Es handelt sich in der Regel um Männer, die dem Milieu der Zünfte entstammen und die nach ihrer Ausbildung an höheren Schulen ein Verwaltungsamt in den Reichsstädten übernommen haben. Das Leben Sebastian Brants ist in diesem Zusammenhang symptomatisch. Als Sohn eines Straßburger Ratsherrn und Gastwirts geboren, studierte er an der Universität Basel, wo er Dozent der Artistenfakultät und später

»doctor utriusque iuris« wurde. Nach Straßburg zurückgekehrt, wurde er Stadtschreiber und war mit den Problemen der Zensur beauftragt. Seine Weltsicht ist auch ausgesprochen die eines Juristen. Ein anderes Beispiel ist Jörg Wickram aus Colmar im Elsaß, »der Schöpfer des deutschen Prosaromans«, der Weibel seiner Heimatstadt und später Stadtschreiber in Burckheim am Rhein wurde. Johann Fischart, auch ein Straßburger von Geburt, war Doctor iuris, Advokat am Reichskammergericht in Speyer, dann Amtmann in Forbach. Und nicht zuletzt Grimmelshausen, dessen Großvater Bäcker und Gastwirt in Gelenhausen war. Nach dem Westfälischen Frieden wurde Grimmelshausen »Schaffner« in Gaisbach, später Burgvogt auf der Ulenburg, endlich Schultheiß – d. h. Notar, Richter, Polizist und Steuereinnehmer in einem – in Renchen, wo sein ganzes Werk entstand. Alle sind Menschen, die einen Verwalterposten innehatten. Die geographischen Daten machen übrigens deutlich, daß es sich dabei vorwiegend um eine elsässisch-oberrheinische Tradition handelt.

Die dominierende lehrhafte Literatur ist also allem Anschein nach eng ständisch gebunden, und zwar an Schichten – Zünfte und Administratoren –, die selbst strengen Organisationsformen und Regeln unterworfen waren. Es würde sich lohnen, nachzuforschen, ob das Aufkommen der höfischen Kultur im Barock und das Versiegen der Narrenliteratur, das mit dem Beginn der Frühaufklärung zusammenfällt, nicht einem Schwund der historischen Rolle des Zunftwesens entsprochen hat. Im 16. Jahrhundert wurde der Sinn für Norm, der in diesem Milieu und bei dessen Sprachrohren entwickelt wurde, vom allgemeinen gesellschaftlichen Kontext noch verstärkt: man bedenkt nicht genug, daß in der Reformationszeit die meisten deutschen Städte weniger als 20 000 Einwohner hatten; die zwei größten, Nürnberg und Köln, erreichten kaum 40 000. Es ist nicht verwunderlich, daß unter diesen Umständen eine Literatur produziert wurde, deren intendierte gesellschaftliche Funktion beinahe ausschließlich die Erhaltung von moralischen Normen war.

Die Lebensbedingungen dagegen, in denen nicht-lehrhafte Literatur und emanzipierte Literaturtheorie entstanden, sind ganz andere. Es handelt sich gleichsam um Inseln, die dem Zwang der herrschenden Verhältnisse, darunter der Moraldidaktik, entzogen sind. Auffällig ist dabei die Entsprechung zwischen kollektiven und individuellen Lebensformen. Als zeitweilige Unterbrechung des Alltags schafft die Fastnacht die Bedingungen zum Divertissement, zur Ablenkung von der religiösen Lebenswelt und zur Freisetzung von anderen Ausdrucksmöglichkeiten. Analog dazu findet man auch den Charakter der Unterbrechung und Ablenkung in den Umständen, in denen Erasmus das *Lob der Narrheit* niederschrieb. Für den ehemaligen Mönch war der Aufenthalt in Italien – wie für Albrecht Dürer zur gleichen Zeit und viel später für Goethe – eine Zeit der Befreiung von den Anforderungen der nordeuropäischen Kulturwelt. Die Jahre in Bologna, Padua, Venedig und Rom sind, wie Johan Huizinga treffend schrieb, die »Inkubationszeit« des *Lobes der Narrheit*. Nach seiner Rückkehr blieb Erasmus meistens Mitglied der »freischwebenden Intelligenz«, jedoch ohne das soziale Engagement prinzipiell abzulehnen.

Eine inselhafte Ausnahme bildeten auch die »Sodalitates«, jene Kreise gleichgesinnter Humanisten, die nach dem Vorbild der italienischen Akademien in verschiedenen deutschen Städten gegründet wurden; auch eine Ausnahme waren die Wiener Künstler- und Gelehrtenwelt um den Mäzen Maximilian sowie der Kreis um Willibald Pirckheimer, den Nürnberger Patrizier und Großbürger. All diese Gesellschaften waren Träger einer Kultur, die nicht ausschließlich moraldidaktischer Natur war und es nicht allein auf den »gemeinen Mann« als Adressaten absah.

Die Reformation bezeichnet den Anfang des Zurücktretens dieser Kulturträger: Schwund des Mäzenats, Auseinandergehen der meisten Humanisten-Sodalitates, endgültiges Überhandnehmen der lehrhaften Literatur in deutscher Sprache für den »gemeinen Mann«, Entfaltung der Konfessionspolemik, Bekämpfung der Fastnachtsbelustigungen: ein ganzes Bündel von Phänomenen bekräftigt die These von einem Ende der Renaissance um 1520 und vom Heraufkommen einer Kultur, die in mancher Hinsicht lebensnäher war, die aber für lange Zeit den Stempel der innerweltlichen Askese tragen sollte.

Besonders aufschlußreich ist der Fall von solchen Schriftstellern, die zu Beginn der Reformation von der einen Kulturwelt zur anderen übergehen. Vadian war Mitglied der von Conrad Celtis gegründeten Wiener Sodalitas; er verkehrte in dem am Hofe Maximilians versammelten Künstler- und Musikerkreis. Seine Poetik, die vollständigste und fortgeschrittenste Literaturtheorie der Zeit, ist aus Vorlesungen an der Universität Wien hervorgegangen. In dem gleichen Augenblick, als Vadian diese Poetik veröffentlichte, verließ er plötzlich Wien (1518) und kehrte nach St. Gallen, seiner Heimatstadt, zurück, deren Reformator er werden sollte. Dieses biographische Detail ist deshalb so bedeutungsvoll, weil es das Vorhandensein zweier Kultursphären veranschaulicht, der des Humanismus und der der Reformation. Allerdings sollte man sich hüten, einen allzu schroffen Gegensatz zwischen beiden zu konstruieren.

Die geschilderte Moralisierung der Literatur und deren Festlegung auf die belehrende Funktion ist von epochaler Bedeutung. Sie hat für mehr als zwei Jahrhunderte die besonderen Züge der deutschen Literatur geprägt. Das Zurücktreten der Spielmomente in der Kultur und die Abbrechung der spätmittelalterlichen komischen Tradition erklären die relative Schwäche der Komik auf der Bühne in der darauffolgenden Epoche. Von der Reformation an wird das Theater vorwiegend zu einer moralischen Anstalt, die das Komische nur ausnahmsweise duldet. Erst im katholischen Barock und in katholischen Gegenden wird der Faden dieser, man kann sagen, volkstümlichen Tradition wieder aufgegriffen. Was sich an Unterhaltung erhalten hat, hat seine Zuflucht zur Erzählliteratur genommen, wo es aber mit dem moralischen Standpunkt eng gekoppelt bleibt und sich das eigenartige Schwanken zwischen Didaktik und Komik, Religiösem und Profanem beobachten läßt. Bei der deutschen Literatur im Übergang zur Neuzeit ist man geneigt, im Gegensatz zu Bachtin schließlich von einer »Entkarnevalisierung« der Literatur zu sprechen.

Der Durchbruch der Subjektivität, der andere Literaturen dieses Zeitalters kennzeichnet, hat sich nicht vollzogen. Die Ansätze zu einer Individuallyrik haben spärliche Früchte getragen. An ihre Stelle sind der lutherische Choral und das anonyme Volkslied getreten. Wie von der Forschung vielfach bemerkt wurde, ist Subjektivität in der deutschen Literatur eine späte Erscheinung, die sich mit Mühe und zunächst nur in der Form der mystischen Lyrik durchgesetzt hat. Die Polemik, die zu Beginn des 16. Jahrhunderts gegen die Furor-Theorie geführt worden war, hat dabei, so kann man annehmen, keine geringe Rolle gespielt. Auch das Auftreten des »freien« Schriftstellers, das sich in den Poetiken der Renaissance anbahnte, ist verschoben worden.

Die deutsche Literatur hat sich zu einem Großteil an moralischen Stereotypen festgemacht. Dieses Phänomen dürfte eine der

Ursachen sein, weswegen so wenig von der Literatur die Konjunktur des bürgerlich-didaktischen Zeitalters überdauert hat. Denn was bleibt von dieser Literatur im Kollektivbewußtsein der Deutschen lebendig? Ohne Zweifel in erster Linie Martin Luther und, seit einem Jahrzehnt, Thomas Müntzer, die nur ideologisch-religiöse Texte hinterlassen haben. Und im Bereich der »schönen« Literatur? *Eulenspiegel, Das Faustbuch,* ein paar Fastnachtsspiele von Hans Sachs vielleicht und *Simplicissimus.* Das ist sehr viel, könnte man einwenden. Das ist aber sehr wenig, wenn man an die riesige Masse von lehrhaften Texten denkt, die in dieser Periode produziert wurden und die heute nur noch der Geschichte angehören und den spezialisierten Forschern bekannt sind. Und nicht zufällig hat sich das, was bleibt, gerade in den Hohlräumen des religiös-didaktischen Systems entwickelt. *Eulenspiegel* ist ein komisches Produkt; Hans Sachs und Grimmelshausen sind Didaktiker, aber mit starken Zugeständnissen an die Erwartungen des Publikums in bezug auf Komik. Das *Faustbuch* ist eine lutherische Propagandaschrift, die »alle Christen« vor Magie und Teufelsbündnis warnen will, die aber entgegen der deklarierten Intention den Teufelsbündler nicht einfach verurteilt, sondern nicht ohne Sympathie den seelischen Konflikt eines leidenden Menschen analysiert.

Wir wollen hier nicht das berüchtigte Wort von »der Reformation, dem uns damals zugestoßenen Nationalunglück« wiederholen. Es ging nur darum, eine Nationalliteratur in ihren besonderen Charakteristiken zu beschreiben zu versuchen. In dieser Hinsicht muß man zur Feststellung kommen, daß der Beitrag Deutschlands zur europäischen Kultur jenes Zeitalters weniger in der Literatur als in der Malerei und der Musik liegt. Wir wollen auch nicht behaupten, daß didaktische Literatur zwangsläufig ephemer und deshalb minderwertig ist. Tatsache ist jedoch, daß eine solche Literatur mehr als eine andere der Vergessenheit ausgesetzt ist, weil sie enger zeitgebunden ist und dazu neigt, sich in der Wiederholung des Gleichen zu erschöpfen.

Noch eine letzte, allerdings vorsichtige Bemerkung: die Reaktionen gegen einen utilitaristischen Literaturbegriff und dessen Fortleben in der Aufklärung wären in der Goethezeit vielleicht nicht so heftig gewesen, hätte sich die Funktion der Literatur jahrhundertelang nicht hauptsächlich darauf beschränkt, Tugend zu predigen und den christlichen Lasterkatalog zu illustrieren.

Alfred von Martin, *Soziologie der Renaissance,* Stuttgart 1932.

Erika Vogt, *Die gegenhöfische Strömung in der deutschen Barockliteratur,* Leipzig 1932.

Herbert Schöffler, *Die Reformation. Einführung in eine Geistesgeschichte der deutschen Neuzeit,* Frankfurt 1936.

Herbert Stejskal, *Die Gestalt des Dichters im deutschen Humanismus,* Wien 1937 (Diss. Masch.).

Eckehart Catholy, *Das Fastnachtsspiel des Spätmittelalters. Gestalt und Funktion,* Tübingen 1961.

Barbara Könneker, *Wesen und Wandlung der Narrenidee im Zeitalter des Humanismus,* Wiesbaden 1966.

Joël Lefebvre, *Les fols et la folie. Etude sur les genres du comique et la création littéraire en Allemagne pendant la Renaissance,* Paris 1968.

Ingeborg Spriewald, *Reformation und deutsche Literatur. Kennzeichen der literarischen Situation nach Luthers Thesenanschlag,* in: *Weimarer Beiträge* 13, 1967, 687 ff.

Autonomie der Kunst. Zur Genese und Kritik einer bürgerlichen Kategorie, mit Beiträgen von Michael Müller u. a., Frankfurt 1972 (es 592).

Barbara Könneker, *Deutsche Literatur im Zeitalter des Humanismus und der Reformation,* in: *Neues Handbuch der Literaturwissenschaft,* Bd. 10, hg. v. August Buck, Frankfurt 1972, 145-176.

Heinz Entner, *Zum Dichtungsbegriff des deutschen Humanismus,* in: *Grundpositionen der deutschen Literatur im 16. Jahrhundert,* Berlin und Weimar 1972, 330-397.

Kurt Wölfel, *Zur Geschichtlichkeit des Autonomiebegriffs,* in: *Historizität in Sprach- und Literaturwissenschaft,* München 1974, 563-577.

Barbara Könneker, *Die deutsche Literatur der Reformationszeit,* München 1975.

Joël Lefebvre, *Le poète, la poésie et la poétique. Eléments pour une définition et une datation de l'humanisme allemand,* in: *L'Humanisme allemand 1480-1540* (Actes du XVIIIème Colloque International de Tours), München und Paris 1979, 285-301.

Hans-Gert Roloff, *Überredung – Unterricht – Ergetzung der Leute. Zur Funktion der Romane Georg Wickrams,* in: *Recherches Germaniques* 9, 1979, 263-277.

Joël Lefebvre, *Didaktik und Spiel in Grimmelshausens Courasche,* in: *Simpliciana* II (Schriften der Grimmelshausen-Gesellschaft), München 1980, 31-36.

Gerhard Goebel
»Literatur« und Aufklärung

1. Der Begriff »Littérature« in der Aufklärung

On ne distingue point les ouvrages d'un poëte, d'un orateur, d'un historien, par ce terme vague de littérature [. . .]. Racine, Boileau, Bossuet, Fénelon, qui avaient plus de littérature que leurs critiques, seraient très-mal à propos appelés des gens de lettres, des littérateurs [. . .].[1]

Wenn jemand erklärt: »man sagt nicht . . .«, so bedeutet dies für gewöhnlich, daß »man« sehr wohl so sagt, aber nach dem Willen des Sprachreglers nicht so sagen soll. Voltaire, der in seinem fragmentarischen, nachgelassenen Artikel *Littérature*, einem irgendwann nach 1764 geschriebenen Nachtrag zum *Dictionnaire philosophique*[2], den Terminus *littérature* auf dessen traditionellen begrifflichen Inhalt, also auf die durch *litterae* vermittelte Bildung festlegen möchte (»avoir de la littérature«)[3], verfällt selbst, unvermerkt, in den von ihm proskribierten Sprachgebrauch, wenn er innerhalb der *littérature* noch einen Sonderbereich des Schönen, der *belle littérature* abzugrenzen sucht.

On appelle la belle littérature celle qui s'attache aux objets qui ont *de la beauté*, à la poésie, à l'éloquence, à l'histoire bien écrite.[4]

So weit, so gut. Aber dann:

La simple critique, la polymathie, les diverses interprétations des auteurs, les sentiments des anciens philosophes, la chronologie, ne sont point de la belle littérature, parce que ces recherches sont *sans beauté*. [. . .] Ainsi on ne dit point une belle scolie, une belle critique, une belle discussion, comme on dit un beau morceau de Virgile, d'Horace, de Cicéron, de Bossuet, de Racine, de Pascal. Une dissertation bien faite, aussi élégante qu'exacte, et qui répand des fleurs sur un sujet épineux, peut encore être appelée un *beau* morceau de littérature [. . .].[5]

Hier verrutscht, erst über den Ausschluß der bloß gelehrten Literatur (»ne sont point de la belle littérature«), dann über den Einschluß von Vergil, Horaz, Cicero, Bossuet, Racine, Pascal, ja selbst einer »dissertation bien faite« (z. B. Voltaires?) in die »belle littérature«, der »Literatur«-Begriff von der literarischen Bildung in deren primärliterarischen Objektbereich.[6]

In der *Encyclopédie*, in den mit Voltaires Artikel *Littérature* etwa gleichzeitigen Artikeln *Lettres* (anonym) und *Littérature* (D. J. = de Jaucourt), schwankt der Begriff von *littérature* bzw. *lettres* – beide Termini erscheinen in den Definitionen prinzipiell als Synonyme – ebenfalls zwischen der literarischen Bildung (»connaissance des belles lettres«, Fußnote von Marmontel im Art. *Littérature*[7]) und deren Objektbereich, wenn die »lettres« als Kenntnis insbesondere der »belles-lettres ou de la littérature« definiert werden (Art. *Lettres*[8]) – womit das »belletristische« Objekt der »lettres« unversehens mit »littérature« identifiziert wird.

Von Martin Fontius wissen wir, daß Mercier in einer frühen Schrift, dem *Discours sur la lecture* von 1764, also zur selben Zeit wie Voltaire und die Enzyklopädisten, den Terminus *littérature* bereits eindeutig im primärliterarischen Sinne gebrauchte.[9] M. Fontius belegt damit seine These, der moderne Literaturbegriff sei ein Produkt der Aufklärung.[10] Für diese These spricht ganz besonders ein späterer Text Merciers, in dem dieser Spätaufklärer seinen Begriff von *littérature* explizit entwickelt hat: *De la littérature et des littérateurs.*[11] In der ersten Fußnote grenzt Mercier sein Thema ein auf die »Littérature Française«:

Au reste il ne s'agira dans ce petit ouvrage que de la Littérature Française.[12]

Daß diese Eingrenzung nicht blinder Ethnozentrik sich verdankt, erhellt – außer daraus, daß sie *explizit* gemacht wird – aus dem Nachsatz:

Il y a cinquante ou soixante années que les Anglais nous ont devancés presque en tout genre, & nous sommes, à leur égard, ce qu'au nôtre sont aujourd'hui les autres peuples.[13]

Was Mercier unter »Littérature« versteht – die er bemerkenswerterweise stets mit großem L schreibt –, wird von ihm nicht definiert, weil es offenbar keiner Definition mehr bedarf.

Aus seinen Beispielen wird deutlich, daß sein Begriff von »Literatur« 1. im Sinne des modernen Standardbegriffs[14] die drei großen Gattungen umfaßt, wobei an die Stelle des Epos der im klassischen Poesie-System nicht unterbringbare Roman getreten ist: »Un Poëme, un Drame, un Roman«[15]; 2. darüber hinaus auch das einschließt, was Voltaire, neben der »poésie«, als Objekte der *littérature* und bedingt auch der *belle littérature*, wenn nicht gar als deren Bestandteile ansah, nämlich »histoire«, »éloquence«, »critique«[16]: Nicole[17], Bossuet[18], Fontenelle, Arnaud, Montesquieu, Raynal, Voltaire, Buffon, Jean-Jacques Rousseau[19]. Dies entspricht dem weiteren »Literatur«-Begriff, wie er implizit in den Literaturgeschichten von Laharpe bis Lanson und bis hinein in Handbücher à la Lagarde/Michard tradiert wird.[20]

Die Voraussetzung eines solchen alles nicht lediglich das instruktive Schrifttum umfassenden Literatur-Begriffs ist, daß das, was da »Littérature« genannt wird, in den Augen seiner Produzenten und der Öffentlichkeit eine eigene Existenz, mithin den Charakter einer relativ autonomen Institution des gesellschaftlichen Lebens gewonnen hat.

Tatsächlich setzt Merciers Bestimmung der »Literatur«, die sich nicht mit dem »Was ist . . .?«, sondern mit dem »Wozu?« von Literatur abgibt, die also (ähnlich Sartres *Qu'est-ce que la littérature?*) weniger eine Wesensbestimmung qua Definition als eine funktionale Bestimmung ist[21], voraus, daß das funktional zu Bestimmende in seinem Wesen schon bestimmt ist durch eine Existenzform, vermöge deren es über sich bestimmen kann. Nur so kann Mercier die Literatur auf das gesamtgesellschaftliche Interesse, auf die »justice« in einem sehr umfassenden Sinne verpflichten, kann er den Schriftsteller als deren Repräsentanten einsetzen:

Tout Ecrivain est particulièrement lié à la justice d'une manière solemnelle & avant toute autre obligation. L'infraction de la justice est une injure faite au genre humain; voilà pourquoi tout Auteur digne de ce nom sent vivement le tort que l'on fait à son semblable; il ne peut le tolérer. Il est le vengeur de la cause publique, & l'oppression qui est tombée sur son voisin, doit lui devenir personelle; il ne peut se dispenser d'élever la voix, & l'Ecrivain le plus estimé sera toujours celui qui réclamera avec plus de force, les droits imprescriptibles de la justice & de l'Humanité.[22]

Kein Zweifel, Mercier will die Literatur politisch-moralisch[23] *engagieren* – in einem ganz ähnlichen Sinne wie, 170 Jahre später, J.-P. Sartre. Einwänden, die auf die Ohnmacht einer so engagierten Literatur hinauslaufen (und die offenbar damals schon so geläufig waren, daß Mercier sie in Gestalt einer Kette von Stereotypen vorwegnehmen kann[24]), hält Mercier die Tatsache entgegen, daß »seit dreißig Jahren« – also seit der Radikalisierung und Popularisierung der Aufklärungsliteratur, die unter dem Regime Ludwigs XV. (und gegen dieses) einsetzte[25] – eine Revolution des Bewußtseins, eine Mobilisierung von Öffentlichkeit im europäischen Maßstab stattgefunden habe, die unwiderstehlich sei und nicht folgenlos bleiben könne:

Depuis trente ans seulement, il s'est fait une grande & importante révolution dans nos idées; l'opinion publique a aujourd'hui en Europe une force prépondérante, à laquelle on ne résiste pas. Ainsi, en estimant le progrès des lumières & le changement qu'elles doivent enfanter, il est permis d'espérer qu'elles apporteront au monde le plus grand bien, & que les tyrans de toute espèce frémiront devant ce cri universel qui retentit & se prolonge pour remplir & éveiller l'Europe.

C'est par le moyen des Lettres & des Ecrivains que les idées saines, depuis trente ans, ont parcouru avec rapidité toutes les Provinces de la France [. . .]. / [. . .]. L'influence des Ecrivains est telle, qu'ils peuvent aujourd'hui annoncer leur pouvoir, & ne point déguiser l'autorité légitime qu'ils ont sur les esprits.[26]

Die Literatur, und zwar die der Aufklärung, ist also eine *Macht*, vermöge der Öffentlichkeit, die sie schafft. Und sie wäre es noch mehr, wenn sie, in Gestalt der Schriftsteller, ein kollektives Bewußtsein von sich selbst gewänne, das die Querelen innerhalb der literarischen Zunft ausschlösse:

Il est vrai que dans leurs débats ils semblent peu éclairés sur leurs véritables intérêts, & qu'ils aiguisent l'un contre l'autre des armes redoutables qu'ils devroient tourner contre leurs ennemis [. . .]. [. . .] sans ces divisions déplorables, la Littérature auroit un poids majestueux qui opprimeroit ses adversaires.[27]

»Littérature« wiederum mit großem L: auch dies deutet darauf hin, daß »Literatur« für Mercier mehr ist als eine bloß ideelle Abstraktion, sei es als (eine bestimmte Art von) Bildung oder als deren Objekt, daß sie vielmehr, als *Macht*, eine Realabstraktion ist, ähnlich wie »l'État«, Realabstraktion eines bestimmten Bereichs gesellschaftlicher Praxis, mithin das, was wir als *Institution* bezeichnen können.

2. Zu Bürgers Bestimmung von »Institution Kunst/Literatur«

An dieser Stelle ist ein Einwand fällig gegen P. Bürgers Bestimmung des Begriffs »Institution Kunst/Literatur«. P. Bürger will darunter »die in einer Gesellschaft (bzw. in einzelnen Gruppen) geltenden Funktionsbestimmungen von Kunst in ihrer sozialen Bedingtheit« verstehen.[28] Das läuft, streng genommen, auf die

Identifikation der »Institution Kunst/Literatur« mit dem *Begriff* hinaus, den sich eine Gesellschaft bzw. einzelne Gruppen in ihr von Kunst/Literatur machen. Der Zusatz »in ihrer sozialen Bedingtheit« schließt die »sozialen Bedingungen« nur in den Betrachtungshorizont des Literaturhistorikers, nicht aber in die betrachtete Sache ein (täte er es, so würde er lauten: »*mit* ihren sozialen Bedingungen«); er läßt außerdem offen, ob es sich um allgemein gesellschaftliche Bedingungen oder um die eines besonderen gesellschaftlichen Praxisbereichs, eben der Kunst/Literatur handelt.

Meiner Auffassung nach verbaut P. Bürger sich die heuristischen Chancen des Begriffs »Institution Kunst/Literatur«, den er dankenswerterweise als Vermittlungsinstanz in die aporetische Diskussion um immanente versus transzendente Literaturbetrachtung (ob als Textinterpretation oder als Literaturgeschichte/Literatursoziologie) eingeführt hat, durch dessen Reduktion auf die bloß ideelle Seite. Auf diese Weise kann der Streit um »Autonomie« oder »Engagement«, deren Wiederkehr in der literaturtheoretischen Diskussion von der Aufklärung bis heute P. Bürger selbst beobachtet hat[29], nicht begriffen werden. Der Streit um »Autonomie« oder »Engagement« der Literatur setzt voraus, daß das, um dessen Funktionsbestimmung gestritten wird, bereits eine eigenständige Existenz hat, als eine Institution, die anderen Institutionen des gesellschaftlichen Lebens nicht subsumiert ist, wie es die Kunst in der höfischen Gesellschaft zweifellos war. Mithin: die Literatur muß bereits einen (relativ) autonomen institutionellen Status haben, damit gesellschaftspolitisches Engagement oder »Autonomie« (der Deutlichkeit halber vielleicht besser: *Autonomismus*) als Optionen zur Wahl stehen.

Eine Institution ist grundsätzlich mehr als (wenngleich auch) eine Idee oder Ideologie, sie ist ein in der gesellschaftlichen Arbeitsteilung eingespieltes Interaktionsschema, gebunden an bestimmte Agenturen und Apparaturen, die seine materielle Seite darstellen. Die Schwierigkeit im Falle der »Institution Literatur« ist die der Abgrenzung dieser jedenfalls komplexen und diffusen Entität: nicht nur das Verlagswesen und die Presse gehören dazu (beide im 18. Jahrhundert bereits recht entwickelt und ausdifferenziert), nicht nur eine professionalisierte Literaturproduktion und -kritik (prominente Schriftsteller der 2. Hälfte des 18. Jahrhunderts wie Diderot und Mercier wären ihr zuzurechnen), auch

Akademien und Unterrichtsanstalten, in denen Literatur als Gegenstand verhandelt oder behandelt wird (die Facultés des Lettres datieren bekanntlich erst aus napoleonischer Zeit, und Villemain war der erste universitäre Literaturwissenschaftler, doch schon vor der Revolution hielt Laharpe in einer privaten Unterrichtsanstalt, dem sogenannten »Lycée«, die erste literarhistorische Vorlesung, den *Cours de littérature*[30]); und selbstverständlich ebenso die »geltenden Funktionsbestimmungen« (Bürger), als die Vorstellungen, die sich die Akteure von der Sache machen, als wechselseitige Rollenerwartungen von Autoren, Verlegern, Kritikern, lesendem Publikum. Die »Institution Literatur« ist also im Grunde eine mehrere Institutionen tangierende und übergreifende Institution, die in ihrer ideellen Dimension die gesamte schriftsprachlich gebildete Öffentlichkeit involviert.

Die Schwierigkeit der Abgrenzung und strukturellen Beschreibung dieser Super-Institution darf jedoch nicht dazu verleiten, das einmal entwickelte und explikativ notwendige Konzept »Institution Literatur« aufzugeben oder auf seine ideelle Seite zu reduzieren. Auch der innerliterarische Streit um die Funktionsbestimmung von »Literatur« ist kein Argument gegen deren Charakter als einer Institution im vollen Wortsinn. Der interne Streit kann einer Institution wesenseigentümlich sein, man denke nur ans Parlament oder an die Justiz, mit der Mercier die Literatur metaphorisch in Beziehung setzt.

Kein Zweifel, daß die »Institution Literatur« einem historischen Wandel, wenn man will, einem »Funktionswandel«[31] unterliegt, insofern nämlich als die »geltenden Funktionsbestimmungen« sich ändern. Sartre hat das im Kapitel »Pour qui écrit-on?« gezeigt.[32] P. Bürger spricht gern von verschiedenen »Institutionalisierungen von Literatur«. Das heißt, daß bestimmte funktionale Begriffe von Literatur sich durchsetzen, sich institutionalisieren. Das können sie aber nur im Rahmen einer bereits etablierten und über die »Institutionalisierungen« hinaus permanenten Institution. Bemerkenswert ist auch, daß die Institution nach dieser ihrer ideellen Seite nie monolithisch ist noch homogen sich wandelt: bestimmte Funktionszuweisungen mögen zeitweise dominieren, doch konkurrieren sie stets mit anderen, kontradiktorischen, wie schon aus Merciers Klage über den Literatenstreit entnehmbar ist. Das »L'art pour l'art« Mussets, Gautiers, Baudelaires setzt sich mit einer politisch oder sozial engagierten Kunstauffassung auseinander, und der Ästhetizismus des Fin de siècle konkurriert mit der (selbst keineswegs homogenen) Bewegung des »art social«, das seinerseits Anleihen bei ihm machte; der »sozialistische Realismus« wie die *littérature engagée* stehen in Kontroverse mit der surrealistischen Kunstkonzeption (in Frankreich). Daß der Spielraum der Kontroverse auf hoher Abstraktionsstufe über die Antithese »Autonomie (Autonomismus)« vs »Engagement« auf den Begriff gebracht werden kann und daß aus der zweihundertjährigen Diskussion um die Funktionsbestimmung der Literatur ein zyklisches Muster herausgelesen werden kann[33], ändert nichts an der historischen Differenz der jeweils kontroversen und eventuell dominanten »Institutionalisierungen von Literatur«: das »art social« von Roger Marx und Cazalis ist selbstverständlich nicht dasselbe wie der »réalisme«, mit dem Baudelaire sich auseinandersetzte, oder wie das Engagement, das Sartre den Surrealisten entgegenhielt; so wenig wie das *L'art pour l'art* der Gautier-Generation mit dem Ästhetizismus der Jahrhundertwende oder dem Surrealismus identifiziert werden darf.

Voraussetzung solcher Institutionalisierungen von Literatur aber ist die Institution Literatur, damit zugleich ihre Autonomie, die vom Institutionscharakter unabtrennbar ist. Die Institution gewordene (und als solche autonome) Literatur ist eine Errungenschaft der Aufklärung, den mäzenatischen und zensorialen Instanzen des Absolutismus abgerungen. Von diesem Standort aus argumentiert Mercier, wenn er sagt, die Literatur sei »seit dreißig Jahren« zu einer Macht geworden. Sartre hat dies – den Autonomie-Status der Literatur als Produkt der Aufklärung und als Entscheidungsspielraum, der sowohl das Engagement wie den autonomistischen Rückzug (»Elfenbeinturm«) einschließt – ganz richtig gesehen, wenn er der Literatur des 19. Jahrhunderts vorwirft, sie hätte die »autonomie que le XVIIIe siècle lui avait conquise et qu'il n'était plus question de lui retirer«, nicht genutzt, um sich dem Proletariat zu verbünden.[34]

3. Autonomie und Engagement

Die Frage nach der Funktion von Literatur schließt immer auch ein die Frage nach ihrem Subjekt: »Subjekt« im doppelten Sinne des Produzenten und des intendierten Konsumenten oder »Rezipienten«, sagen wir: Adressaten. Es ist diese Frage, die Sartre auf die selbst doppelsinnige Formel »Pour qui écrit-on?« gebracht hat. Doppelsinnig: denn »pour qui?« bedeutet nicht nur: für welchen Adressaten, sondern auch: in wessen Interesse, wessen Namen?

Wer wie Sartre, und 170 Jahre vor ihm Mercier, Literatur gesamtgesellschaftlich funktionalisiert – und zwar in einer Klassengesellschaft –, wird die Frage des Subjekts, nach der Produktionsseite, kaum anders beantworten können, als den Schriftsteller zum *porte-parole* der benachteiligten, ausgebeuteten und unterdrückten Mehrheit zu erklären. Der Schriftsteller ist »Orateur du grand nombre, c'est-à-dire de la foule des infortunés«.[35] Mercier geht so weit, daß er daraus Konsequenzen für die Klassenzugehörigkeit des Schriftstellers zieht, der vielleicht besser nicht zu den Privilegierten gehören solle, da er dann weniger unversöhnlich für die Benachteiligten Partei ergreifen würde.[36] Nach der Adressatenseite ist die Sache ohnehin klar: der Schriftsteller schreibt »für« = *an* alle, da alle seinesgleichen sind. So katechisiert Mercier denn auch den präsumptiven Schriftsteller: »Aimes-tu vraiment les hommes? car il faut les aimer, quand on veut leur écrire«.[37] Die Problematik solcher universellen Adressierung, die sich daraus ergibt, daß gerade diejenigen, für die = in deren Interesse man schreibt, infolge ihrer auch kulturellen Benachteiligung vorläufig nicht erreichbar sind – eine Problematik, aus der Sartre seine Unterscheidung zwischen »public réel« und »public virtuel« entwickelt[38] –, wird von Mercier noch nicht reflektiert. Erst recht natürlich wird die arbeitsteilige Trennung zwischen dem Literaturproduzenten und seinem gesamtgesellschaftlichen Adressaten noch nicht in Frage gestellt, wie es in der Romantik erstmals, freilich in utopischer Form geschah (Novalis: »Man wird vielleicht einmal in Massen schreiben, denken und handeln«[39]).

Die Literatur wird nach Mercier vom Standpunkte des Volkes, d. h. des ganzen Volkes, und d. h. insbesondere der benachteiligten Mehrheit, *für* das Volk, an seine Adresse geschrieben; und Fundament der Literatur ist die »Philosophie«, im zeitgenössischen Sprachgebrauch soviel wie Aufklärung (und daher wohl mit »Wissenschaft« in eins gesetzt):

La Philosophie doit être la base de l'éloquence & de la Poésie. Elles ont toutes deux à gagner des découvertes des Philosophes. L'emploi du Poète est d'orner des vérités précieuses & de les faire aimer. Il se rendra l'égal du

Philosophe: mais le Poète souvent ne se doute seulement pas combien les Sciences lui sont nécessaires. [...].[40]

Wenn dergestalt auf der Produktionsseite die »Philosophie« der Literatur, die jene nur »auszuschmücken« hat, als »Basis« zugrunde liegt, so ist ihr Adressat, das Volk, lediglich als *Objekt* von Aufklärung gedacht: auf der Seite der intendierten Rezeption geht der Erkenntnis, ganz im Sinne von Diderots sensualistisch-sensibilistischer Ästhetik, die Mobilisierung des Gefühls und der Einbildungskraft voraus. Insofern, und nur insofern, hat die schöne Literatur eine Pionierrolle:

[Les Lettres] ont toujours précédé les sciences profondes; elles ont décoré leur surface, & c'est par cet artifice ingénieux que la Nation les a d'abord adoptées, puis chéries. Tout est du ressort de l'imagination & du sentiment [...]. Il suffit même quelquefois de faire poindre l'aurore des Lettres dans une contrée barbare, pour lui donner bientôt les Arts solides & les inventions hardies. Cet enchaînement est de fait chez toutes les Nations, & la vraie raison n'en est pas clairement démontrée, sinon que l'homme commence par sentir, & que, dès qu'il sent, il ne tarde pas à raisonner ses sensations [...].[41]

Die Literaturkonzeption Merciers impliziert also, ebenso wie die Voltaires (Artikel *Littérature*) und der Enzyklopädie (Artikel *Lettres*[42]), eine doppelte Trennung: die von Literatur einerseits, Wissenschaft und »Philosophie« andererseits, und die der Literatur (plus Wissenschaft und »Philosophie«) von der Gesellschaft, an die sie adressiert ist und die bei Mercier bereits den bürgerlich-revolutionären Namen »Nation« trägt. Diese in der Faktizität der gesellschaftlichen Arbeitsteilung begründete doppelte Trennung wird in dem Moment sichtbar, wo das aufklärerische Denken sie überbrücken will. In der Folge wird sie immer schärfer hervortreten, gleichviel ob der Theoretiker, wie Mme de Staël, im Gefolge der Aufklärung zwischen den *disiecta membra* vermitteln will oder ob er, wie der Restaurationsphilosoph Bonald, die Trennung ratifiziert.

Der Auseinanderfall von Literatur und Gesellschaft, den Mercier noch über die gesamtgesellschaftliche Inpflichtnahme der Literatur für die Aufklärung programmatisch zu überwinden trachtet, wird in der Interaktionsthese, die Mme de Staël erstmals formuliert, bestätigt:

Je me suis proposé d'examiner quelle est l'influence de la religion, des moeurs et des loix sur la littérature, et quelle est l'influence de la littérature sur la religion, les moeurs et les loix.[43]

Mme de Staël sucht noch, was Mercier bereits begrifflich trennte, nämlich Literatur und Philosophie, unter »Literatur« als Oberbegriff zu verbinden (wobei sie die Naturwissenschaft freilich ausschließt). Es geht ihr um die

importance de la littérature considérée dans son acception la plus étendue; c'est-à-dire, renfermant en elle les écrits philosophiques et les ouvrages d'imagination, tout ce qui concerne enfin l'exercice de la pensée dans les écrits, les sciences physiques exceptées.[44]

Die »importance« der so definierten »Literatur« liegt für Mme de Staël, durchaus aufklärerisch, in dem Beitrag, den der Fortschritt der Literatur zum gesellschaftlichen Fortschritt leistet:

Les progrès de la littérature, c'est-à-dire, le perfectionnement de l'art de penser et de s'exprimer, sont nécessaires à l'établissement et à la conservation de la liberté.[45]

Da aber in der *littérature d'imagination,* die sie von der *littérature de pensée* unterscheidet, im Gegensatz zu dieser kein Fortschritt zu beobachten ist[46], liegt der von Mme de Staël unausgesprochene Gedanke nahe, daß die *littérature d'imagination,* wie es ihr mehrmals unterläuft, schlichtweg als *littérature* zu bezeichnen[47], gesellschaftspraktisch folgenlos ist, sie mithin nur als Ausdruck eines Gesellschaftszustandes in Betracht kommt.

Damit wären wir bereits bei Mme de Staëls konservativem Antipoden Bonald angelangt, der »littérature« – die er fraglos und kategorisch mit den Gattungen des klassischen Poesie-Systems plus dem Roman gleichsetzt – nurmehr in ihrer (passiven) Widerspiegelungsfunktion sieht:

Si le style est l'expression de l'homme, la littérature n'est pas moins l'expression de la société.

Le style est l'expression de l'homme intellectuel, de sa pensée, de son esprit, de son caractère; la littérature sera donc l'expression de la partie morale de la société; c'est-à-dire de sa constitution, qui est son âme, son esprit, son caractère.[48]

Es ist klar, daß Bonald, als konservativer Kritiker der Aufklärung, auch der Philosophie keine Wirkung auf die Gesellschaft zugesteht – es sei denn diejenige, die Gemüter zu verwirren und insofern zum revolutionären Chaos beizutragen.[49]

Als vorläufige Schlußthese läßt sich festhalten: Der moderne Begriff »Literatur«, ob eng gefaßt als »schöne Literatur« oder im weiteren, alles nicht rein informative Schrifttum einschließenden

Sinne (diese weitere Fassung wird nicht nur von Mme de Staël prinzipiell festgehalten, sondern von der akademischen Literaturkritik bis hinein in heutige Handbücher tradiert[50]), ist ein Produkt der Aufklärung, in welcher der entsprechende Praxisbereich sich als besonderer, von anderen Bereichen gesellschaftlicher Praxis abgehobener profiliert hat. Insofern kann man von einer »Institution Literatur« sprechen. Die Existenz der Literatur als einer besonderen Institution des gesellschaftlichen Lebens, zu deren Wesen mithin die (relative) Autonomie gehört, ist Voraussetzung nicht nur ihrer begrifflichen Abgrenzung, sondern auch der bis heute andauernden Diskussion um ihre Funktionsbestimmung. Wenn Mercier die Literatur an das gesamtgesellschaftliche Interesse, damit besonders an das der benachteiligten Massen, binden will, so setzt das bereits die Autonomie von Literatur, als Möglichkeit, über sich zu verfügen, voraus. Das Bündnis der Literatur mit den Massen, als deren Anwalt und Aufklärungsinstanz, das Mercier herstellen will, impliziert freilich, wie dasjenige mit der »Philosophie«, an dem Mercier festhält, schon die Kehrseite der Autonomie: die arbeitsteilige Abgehobenheit der Literatur von der gesamtgesellschaftlichen Praxis – sei es vom Leben der Massen, sei es vom Prozeß der Aufklärung. In der postrevolutionären Literaturdebatte, bei Mme des Staël und Bonald, wird diese Kehrseite der Autonomie von Literatur immer schärfer hervortreten: als Trennung der Literatur von der Gesellschaft, deren Zustand sie eher widerspiegelt als verändert, wie auch als Ablösung vom Aufklärungsprozeß. Seitdem oszilliert die Literaturdebatte zwischen zwei polar entgegengesetzten Optionen: dem wiederholten Versuch, die Literatur gesamtgesellschaftlich zu engagieren, und dem Rückzug – ob resignativ wie im *L'art pour l'art* oder euphorisch wie im Ästhetizismus des Fin de siècle – auf die angestammte, von der Aufklärung errungene Autonomie.

4. Nachtrag zur Autonomiediskussion

Dieser Beitrag[51] war eine der Diskussionsvorlagen der von P. Bürger geleiteten Sektion »Literaturwissenschaft und Sozialwissenschaften« des Romanistentages in Saarbrücken (26.-28. 9. 1979). Sein Mittelteil bot, wie nicht anders zu erwarten, Anlaß zu kontroverser Diskussion, und zwar weniger wegen des darin skizzierten, auch mir noch problematischen Begriffs der »Institution Literatur«, der sich aber im wesentlichen deckt mit Dubois' »institution de la littérature« oder mit dem in Saarbrücken vielbesprochenen »champ littéraire« der Bourdieu-Schule[52], sondern wegen des für mich damit fundamental verbundenen (und insofern unproblematischen) *Autonomie*-Begriffs.

Im Nachwort zur 2. Auflage seiner *Theorie der Avantgarde*[53] setzt sich P. Bürger mit Einwänden gegen seine Bestimmung der »Institution Kunst/Literatur« bzw. Versuchen zu deren Revision auseinander, darunter auch mit der im Mittelteil dieser Vorlage erhobenen Forderung, den Autonomie-Status der Kunst von der Autonomie-Doktrin (Autonomismus) zu trennen. Meinen Vorschlag, den Autonomie-Status als Möglichkeitsbedingung »autonomistischer« wie »engagierter« Funktionsbestimmungen von Literatur zu betrachten, rückt P. Bürger zu Recht in die Nähe des Ansatzes von H. Sanders, der Ästhetizismus und Engagement als »*strukturellen* Möglichkeitsspielraum von Kunst in der bürgerlichen Gesellschaft« begreift.[54]

P. Bürgers Gegeneinwände:

1. Wenn Autonomie-Status und Autonomie-Doktrin voneinander »abgekoppelt« werden, schrumpfe der Begriff der Institution Kunst »auf die dürre Bestimmung der relativen Unabhängigkeit gegenüber andern Institutionen wie Staat und Kirche zusammen«. Autonomie in diesem Sinne kennzeichne aber jede Institution und gebe kein spezifisches Merkmal für die Institution Kunst ab. »Anders formuliert: die Institution Kunst in der bürgerlichen Gesellschaft wäre eine Institution ohne Doktrin, vergleichbar einer Kirche ohne Dogma, genauer: einer Kirche, die alle Glaubensvorstellungen zuläßt (›autonomistische‹ und ›engagierte‹ gleichermaßen). Damit würde die Kategorie Institution ausgehöhlt; denn gerade die Literaturideologie, die die Interaktion mit und über Kunstwerke regelt und auf deren Erfassung die Kategorie abzielt, wäre zu einem bloß untergeordneten Moment herabgesetzt.«

2. Für eine Bestimmung der Institution Kunst »in der entfalteten bürgerlichen Gesellschaft« durch die Autonomie-Doktrin spreche die Tatsache, daß seit den Schriften Kants und Schillers und bis zu Adorno ästhetische Theorie eine der Kunstautonomie sei. Eine »ausgeführte Theorie engagierter Kunst« gebe es nicht. »Die großen Manifeste von Zola und Sartre bleiben bezeichnenderweise auf ein literarisches Genre beschränkt, das der Autono-

miedoktrin langezeit widerstreitet, auf den Roman.« In beiden Fällen lasse sich zeigen, daß die Bemühung um eine alternative Funktionsbestimmung der Kunst »in wesentlichen Punkten dem Autonomiekonzept verhaftet« bleibe. Einzig bei Brecht fänden sich »Elemente einer ästhetischen Theorie engagierter Literatur«. Zu bedenken sei aber, daß Brecht »seine Theorie erst nach dem Angriff der historischen Avantgardebewegungen (Futurismus, Surrealismus) auf den Autonomiestatus der Kunst formuliert. Man wird daher aus der Brechtschen Theorie keine Rückschlüsse auf die Institutionalisierung der Kunst in der hochbürgerlichen Gesellschaft ziehen dürfen [. . .]«.

Ich ergreife dankbar die mir von P. Bürger gebotene Möglichkeit, auf diese Argumente nachtragsweise einzugehen und so eine prinzipiell wohl unabschließbare, aber nicht nutzlose Diskussion öffentlich ein Stückchen weiterzutreiben.

Zu 1.: Zusammenhang von Autonomie-Status und Autonomie-Doktrin bzw. von Institution Kunst und spezifischer Ideologie. Ich leugne nicht, daß ein Zusammenhang besteht, entsprechend dem von P. Bürger zitierten Hinweis P. Bourdieus, daß »erst der Markt die Voraussetzung dafür schafft, daß die Doktrin der Kunstautonomie entstehen kann«.[55] Diese Voraussetzung ist nichts anderes als der Status relativer Autonomie, als Unabhängigkeit von mäzenatischen und zensorialen Instanzen. Damit aber ermöglicht der Markt nicht nur eine Doktrin, die, wie im *L'art pour l'art,* diese Autonomie ideologisch absolut setzt, auch und gerade gegen die über den Markt selbst vermittelten Ansprüche, sondern auch eine, die ihr, über Formeln wie *art social,* »Engagement« etc., einen die schiere Selbstbehauptung überschreitenden gesellschaftspolitischen Inhalt zu geben sucht. Man vergißt zu leicht die Trivialität, daß Autonomie nichts anderes heißt als Selbstbestimmung. Warum soll nicht gerade die Kontroverse um den Gebrauch der Autonomie, das Fehlen eines ein für allemal gültigen Dogmas oder sonst einer die Autonomie von innen beschränkenden autoritativen Norm, das Spezifische der besonderen Institution Kunst/Literatur sein, wodurch diese sich nicht nur von der in Bürgers Argument metaphorisch bemühten Kirche, sondern auch von anderen normativ verfaßten Institutionen unterscheidet? Die Literatur ist autonom auch in bezug auf sich selbst! Freilich ist P. Bürger insofern recht zu geben, als die Autonomie-Doktrin logisch und historisch im Autonomie-Status schon angelegt ist und ihr daher, um im kirchlichen Bild zu bleiben, eher der Charakter der Orthodoxie zukommt als den Tendenzen, die sich auf die Formel des »Engagement« bringen lassen und die schon Baudelaire als »Häresie« apostrophierte.[56] Tatsächlich verleugnet Kunst/Literatur im »Engagement« nicht zwar ihre Autonomie, wohl aber den Preis, um den diese in einer arbeitsteiligen, herrschaftsbestimmten Gesellschaft (und wo sonst?) zu haben war: die von Bürger zu Recht betonte praktische Folgenlosigkeit gerade ihrer auf radikale Veränderung der Gesellschaft drängenden Ansätze.[57] Andererseits aber verleugnet sie auch dort, wo sie ihre Autonomie absolut setzt, etwas Wesentliches, nämlich den Markt, der ja nicht nur die historische Voraussetzung autonomer Kunst ist, sondern auch ihre je zu erobernde Daseinsbedingung. Dies Dilemma ist für die bürgerliche Institution Kunst/Literatur wohl ebenso spezifisch wie die Kontroverse, die sich in seinem Rahmen bewegt.

Zu 2.: Vorherrschen der Autonomie-Doktrin in der ästhetischen Theorie von Kant und Schiller bis zu Adorno. Es ist nicht zu übersehen, daß sich P. Bürger hier auf eine Traditionsreihe beruft, die nicht ganz zufällig mit deutschen Namen markiert ist, auf Kosten einer anderen, deren Relevanz er am Beispiel von Zola und Sartre zu entkräften sucht. Wenn die Autonomie der Kunst von Schiller oder Karl Philipp Moritz (an den P. Bürger gewiß auch dachte) zur Doktrin erhoben wird, während sie zur selben Zeit in Frankreich, etwa bei Mercier, sich gerade über eine Theorie des Engagements artikuliert, so kann dies nicht im Wesen der Institution Kunst innerhalb der »entfalteten bürgerlichen Gesellschaft«, sondern muß in nationalgeschichtlich verschiedenen Zuständen der bürgerlichen Gesellschaft selbst, in deren mehr oder minder fortgeschrittener oder blockierter Entfaltung begründet sein. Es wäre lohnend, den historischen Gründen solcher Divergenz gleichzeitiger Funktionsbestimmungen von Kunst/Literatur nachzugehen – wie auch den Ursachen dafür, daß die Autonomie-Doktrin später gerade in Frankreich aufgegriffen und radikalisiert wurde: zuerst – zu Heines Bedauern[58] – von der Generation Mussets und Gautiers, nach der Juli-Revolution; dann von Baudelaire, der im Second Empire mit den eigenen, früher verlautbarten Hoffnungen auf eine dem gesellschaftlichen Fortschritt dienende Literatur brach und sich ausdrücklich zum *L'art pour l'art* bekannte; schließlich von den Symbolisten, instar omnium Mallarmé, der die Autonomie-Doktrin bis zur verzweifelten Selbstkritik trieb.[59] Auch diese französische Verstärkung von Bürgers Exempelreihe wäre historisch zu interpretieren. Das kann hier nicht geschehen. Es geht aber nicht an, Versuchen wie denen Zolas und Sartres gleichsam die Legitimität zu entziehen, nur weil sie einen Teil des literarischen Corpus privilegieren: dazu tendiert jede Funktionsbestimmung von Literatur, und übrigens ist der Roman, als in der bürgerlichen Gesellschaft dominantes Genre, für beide nur Paradigma eines Literaturprogramms (wie für Mercier das Drama), dem sich andere Gattungen anschließen sollen: Zola denkt noch an Drama und Lyrik, während Sartre schon die Formen einbezieht, die sich in den nicht typographischen Medien herausgebildet haben.[60] Das »Autonomiekonzept« aber, dem Zolas und Sartres Bemühung um eine alternative Funktionsbestimmung verhaftet bleibt, ist nichts als die Reflexion auf den Autonomie-Status selbst, der dergleichen allererst ermöglicht[61] – und den es allerdings, dies spielt in Sartres Auseinandersetzung mit der KP eine Rolle, nicht zugunsten eines Parteiapparats zu abdizieren gilt.[62]

Anmerkungen

1 Voltaire, Artikel *Littérature,* Nachtrag zum *Dictionnaire philosophique,* zuerst veröffentlicht 1819 von Beuchot, nach MS von der Hand Wagnières mit handschriftlichen Korrekturen Voltaires, in: *Œuvres complètes de Voltaire,* Paris, Garnier, 1879, Bd. 19, 590-592. Meine Hervorhebungen sind gesperrt. – (»Man kennzeichnet die Werke eines Dichters, eines Redners, eines Historikers nicht mit jenem vagen Ausdruck Literatur [...]. Racine, Boileau, Bossuet, Fénelon, die mehr Literatur hatten als ihre Kritiker, würden sehr unpassend Literaten genannt [...]«.)

2 Der *Dictionnaire philosophique* erschien zuerst 1764.

3 Vgl. Robert Escarpit, *La définition du terme »littérature«,* in: *Actes du* IIIe *Congrés de l'Association Internationale de Littérature Comparée,* 's-Gravenhage, Mouton, 1962, 77 ff. Zur Geschichte des Bildungsbegriffs »littérature« bis zur Mitte des 18. Jahrhunderts sei verwiesen auf Claude Cristin, der diese im Zusammenhang mit dem Wandel des Selbstverständnisses der Intellektuellen in der Frühaufklärung untersucht: *Aux origines de l'histoire littéraire,* Grenoble 1973.

4 Voltaire (s. Anm. 1). – (»Schöne Literatur nennt man diejenige, die sich mit Gegenständen, die *Schönheit* haben, befaßt, mit Poesie, Beredsamkeit, gut geschriebener Geschichte.«)

5 Voltaire (s. Anm. 1). – (»Die bloße Textkritik, die enzyklopädische Gelehrsamkeit, die Sammlung von Aussprüchen antiker Philosophen, die Chronistik sind

nicht schöne Literatur, weil diese Studien *ohne Schönheit* sind. [...]. So sagt man nicht: eine schöne Scholie, eine schöne Kritik, eine schöne Diskussion, wie man sagt: ein schöner Text von Vergil, Horaz, Cicero, Bossuet, Racine, Pascal. Eine gut gemachte, ebenso elegante wie exakte Abhandlung, die Blumen über einen dornigen Gegenstand streut, kann auch noch ein *schönes* Stück Literatur genannt werden [...].«)

6 Martin Fontius stellt im Anschluß an seine Besprechung von Voltaires Artikel die recht plausible Hypothese auf: »Eine günstige Voraussetzung für den Bedeutungsumschwung von ›littérature‹ [...] scheint schließlich gewesen zu sein, daß ›belle littérature‹ mit dem Ausgang des Antikestreits zur Kampfparole geworden war. [...]. Im emphatischen Gebrauch von ›belle littérature‹ als Ausdruck eines neuerwachten Selbstbewußtseins der Antikefreunde glauben wir ein wichtiges Kettenglied in der Begriffsgeschichte zu fassen.« (*Literaturkritik im Zeitalter der Kritik*, in: Winfried Schröder [Hg.], *Französische Aufklärung*, Leipzig 1974, 395 f.

7 *Encyclopédie,* Artikel *Littérature,* 164.

8 Ebd., Artikel *Lettres,* 881a.

9 M. Fontius (s. Anm. 6), 395.

10 Ebd., 385 ff.

11 Mercier, *De la littérature et des littérateurs,* Genf, Slatkine Reprint, 1970.

12 Ebd., 2. – (»Im übrigen handelt diese kleine Schrift nur von der Französischen Literatur.«)

13 Ebd. – (»Vor 50 oder 60 Jahren waren die Engländer uns in fast jeder Gattung voraus, und wir sind in bezug auf sie, was in bezug auf unser Volk die anderen Völker sind.«)

14 Zum »modernen Standardbegriff« von Literatur vgl. G. Goebel, *Literaturgeschichte als Geschichte des Literaturbegriffs, an französischen Beispielen des 20. Jahrhunderts,* in: Rolf Kloepfer (Hg.), *Bildung und Ausbildung,* München 1979, Bd. 1, 211. Meine dort geäußerte Annahme, der moderne Standardbegriff sei erstmals um 1800 formuliert worden, ist im Hinblick auf Mercier zu korrigieren.

15 Mercier (s. Anm. 11), 4.

16 Vgl. Voltaires Art. *Littérature* (s. Anm. 1): »La littérature [...] désigne dans toute l'Europe une connaissance des ouvrages de goût, une teinture d'histoire, de poésie, d'éloquence, de critique.« (»Literatur [...] bezeichnet in ganz Europa eine Kenntnis der geschmackvollen Werke, eine Beschlagenheit in Geschichte, Poesie, Beredsamkeit, Kritik.«) Vgl. außerdem Voltaires oben zitierte Auslassung zum Begriff der »belle littérature«.

17 Mercier (s. Anm. 11), 3, 69 Fn. 32.

18 Ebd.

19 Ebd., 69 Fn. 32.

20 Vgl. G. Goebel (s. Anm. 14), 211.

21 Freilich kann, um es mit einem Selbstzitat zu sagen, »das Wesen von Literatur nicht abgelöst von der Frage nach deren Funktion definiert werden«. Hierzu und zu Sartres *Qu'est-ce que la littérature?* vgl. Goebel (s. Anm. 14), 212.

22 Mercier (s. Anm. 11), 3. – (»Jeder Schriftsteller ist insbesondere an die Gerechtigkeit gebunden, in aller Form und vor jeder anderen Verpflichtung. Die Verletzung der Gerechtigkeit ist eine Beleidigung, die dem Menschengeschlecht zugefügt wird; darum fühlt jeder Autor, der dieses Namens würdig ist, heftig das Unrecht, das seinem Mitmenschen geschieht; er kann es nicht ertragen. Er ist der Rächer der Allgemeinheit, und die Unterdrückung, die seinen Nachbarn trifft, muß ihn persönlich betreffen; er kommt nicht umhin, die Stimme zu erheben, und der am meisten

geschätzte Schriftsteller wird immer der sein, der am kräftigsten die unverbrüchlichen Rechte der Gerechtigkeit und der Menschlichkeit einfordert.«)

23 Der Begriff einer *politischen* (also nicht bloß individuellen bzw. allgemeinmenschlichen) Moral ist für Merciers Literaturkonzeption wesentlich: »[...] insensiblement tous les genres d'écrire s'appliquent à la morale politique. C'est le grand intérêt de l'homme & des Nations. Les Ecrivains tendent à ce but utile« (6). »La Littérature universelle prend un caractère de morale politique [...]«. (10). – (»[...] allmählich befassen sich alle Schriftgattungen mit politischer Moral. Dies ist das große Interesse des Menschen und der Nationen. Die Schriftsteller streben nach diesem nützlichen Ziel«). Bemerkenswert übrigens, daß bei Mercier schon der Begriff einer »Weltliteratur« sich abzeichnet, ebenso wie der einer Nationalliteratur (vgl. 2, Fußnote).

24 »Cependant lorsque quelqu'un a fait un livre de Politique ou de Morale, sur le champ on lui répète le refrein accoutumé: *Travaux impuissans! Peines perdues! Les moeurs ne changent point. Les abus seront toujours les mêmes. Rien ne peut rompre leur impulsion établie; les hommes seront toujours ce qu'ils ont été.*« (7). – (»Jedoch wenn jemand ein Buch mit politischem oder moralischem Inhalt geschrieben hat, wird ihm auf der Stelle der übliche Refrain repetiert: *Ohnmächtige Arbeit! Verlorene Mühe! Die Sitten ändern sich nicht. Die Mißstände bleiben immer dieselben. Nichts kann den ständigen Antrieb, der sie bewirkt, aufheben; die Menschen bleiben immer, was sie waren.*«)

25 Vgl. Brigitte Burmeister / Eckart Richter, *Die französische Aufklärung – Historische Bedingungen und Hauptetappen ihrer Entwicklung*, in: W. Schröder (Hg.), *Französische Aufklärung* (s. Anm. 6), 42 f. und 49 ff.

26 Mercier (s. Anm. 11), 8 f. – (»Seit nur 30 Jahren hat eine große, bedeutende Umwälzung in unserem Denken stattgefunden; die öffentliche Meinung hat heute in Europa eine überwältigende Kraft, der man nicht widersteht. So ist es in Anbetracht des Fortschrittes der Aufklärung und der Veränderung, die sie erzeugen wird, erlaubt zu hoffen, daß sie der Welt das größte Heil bringen wird und daß die Tyrannen aller Art erzittern werden vor dem allgemeinen Schrei, der Europa durchhallt und aufweckt.

Es geschah durch die Literatur und die Schriftsteller, daß die vernünftigen Ideen seit 30 Jahren alle Provinzen Frankreichs rapide durchmessen haben [...]. / [...]. Der Einfluß der Schriftsteller ist derart, daß sie heute ihre Macht verkünden können und die legitime Autorität, die sie über den Geist der Menschen ausüben, nicht zu verhüllen brauchen.«)

27 Ebd., 61. – (»Freilich scheinen sie in ihren Debatten wenig aufgeklärt über ihre wahren Interessen und schärfen gegeneinander furchtbare Waffen, die sie gegen ihre Feinde richten sollten [...]. [...] ohne diese beklagenswerten Zwistigkeiten hätte die Literatur ein majestätisches Gewicht, das ihre Gegner niederdrücken würde.«)

28 P. Bürger, *Institution Kunst als literatursoziologische Kategorie. Skizze einer Theorie des historischen Wandels der gesellschaftlichen Funktion der Literatur*, in: *Romanistische Zeitschrift für Literaturgeschichte* 1, 1977, 50-76.

29 Vgl. P. Bürgers Hannoveraner Vortrag (24. 1. 79) zum *Funktionswandel der Kunst/Literatur*, ausgehend von einer Konfrontation des *Encyclopédie*-Artikels *Beaux Arts* mit Karl Philipp Moritz' ästhetischen Schriften.

30 J. F. Laharpe, *Lycée, ou cours de Littérature ancienne et moderne*, zuerst erschienen 1799. Die Vorlesung wurde von 1786 bis 1798 gehalten. Zu Laharpe vgl. den vorzüglichen Artikel von Maurice Tourneux in der *Grande Encyclopédie*, Bd. 21.

31 P. Bürger (siehe Anm. 28 und 29).
32 J. P. Sartre, *Qu'est-ce que la littérature?* (1948), Paris 1970 (idées 58), 87 ff.
33 Vgl. G. Goebel (s. Anm. 14), 220.
34 Sartre (s. Anm. 32), 181. – (»Autonomie, die das 18. Jahrhundert für sie erobert hatte und die ihr wegzunehmen nicht mehr in Frage kam.«)
35 Mercier (s. Anm. 11), 86. – (»Tribun der Mehrheit, d. h. der Menge der Unglücklichen.«)
36 Ebd., 83 ff.
37 Ebd., 78. – (»Liebst du wahrhaftig die Menschen? Denn man muß sie lieben, wenn man ihnen schreiben will.«)
38 Ebd., 101, 114 ff.
39 *Neue Fragmente*, München 1968, 410.
40 Mercier (s. Anm. 11), 66. – (»Die Philosophie muß die Grundlage der Beredsamkeit und der Poesie sein. Beide haben von den Entdeckungen der Philosophen zu profitieren. Die Aufgabe des Dichters ist es, kostbare Wahrheiten zu schmücken und zu bewirken, daß sie geliebt werden. So wird er dem Philosophen gleichrangig; aber der Dichter ahnt oft nicht einmal, wie sehr ihm die Wissenschaften nötig sind. [...].«)
41 Ebd., 5. – (»Die Literatur ist immer den gründlichen Wissenschaften vorausgeeilt: sie hat deren Oberfläche ausgeschmückt, und dank diesem ingeniösen Kunstgriff hat die Nation jene zunächst adoptiert, dann geliebt. Alles ist Sache der Einbildungskraft und des Gefühls [...]. Manchmal genügt es sogar, die Morgenröte der Literatur in einer barbarischen Gegend aufleuchten zu lassen, um ihr alsbald solide Wissenschaften und kühne Erfindungen zu verschaffen. Diese Verkettung ist eine Tatsache bei allen Nationen, und der wahre Grund dafür ist nicht geklärt, es sei denn darin, daß der Mensch zuerst empfindet, und sobald er empfindet, wird er alsbald über seine Empfindungen räsonnieren [...].«)
42 Gerade Jaucourts Artikel *Lettres* (a.a.O.) signalisiert die Trennung, indem er gegen sie anredet.
43 *De la littérature considérée dans ses rapports avec les institutions sociales* (1800), éd, crit. p. P. van Tieghem, 2 Bde., Genf–Paris 1959 (Textes littéraires français 82), Bd. I, S. 17 (Discours préliminaire). (»Ich habe mir vorgenommen, zu untersuchen, welches der Einfluß der Religion, der Sitten und der Gesetze auf die Literatur ist, und welches der Einfluß der Literatur auf die Religion, die Sitten und die Gesetze.«)
44 Ebd., 18. Vgl. auch 47. – (»Bedeutung der Literatur im weitesten Sinne, d. h. die philosophischen Schriften und die Werke der Einbildungskraft einbegreifend, kurz alles, was die Ausübung des Denkens im Schreiben betrifft, ausgenommen die Naturwissenschaften.«)
45 Ebd., 30. – (»Die Fortschritte der Literatur, d. h. die Vervollkommnung der Kunst zu denken und sich auszudrücken, sind nötig für die Herstellung und Erhaltung der Freiheit.«)
46 Vgl. ebd., 47 f.
47 »Leurs succès étonnans [sc.: des Grecs] dans la littérature, et surtout dans la poésie, pourroient être présentés comme une objection contre la perfectibilité de l'esprit humain« (ebd. S. 47). »Le siècle de Louis XIV, le plus remarquable de tous en littérature, est très-inférieur, sous le rapport de la philosophie, au siècle suivant« (Bd. II, S. 271). »[...] le siècle qui succède au siècle de la littérature est dans tous les pays, comme j'ai tâché de le prouver, celui de la pensée« (Bd. II, S. 278). – (»Die erstaunlichen Erfolge der Griechen in der Literatur, vor allem in der Poesie, könnten als Einwand gegen die Perfektibilität des menschlichen Geistes angeführt werden«.

»Das Jahrhundert Ludwigs XIV., das bemerkenswerteste von allen in der Literatur, ist hinsichtlich der Philosophie dem nachfolgenden Jahrhundert sehr unterlegen«. »[...] auf das Jahrhundert der Literatur folgt in allen Ländern, wie ich zu beweisen versucht habe, das Jahrhundert des Denkens«).

48 *Du Style et de la littérature* (1806) in: *Œuvres complètes de M. de Bonald*, publ. p. M. l'abbé Migne, Bd. III, Paris, Migne, 1859, Sp. 988. – (»Wenn der Stil der Ausdruck des Menschen ist, so ist die Literatur nicht weniger der Ausdruck der Gesellschaft. Der Stil ist Ausdruck des intellektuellen Menschen, seines Denkens, seines Geistes, seines Charakters; die Literatur ist also Ausdruck des sittlichen Teils der Gesellschaft; d. h. ihrer Konstitution, die ihre Seele, ihr Geist, ihr Charakter ist.«)

49 Vgl. Robert Spaemann, *Der Ursprung der Soziologie aus dem Geist der Restauration. Studien über L. G. A. de Bonald*, München, Kösel, 1959 (Diss. Münster 1951), insbes. 42 ff.

50 Vgl. G. Goebel (s. Anm. 14), 211.

51 Er entstand im Zusammenhang meiner Vorlesung über »Literaturgeschichte als Geschichte des Literaturbegriffs seit der französischen Aufklärung« (Universität Hannover 1979/80).

52 Jacques Dubois, *L'Institution de la littérature*, Paris – Bruxelles 1978. – Pierre Bourdieu, *Champ intellectuel et projet créateur*, in: *Les Temps modernes*, Nr. 246, Nov. 1966; Christophe Charle, *Champ littéraire et champ du pouvoir: les écrivains et l'Affaire Dreyfus*, in: *Annales*, 32e année, Nr. 2, mars-avril 1977, 240-264.

53 P. Bürger, *Theorie der Avantgarde*, Frankfurt 1980 (es 727), 134 ff.

54 P. Bürger (s. Anm. 53) zitiert H. Sanders, *Institution Literatur und Theorie des Romans* [...], Diss. Bremen 1977, Typoskript, S. 16. (Aus dieser Arbeit entstand der Band: H. Sanders, *Institution Literatur und Roman. Zur Rekonstruktion der Literatursoziologie*, Frankfurt 1981, es 668.)

55 P. Bürger (s. Anm. 53), 140, Anm. 9 bezieht sich auf P. Bourdieu, *Le Marché des biens symboliques*, in: *L'Année sociologique* 22, 1971/72, 49-126, darin: 52 f.

56 *Théophile Gautier* (1859), in: Baudelaire, *Œuvres complètes*, hg. von Y. G. Le Dantec u. Cl. Pichois, Paris 1961 (Bibl. de la Pléiade, 1+7), 684.

57 P. Bürger (s. Anm. 53), 134.

58 *Die romantische Schule* (1832-1835), III, iii, in: Heine, *Werke*, Frankfurt 1968, Bd. 4, 264.

59 Musset, *De la politique en littérature et de la littérature en politique* (1831), in: *Œuvres complètes en prose*, Paris 1960 (Bibl. de la Pléiade, 49), 760-763. – Gautier, *Mademoiselle de Maupin* (1835), Préface (1834). – Baudelaire, *Théophile Gautier* (1859), (s. Anm. 56). – Mallarmé, *Le vierge, le vivace et le bel aujourd'hui* ... (vgl. G. Goebel, *Le Signe du Cygne. Zur negativen Poetik Mallarmés*, in: *lendemains* 6, 1977); *Sur l'évolution littéraire* (1891); *La Musique et les Lettres* (1894); *Variations sur un sujet* (1895).

60 Zola, *Le Roman expérimental* (1880), hg. von Aimé Guedj, Paris 1971 (Garnier-Flammarion 248), 96 (Schluß des Titelaufsatzes »Le Roman expérimental«). – Sartre (s. Anm. 32), 321 ff. (im Kapitel *Situation de l'écrivain en 1947*).

61 Daher Zolas Bejahung der Marktabhängigkeit von Literatur, vgl. insbes. den Aufsatz *L'Argent dans la littérature*, in: *Le Roman expérimental* (s. Anm. 60), 177 ff.

62 Sartre (s. Anm. 32), Kapitel *Situation de l'écrivain en 1947*, insbes. 304 ff.

Evelyne Heydemann
Institution und Autonomie

Zur Diskussion des Aufsatzes von G. Goebel:
»Literatur« und Aufklärung

> »Literaturgeschichte als Geschichte einer Sache, deren Begriff nicht feststeht, ist streng genommen nicht anders schreibbar als vermittelt über die Geschichte dieses Begriffs.«[1]

Die Notwendigkeit, sich mit dem Literaturbegriff einer bestimmten Epoche bzw. dem eines einzelnen Autors auseinanderzusetzen, bildet den Ausgangspunkt in Goebels Aufsatz *Literaturgeschichte als Geschichte des Literaturbegriffs* und findet sich auch in dem hier zur Diskussion stehenden Essay. Die Untersuchung dieses Begriffs bei Mercier, einem Autor der Aufklärung, nimmt Goebel zum Anlaß, einige Bemerkungen grundsätzlicher Art zu machen, die anregend und problematisch zugleich sind.

Die Behauptung, daß im 18. Jahrhundert der Literatur alle Charakteristika einer anerkannten Macht zugeordnet werden, ist von grundlegender Bedeutung für eine Literatursoziologie, deren vornehmliches Interesse der Literatur als Institution gilt. Bevor man diese bei Goebel zentrale Hypothese diskutiert, scheint es angebracht, einige Vorbehalte hinsichtlich zweier Voraussetzungen anzumelden, die er an den Anfang seines Aufsatzes stellt. Der erste Einwand bezieht sich auf die Behauptung, der Begriff Literatur sei von Mercier nicht definiert worden, weil dieses Wort keiner Definition bedurft hätte.[2] Der Zweifel an der Legitimität dieser Feststellung gründet sich auf zwei Beobachtungen. Zuerst einmal muß dieses Versäumnis um so ungewöhnlicher erscheinen, als wir es bei Mercier mit einem Autor zu tun haben, der in der Regel keine Gelegenheit ausläßt, klare und präzise Definitionen zu geben. Auch in der nach Stichworten geordneten Mercier-Anthologie, die Geneviève Bollème unter dem Titel *Dictionnaire d'un polygraphe* herausgegeben hat[3], fehlt der Begriff. Dafür ist sicher nicht die Herausgeberin dieser Sammlung verantwortlich zu machen, die ansonsten eine Reihe anderer Wörter des gleichen semantischen Feldes wie »poésie«, »écrivain«, »poète« und selbst »écriture« und »art d'écrire« enthält. Eine Interpretation dieses Phänomens müßte spekulativ bleiben, bestärkte nicht ein anderer Faktor die Vermutung, das Auslassen dieses Begriffs sei von Mercier selbst gewollt.

Raymond Williams geht in seinem Buch *Marxism and Literature* von folgender Feststellung aus: »In its modern form the concept of ›literature‹ did not emerge earlier than the eighteenth century and was not fully developed until the nineteenth century.«[4] Der Rahmen dieser Diskussion läßt es nicht zu, die Argumentation von Williams im Detail vorzustellen; Aufmerksamkeit verdient jedoch die Bedeutungsvielfalt des Literaturbegriffs. Nach Williams umfaßt dieser zunächst »alle veröffentlichten Werke einer bestimmten Qualität«, bezeichnet dann fiktionale Werke und nimmt schließlich die Vorstellung von Nationalliteratur[5] auf. Die Inkonsistenz des Begriffs Literatur, die bereits im 18. Jahrhundert anzutreffen ist, erlaubt die Vermutung, daß Mercier nicht etwa deshalb auf eine Definition des Literaturbegriffs verzichtet, weil ihn die Bedeutung dieses Wortes vor keine Probleme stellte, sondern daß er im Gegenteil der Notwendigkeit ausweicht, innerhalb des Bedeutungsspektrums Stellung zu beziehen. Das Fehlen einer Definition ist also bei Mercier eher als Ausdruck der Weigerung zu verstehen, den Bereich der Literatur einzuengen.

Der zweite Einwand steht in indirektem Zusammenhang mit dem ersten und bezieht sich auf den Begriff von Literatur, den Goebel aus den von Mercier angeführten Beispielen ableitet. Er meint festzustellen, bei Mercier umfasse die Literatur einen Bereich, der dem modernen Standardbegriff von Literatur entspricht, d. h. dem aus den drei »großen« Gattungen Theater, Roman und Dichtung zusammengesetzten; er müsse erweitert werden durch Bestandteile eines älteren Literaturbegriffs, der auch »histoire«, »éloquence« und »critique« umfaßt. Es ist jedoch nicht anzunehmen, daß Mercier das gleiche Gewicht auf die drei Hauptgattungen Theater, Roman und Dichtung legt, wie es in dem modernen Standardbegriff von Literatur geschieht, denn er erwägt nicht einmal, seine Überlegungen auf die drei Hauptgattungen zu beschränken; er erklärt im Gegenteil: »Tous les genres d'écrire s'appliquent à la morale politique«.[6] In seinem Aufsatz *De la Littérature et des Littérateurs*[7] gebraucht Mercier den Begriff Literatur nur achtmal auf 88 Seiten und gesellt ihm fast jedesmal

Adjektive wie »brillant«, »universel« oder »français« zu, womit die Abgrenzung eines genau bestimmbaren Bereichs offensichtlich erschwert wird. Der wiederholte Rückgriff Merciers auf so ausgesprochen vage Begriffe wie »ouvrage« oder »livre« ist ein Beweis für sein Bemühen, den Begriff Literatur und alle mit seinem Gebrauch verbundenen Einschränkungen zu vermeiden. Darüber hinaus ist bemerkenswert, daß die Worte »livre« und »ouvrage« oft in Begleitung von Wertungen und Zuordnungen wie »bon«, »beau«, »de politique« und »de moral« erscheinen, die Beleg dafür sind, daß wir es hier nicht ausschließlich mit einem ästhetischen Bereich zu tun haben, wie er im modernen Standardliteraturbegriff impliziert ist. Dies macht den Bezug auf den modernen Standardbegriff von Literatur problematisch.

Auch die zwischen Mercier und dem »Lagarde et Michard« angedeutete Entwicklungslinie ist wenig hilfreich. Es ist kaum anzunehmen, daß der in diesem Schulbuch zugrunde gelegte Literaturbegriff die Wechselbeziehung zwischen Literatur und Wissenschaft nach Art der Aufklärer des 18. Jahrhunderts ins Auge faßt. Die Bedeutung dieser Wechselbeziehung kann für den Literaturbegriff des 18. Jahrhunderts nicht hoch genug veranschlagt werden; denn die Berufung auf Wissenschaft ist es, die die fast unbegrenzte Ausdehnung des als Literatur bezeichneten Bereichs möglich macht.[8] Bei der Analyse der Institutionalisierung der Literatur im 18. Jahrhundert wird auf die Bedeutung dieses Faktors genauer einzugehen sein. An dieser Stelle genügt es festzuhalten, daß es in Merciers Aufsatz um einen konkreten Gegenstand geht, der sich eher mit dem Begriff »veröffentlichtes Schreibprodukt« (écriture) erfassen läßt.[9] Das *Buch* (Livre mit großem »L«) ist der konkrete Gegenstand, Ergebnis schriftstellerischer Arbeit[10], und davon ist denn auch fast immer die Rede. Meines Erachtens ist also das Hinzufügen von Begriffen wie »histoire«, »éloquence« und »critique« nicht ausreichend, um die eigentliche Weite des Literaturbegriffs von Mercier zu erfassen. Dies wäre vielleicht nur dann möglich, wenn man mit berücksichtigt, daß die Begriffe »histoire«, »éloquence« und »critique«, die Goebel aus dem »universalen Bildungsbegriff des 17. Jahrhunderts« und Voltaires Definition der »Belles Lettres« übernimmt, zur Zeit Merciers bereits einen historischen Wandel erfahren haben. Eine ausführlichere Untersuchung des Begriffs Literatur bei Mercier erweist sich als notwendig; mehr als ein Hinweis darauf kann an dieser Stelle nicht erfolgen.

Die bisherige Argumentation ging nicht von dem Anspruch aus, die scharfsinnigen Bemerkungen Goebels hinsichtlich einer »eigenständigen Existenz« der Literatur in Frage zu stellen. Die Auseinandersetzung mit dieser These und den daraus abzuleitenden Schlußfolgerungen macht es nun notwendig, die Diskussion auf einer anderen Ebene fortzuführen, d. h. die Kategorien zu erörtern, die die Analyse historischer Dokumente anleiten. Goebel selbst führt diese Dimension ein, indem er das Problem der Institutionalisierung der Literatur im 18. Jahrhundert anspricht. Er geht von der Hypothese aus, daß die Literatur im 18. Jahrhundert den Charakter einer »relativ autonomen Institution des gesellschaftlichen Lebens gewonnen hat«. Eine Stellungnahme zu dieser Aussage erfordert die vorherige Klärung der Begriffe Institution und Autonomie. Goebels Kritik an Bürgers Verwendung der Kategorie Institution macht nämlich deutlich, daß es sich hier um *zwei verschiedene* Begriffe von Institution handelt. Daraus ergibt sich zweierlei: Zum einen erweist sich, daß mit der Kategorie Institution Literatur verschiedene Bedeutungen verbunden werden können. Zum andern stellt sich die Frage, ob Goebel der Unterschiedlichkeit der beiden Institutionsbegriffe ausreichend Rechnung trägt. Der folgende Vergleich zwischen Bürger und Goebel soll zeigen, daß es sich um unterschiedliche theoretische Ansätze handelt. Da diese im übrigen viele Gemeinsamkeiten aufweisen, erscheint es möglich und notwendig, die Analyse auf einen einzigen divergierenden Punkt zu beschränken und an dieser Stelle auf ein Werturteil zu verzichten.

Stark verkürzt könnte man sagen, Bürger spricht dann von Institution Literatur, wenn ein Normensystem vorhanden ist, das den Umgang der Menschen mit den kulturellen Objektivationen regelt.[11] Dies hat zwei Konsequenzen für den Gebrauch des Begriffs Institution. Einerseits kann diese Kategorie zur Analyse literarischer Phänomene in jeder Epoche benutzt werden; andererseits ist ihre Verwendung unabhängig von der Vorstellung eines »autonomen Status der kulturellen Objektivationen«. Die zuletzt angesprochene Konsequenz steht in direktem Zusammenhang mit Bürgers Verwendung des Autonomiebegriffs im Hinblick auf Kunstwerke. In Bürgers Theorie beschreibt die Kategorie Autonomie einen bestimmten Zeitpunkt in der Entwicklung der Kunst innerhalb der bürgerlichen Gesellschaft, nämlich »die Herauslösung der Kunst als einen besonderen Bereich menschlicher Aktivität aus dem Zusammenhang der Lebenspraxis«.[12] Da die theoretischen Werke Schillers und Kants eine ausschlaggebende Rolle in der Herausarbeitung dieser Ideen spielen, fällt der Beginn dieser neuen Periode mit dem Erscheinen ihrer Werke zusammen. Im Gegensatz zu Bürger, der die Begriffe Institution und Autonomie voneinander trennt, verbindet Goebel sie auf eine Art und Weise, die es unmöglich macht, den einen ohne den anderen ins Auge zu fassen. Wenn Goebel von Autonomie spricht, will er zum Ausdruck bringen, daß man offen oder verdeckt einer bestimmten gesellschaftlichen Praxis ihre eigenständige Existenz zuerkennt.[13] Das ist die notwendige Vorbedingung, damit dieser Bereich eine gewisse Macht erwerben und somit die Form einer Institution annehmen kann. Der Begriff Institution bringt hier eher die Idee der Macht zum Ausdruck als das Vorhandensein von Normen.[14]

Wenn man diese Autonomievorstellung der von Bürger entwikkelten gegenüberstellt, so taucht bei letzterer ein zusätzliches Moment auf. Nicht nur wird dem Bereich der Literatur eine eigenständige Existenz zuerkannt, *darüber hinaus* findet sich die Idee einer Distanzierung gegenüber der von Bürger so genannten »Lebenspraxis«. Dieses Moment hat aus verständlichen Gründen in der Perspektive von Goebel keinen Platz. Für sein Fehlen ist nicht etwa ein Mangel an Scharfsichtigkeit des Interpreten verantwortlich, sondern die historische Situation selbst. Anders gesagt: wenn man den Autonomiebegriff bei der Beschäftigung mit der Aufklärung verwendet, ist folgende Präzisierung geboten: es ist nur die Rede von der Literatur als eigenständigem Bereich menschlicher Aktivität, die deshalb in der Lage ist, eine gewisse Macht auszuüben. Es handelt sich *noch nicht* um einen Bereich, der sich in einem radikalen Bruch mit der Lebenspraxis befindet. Die Erforschung der französischen Aufklärung kann diese Tatsache nicht unberücksichtigt lassen.

Betrachtet man die von Goebel aufgestellte Hypothese bezüglich der Institutionalisierung der Literatur im 18. Jahrhundert, ergibt sich ein neues Problem. Wie bereits festgestellt, institutionalisiert sich nach Goebel die Literatur in dieser Epoche als ein besonderer Bereich menschlicher Aktivität. Damit ist die notwendige Vorbedingung genannt, der Hintergrund sozusagen, vor dem sich der Konflikt Engagement/Autonomie abspielt. Diese Erklärung fordert Widerspruch heraus, weil sie davon ausgeht, daß die Literatur als Institution unverändert bleibt. Tatsächlich aber muß man, da es sich hier um ein Phänomen des Überbaus handelt, die Literatur als Institution in ihrer Beziehung zu anderen Institutionen sehen. Dabei wird man nicht umhin können festzustellen, daß diese Beziehung Veränderungen ausgesetzt ist, die ihrerseits Umwälzungen in der Institution Literatur hervorrufen. Um eine Hypothese bezüglich der Natur dieser Veränderungen aufzustellen, ist es notwendig, wieder den Begriff von Literatur als von der Lebenspraxis abgehobenem Bereich einzuführen. Hans Sanders hat schon auf das Problem hingewiesen, das durch den Gebrauch des Begriffs »Lebenspraxis« in einer globalen Bedeutung aufgeworfen wird. Als Lösung schlägt er vor, den Terminus »Lebenspraxis« in seinen politischen, ökonomischen und gesellschaftlichen Aspekt aufzuteilen.[15] Die von Sanders aufgezeigte Problematik, die in der Gegenüberstellung eines präzisen Begriffs »Literatur« und eines vagen Begriffs »Gesellschaft« gründet, bleibt jedoch weiter bestehen. Macht man sich aber klar, daß der Terminus Institution dem Bereich des Überbaus angehört, nimmt der Ausdruck »abgehoben von der Lebenspraxis« eine andere Bedeutung an. Macht es nicht den spezifischen Charakter jeder Institution als Phänomen des Überbaus aus, sich in einer relativen Distanz zur Basis zu befinden? Man könnte also sagen, daß im 18. Jahrhundert die Tatsache der Institutionalisierung der Literatur selbst die Idee von einer Distanz zwischen Literatur und Lebenspraxis hervorbringt; und zwar in dem Maße, wie sich innerhalb der Institution Platz findet für Ideen, die in der Realität des Alltags noch nicht verwirklicht worden sind (Utopie). In diesem Sinne wäre die Literatur als Institution nicht mehr abgehoben von der Lebenspraxis als z. B. die Justiz; sie würde aber auch nicht mehr mit der Lebenspraxis zusammenfallen, wie das noch im 17. Jahrhundert der Fall war. Man stößt hier wieder auf die von Goebel entwickelte These, daß der Literatur Eigenständigkeit zuerkannt wird.

Nun stellt sich die Frage, welche Entwicklungen im 18. und 19. Jahrhundert das Aufkommen der Idee bedingen, es handle sich nicht mehr um Distanz, sondern um einen radikalen Bruch. Der Versuch einer Antwort muß auf zwei Momente im Prozeß der Autonomisierung eingehen. Das erste (die Vorstellung von Distanz im Zusammenhang mit jedem Phänomen, das nach Institutionalisierung drängt) haben wir bereits entwickelt. Das zweite ließe sich finden in der Radikalisierung der Trennung zwischen Literatur und Gesellschaft, wobei das Wort Gesellschaft hier die Gesamtheit der Institutionen bezeichnet, die den Überbau einer vorgegebenen Gesellschaftsformation ausmachen. Das heißt konkret, daß im 18. Jahrhundert die Literatur Synonym für die Gesellschaft (in diesem Sinne) war, und zwar in dem Maße, wie sie als »Superinstitution« alle anderen Institutionen umspannte.[16] Im 19. Jahrhundert wäre dann die Trennung zwischen Literatur und Gesellschaft das Resultat einer Reduzierung der Literatur auf eine weniger machtvolle Institution, d. h. eine Institution, die nicht mehr das Privileg besaß, andere Institutionen zu subsumieren. Man könnte hinzufügen, daß die Beschränkung des Objektbereichs der Institution Literatur auf das rein Ästhetische einhergeht mit einer Machtminderung der Institution. Mit dem Ästhetizismus wäre dann diese schrittweise Entwicklung des zunehmenden Machtverfalls an ihr Ende gelangt. In diesem Zusammenhang muß das Engagement-Konzept Sartres als Bemühen gewertet werden, verlorenes Terrain wiederzugewinnen und die Autorität wiederherzustellen, derer die Institution Literatur im Laufe des 19. Jahrhunderts verlustig gegangen war.

Einerseits scheint also der von Goebel entwickelte Zusammenhang von Institution und Autonomie für die Untersuchung literarischer Phänomene im 18. Jahrhundert wichtig; andererseits hat sich herausgestellt, daß diese Begriffe, mit denen sich nicht die Veränderungen im Literaturgeschehen des 19. Jahrhunderts erfassen lassen, wenig geeignet sind für den Umgang mit dem Problem, das in den Arbeiten Sartres über das Engagement der Literatur aufgeworfen wird. Diese Schwierigkeit wird da besonders deutlich, wo Goebel Mercier und Sartre in eine Linie stellt, denn dies ist nur möglich, wenn man einen gleichsam ahistorischen Begriff von Engagement zugrunde legt. Was unter Engagement zu verstehen ist, muß jedoch notwendigerweise von der jeweiligen historischen Situation abhängig sein. Daher muß auf den historisch bedingten Unterschied zwischen Mercier und Sartre hingewiesen werden, der sich z. B. in einer unterschiedlichen Einschätzung des Machtpotentials manifestiert, über das der Schriftsteller verfügt. Sartre will mit seinem Verständnis von Engagement dem Schriftsteller die Macht zurückgeben, die man ihm im Verlauf der Entwicklung der bürgerlichen Gesellschaft streitig gemacht hat, während Mercier versucht, die im Entstehen begriffene Macht zu »kanalisieren«. Dieser Wandel in der Beurteilung der Macht des Schriftstellers muß in Parallele gesetzt werden zu der Veränderung des Status der Institution Literatur, die sich im Überbau vollzieht und die Entwicklung der bürgerlichen Gesellschaft begleitet. Geht man davon aus, daß der Begriff Engagement sich mit der Institution verändert, dann kann man es nicht für wahrscheinlich halten, daß die Beziehung Engagement–Autonomie konstant bleibt. Wenn darüber hinaus der Autonomiebegriff zwei Momente aufweist, dann ist es sicher legitim anzunehmen, daß dies auch bei dem Begriff Engagement der Fall ist. Anders gesagt: man könnte Mercier nur ein Sartre ähnliches Engagement bescheinigen, wenn er versucht hätte, seine Vorstellung von Literatur im Gegensatz zu einer Literaturkonzeption zu entwickeln, die sich ausschließlich auf das Ästhetische beschränkt. Unsere Differenzierung des Autonomiebegriffs läßt uns daran zweifeln, daß dies der Fall ist. Eine intensivere Beschäftigung mit den Ausführungen Merciers in seinem Aufsatz *De la Littérature et des Littérateurs* dürfte diese These bestätigen.

Anmerkungen

1 G. Goebel, *Literaturgeschichte als Geschichte des Literaturbegriffs, an französischen Beispielen des 20. Jahrhunderts,* in: R. Klöpfer (Hg.), *Bildung und Ausbildung in der Romanistik,* München 1979, 211-223.

2 Vgl. Goebel, *»Literatur« und Aufklärung,* in diesem Heft, 80.

3 Geneviève Bollème, *Dictionnaire d'un polygraphe* (coll. 10/18, Nr. 233), Paris 1978.

4 R. Williams, *Marxism and Literature,* Oxford 1977, 46.

5 Vgl. ebd., 48.

6 L. S. Mercier, *De la Littérature et des Littérateurs* (1778), Genf (Slatkine Reprints) 1970, 6.

7 Mercier (s. Anm. 6).

8 Vgl. M. Fontius, *Literaturkritik im »Zeitalter der Kritik«,* in: W. Schröder (Hg.), *Französische Aufklärung,* Leipzig 1974, 397: »Neben dem von den ›angenehmen Empfindungen‹ des bürgerlichen Individuums geprägten Literaturbegriff kennt die Aufklärung den umfassenderen, für den noch die ›Wechselbeziehungen zwischen Dichtung und Wissenschaften‹ als konstituierend anzusehen sind.«

9 Vgl. das Lob der Druckkunst bei Mercier (s. Anm. 6), 18 f.: »Le plus beau don que le Ciel, en sa clémence, ait fait à l'homme, changera bientôt la face de l'Univers; l'Imprimerie verra sortir de ses cases étroites, les idées grandes et généreuses aux-

quelles il sera impossible que l'homme résiste ...«.

10 Vgl. Mercier (s. Anm. 6), 59 f.: »Compose-t-on un bon livre: un bon livre n'est ni volumineux, ni jeté à la hâte; un tel livre sera nécessairement le fruit de plusieurs années de méditation et de travail. Après mille difficultées surmontées (car l'ouvrage fait, l'impression est une autre besogne) le Livre paroît.«

11 Vgl. P. Bürger, *Institution Kunst als literatursoziologische Kategorie [...]*, in: ders., *Vermittlung – Rezeption – Funktion. Ästhetische Theorie und Methodologie der Literaturwissenschaft*, Frankfurt 1979 (stw 288).

12 P. Bürger, *Theorie der Avantgarde*, Frankfurt 1974 (es 727), 49.

13 Vgl. Goebel, in diesem Heft, 80 und 82.

14 In ähnlicher Weise will J. Dubois den Begriff Institution verstanden wissen, er bezieht sich dabei allerdings auf das 19. Jahrhundert: »L'autonomie est donc la condition primordiale du fait institutionnel. On pourrait dire qu'il y a institution à partir du moment où un corps d'agents sociaux est assez puissant pour affirmer la ›spécialité‹ de sa pratique et faire admettre un exercice indépendant de celle-ci.« (*L'institution littéraire: Autonomie relative et facteurs de destruction*, unveröffentlichtes Manuskript.)

15 Vgl. H. Sanders, *Institution Literatur und Roman. Zur Rekonstruktion der Literatursoziologie*, Frankfurt 1981 (es 668), 29.

16 Vgl. hierzu die Bemerkung von Goebel (in diesem Heft, 83): »›Die Institution Literatur‹ ist also im Grunde eine mehrere Institutionen tangierende und übergreifende Institution, die in ihrer ideellen Dimension die gesamte schriftsprachlich gebildete Öffentlichkeit involviert.« – Zu dem gleichen Ergebnis gelangt auch W. Schröder in seinem Aufsatz *Literatur und revolutionäres Bewußtsein in der französischen Aufklärung* (in: *Weimarer Beiträge* 16, 1970, H. 5, 86): »Im 18. Jahrhundert ist der Überbau der Gesellschaft ganz und gar von Literatur erfüllt.«

Christa Bürger

Philosophische Ästhetik und Populärästhetik

Vorläufige Überlegungen zu den Ungleichzeitigkeiten im Prozeß der Institutionalisierung der Kunstautonomie

1. Arbeitshypothesen

Für eine institutionssoziologische Problemstellung, die danach fragt, wie die Vorstellung von der Autonomie der Kunst zur herrschenden hat werden können, stellen die Populärästhetiken des 19. Jahrhunderts ein wichtiges Korpus von Dokumenten dar.[1] Nicht als ein defizienter Modus ästhetischer Theoriebildung rükken sie hier in den Blick, sondern als Zeugnisse, mit deren Hilfe sich der Prozeß der Institutionalisierung der Autonomieästhetik rekonstruieren und deren immanente Widersprüchlichkeit deutlicher erkennen läßt. Obwohl das damit angedeutete Frageinteresse sich nicht auf eine Unterscheidung von philosophischer Ästhetik und Populärästhetik richtet, mag es nützlich sein, an die in der Philosophiegeschichtsschreibung des 19. Jahrhunderts gängige Unterscheidung zu erinnern. Der erste Herausgeber von Solgers *Vorlesungen über Ästhetik* faßt den Unterschied zwischen »echt wissenschaftlicher Behandlung der philosophischen Kunstlehre« und den »zahlreichen Handbüchern für Ästhetik, die jede Messe bringt« folgendermaßen:

> Bei dem herrschenden haltungslosen Kunstgeschwätz unserer Zeit, dem gierigen Auffangen und bequemen Wiederkäuen einzelner von geistreichen Männern ausgesprochenen Bemerkungen mag eine tiefer eingehende, nach dem Zusammenhang eines Systems strebende Darstellung des Ganzen dieser Wissenschaft als ein kräftiges Gegengift wenigstens für diejenigen von guter Wirkung sein, bei denen noch Heilung möglich ist.[2]

Die hier vorgenommene Unterscheidung ist eine wertende; sie faßt die Populärästhetiken als Verfallsform philosophischer Ästhetik auf. Trotzdem macht sie einen Unterschied in der Sache namhaft, den zwischen der Erörterung einzelner Begriffe und dem Zusammenhang eines Systems. Während der Solger-Herausgeber offenbar an den systematischen Zusammenhang der in der Ästhetik entfalteten Begriffe denkt, hat in der Philosophie des deutschen Idealismus die Ästhetik noch einen anderen Bezug zum Begriff des Systems. Sie wird nämlich als der Teil des philosophischen Systems bestimmt, dem die Lösung der Subjekt-Objekt-Problematik zugewiesen wird. Kants Interesse an der Ästhetik hat ihren Grund in der »unübersehbaren Kluft« zwischen den Bereichen von Natur und Freiheit, von theoretischem Verstand und praktischer Vernunft. Wenn beide »Gebiete« radikal voneinander geschieden sind, wie kann dann die praktische Vernunft ihre Zwecke »in der Sinnenwelt wirklich machen«? Dieses Problem der Vermittlung zu lösen, wendet Kant sich dem Gebiet der Ästhetik zu und entdeckt in der Urteilskraft »ein Mittelglied zwischen dem Verstande und der Vernunft«.[3] Auch bei Schelling geht es um das Problem der Vermittlung von Subjekt und Objekt, Geschichte und Natur, und auch sein Interesse an der Kunst ist dadurch motiviert, daß er in ihr die Lösung dieses zentralen Problems idealistischer Philosophie vorgezeichnet sieht:

> Die Kunst ist eben deswegen dem Philosophen das Höchste, weil sie ihm das Allerheiligste gleichsam öffnet, wo in ewiger und ursprünglicher Vereinigung gleichsam in Einer Flamme brennt, was in der Natur und Geschichte gesondert ist und was im Leben und Handeln, ebenso wie im Denken, ewig sich fliehen muß.[4]

Wenn man versucht, sich von einer vorab getroffenen Wertung freizumachen, dann legt die Lektüre der Populärästhetiken aus dem ersten Jahrzehnt des 19. Jahrhunderts den Gedanken nahe, deren Besonderheit darin zu sehen, daß sie auf die Leistung von Kunstwerken für das Subjekt abheben. So gesehen, wären dann auch Moritz und Schiller der Populärästhetik zuzurechnen, von der sie sich gleichwohl durch die utopische Ausrichtung ihres Denkens unterscheiden. Schillers Programm der ästhetischen Erziehung, das dem Menschen als Teil der Menschheitsgeschichte gilt, trägt den Charakter einer Utopie. Gegen diese utopische Radikalität der Kunstautonomie sperren sich die späteren Populärästhetiken. Sie suchen die Wirkungsmöglichkeit von Kunst in der gegebenen Realität. Zum andern wird die Trennung von Kunst und Lebenspraxis, die bei Schiller als Bestimmung des Status von Kunst gedacht ist, in den späteren Populärästhetiken im Sinne einer produktionsästhetischen Anweisung ausgelegt, indem die Forderung nach einer Idealisierung der Wirklichkeit aufgestellt wird. Gemeinsam ist beiden Problemverschiebungen (vom utopischen Entwurf zur realen Wirkung der Kunst und von der Statusbestimmung zur produktionsästhetischen Anweisung), daß sie letztlich auf eine *falsche Aufhebung* der Trennung von Kunst und Lebenspraxis abzielen. Meine Arbeitshypothese, die ich an einigen konkreten Beispielen erörtern will, lautet: die Autonomieästhetik bezahlt ihren Eintritt in die gesellschaftliche Praxis mit der Preisgabe des ihr innewohnenden Wahrheitsmoments. Anders ausgedrückt: im Prozeß ihrer Institutionalisierung löst die Ideologie der Kunstautonomie nach der Seite der Unwahrheit hin sich auf.

2. Stillstellung der Geschichte

> Die Menschheit hat ihre Würde verloren, aber die Kunst hat sie gerettet und aufbewahrt in bedeutenden Steinen; die Wahrheit lebt in der Täuschung fort, und aus dem Nachbilde wird das Urbild wiederhergestellt werden. So wie die edle Kunst die edle Natur *überlebte*, so schreitet sie derselben auch in der Begeisterung, bildend und erweckend, voran. Ehe noch die Wahrheit ihr siegendes Licht in die Tiefen der Herzen sendet, fängt die Dichtungskraft ihre Strahlen auf, und die Gipfel der Menschheit werden glänzen, wenn noch feuchte Nacht in den Tälern liegt.[5]

Die Autonomieästhetik teilt, so will mir scheinen, von Anfang an die Doppelgesichtigkeit der Epoche, auf die sie antwortet: zugleich *Kritik und Ausdruck* der Entfremdung. Das in ihr aufweisbare Bedürfnis einer die normativen und affektiven Probleme einer Umbruchsepoche reflektierenden bürgerlichen Intelligenz zielt auf die Bearbeitung einer entfremdeten Wirklichkeit durch geschichtsphilosophische Spekulation und durch Kunst. Aus der Erfahrung konkreter gesellschaftlicher Widersprüche entsteht das Verlangen nach einem *Standpunkt,* von dem aus der Geschichtsverlauf, in dem Zerstörung und Fortschritt notwendig miteinander verknüpft sind, als sinnvoll betrachtet und damit die Vernichtung des einzelnen auf die Entwicklung des Ganzen bezogen werden kann. Von diesem »festen Gesichtspunkt« aus lösen die »ungeheuren Dissonanzen« der umgebenden Wirklichkeit sich auf in eine »allgemeine Harmonie«.[6] Diese Sehnsuchtsarbeit der Künstler am Ende des 18. Jahrhunderts ist der Grund, der die Autonomieästhetik trägt. Die Kunst wird zum Ort einer utopischen Konstruktion, deren Überspanntheit anzeigt, daß der Widerspruch der gesellschaftlichen Wirklichkeit real nicht aufgehoben werden kann. Daher ist auch die Konstruktion stets in Gefahr, nach der Seite der Versöhnung hin sich aufzulösen.

Die Geschichte der bürgerlichen Institution Kunst/Literatur ließe sich mit einiger Berechtigung als eine Abfolge immer neuer Versuche einer falschen Aufhebung der mit der idealistischen Ästhetik gesetzten Trennung von Kunst und Lebenspraxis schreiben.[7] Das Moment der Unwahrheit, von dem die Autonomieästhetik bedroht ist, muß daher in deren immanenter Widerspruchsstruktur gründen. In der Tat weisen sich die zentralen Kategorien dieser Ästhetik als widersprüchlich aus: das Werk ist zugleich als in sich vollendetes, seinen Zweck nur an sich selbst habendes Ganzes und als Teilmoment, als instrumentalisiertes Zeichen einer Geschichtskonstruktion gefaßt. Der Rezipient ist zugleich ausgelöscht in der Betrachtung des auratischen Werks und Subjekt jener Konstruktion. Und hier, in der vom Rezipienten geforderten Haltung der Kontemplation, ist die Gefahr der Stillstellung von Geschichte am deutlichsten erkennbar:

> Was uns allein zum wahren Genuß des Schönen bilden kann, ist das, wodurch das Schöne selbst entstand: *ruhige Betrachtung der Natur und Kunst als eines einzigen großen Ganzen;* denn was die Vorwelt hervorgebracht, ist nun, mit der Natur verbunden für uns *eins* geworden, und soll, mit ihr vereint, harmonisch auf uns wirken.[8]

Karl Philipp Moritz selbst versteht seine ästhetische Reflexion als eine Methode der Wahrnehmung, die er als *negativ* bezeichnet.[9] Diese besteht darin, die Dissonanzen der Alltagserfahrung »wegzuräumen«. Natur und Gesellschaft, beide stehen gleichermaßen im Zeichen der Entfremdung: dem wahrnehmenden Subjekt erscheinen die Gesichter der Menschen als »chaotische Masse«. »Es war, als wäre über die Bildungen eine Furche hingezogen, die sie alle gleich machte. Das Bezeichnende und Bedeutende war entstellt, zerrissen.« Und auch angesichts der »großen leblosen Natur« stellt sich die Erfahrung der Dissonanz ein: »das Leere wollte die Fülle, das Chaos die Bildung verdrängen«.[10] Die Entfremdung ist das Produkt der menschlichen Kultur, in der Fortschritt und Unterdrückung notwendig verbunden sind.[11]

»Unsre neuen Ideen haben wir uns nicht sowohl durch *Bauen*, als durch Zerstören geschaffen [. . .] wir schufen uns eine Welt der Zerstörung, und betrachteten nun in der Geschichte, im Trauerspiel, und in Gedichten unser Werk mit Wohlgefallen.«[12] Aushaltbar ist die durch den Fortschritt der Kultur notwendig bewirkte Zerstörung nur in der Reflexion des den Sinn der Geschichte denkenden Subjekts: der »gegenwärtige Gedanke [. . .] ist in diesem Augenblick der Schlußstein des Ganzen, das mich umgibt«.[13]

Wo nun der »schwebend unvollendete Gedanke« Systemcharakter annimmt[14] und aus der Negativität der Methode heraustritt, liegt die Gefahr eines Umschlagens in die Affirmation nahe. Der Übergang von der ästhetischen Reflexion zu einer normativen Ästhetik läßt sich darstellen an Friedrich Asts *System der Kunstlehre* vom Beginn des 19. Jahrhunderts. Der spekulative Entwurf Asts, der eine *Bildungsgeschichte* der Kunst konstruieren will, geht aus von einem dem Moritzschen ästhetischen Verfahren durchaus vergleichbaren Wahrheitsbegriff, der in der Übereinstimmung von Realgeschichte und kategorialem Rahmen der Geschichtsschreibung gründet. Eine wichtige Einsicht der kritischen Hermeneutik ist hier vorweggenommen, daß die Kategorien einer Wissenschaft auf den Entwicklungsstand ihrer Gegenstände bezogen sein müssen. Dieser Einsicht folgend, versteht Ast seine Bildungsgeschichte der Kunst als die Darstellung der Entsprechung von ästhetischer Theorie und der historischen Abfolge der Kunstepochen.[15]

In der Vergangenheit war Bildung nur als subjektive möglich, d. h. nur vereinzelten (privilegierten) Individuen erreichbar; in der Gegenwart als der Endstufe in der Geschichte der Bildung wird diese allgemein, Besitz der Gattung.

> Denn so wie das wahre Princip jeder Bildung dieses ist, daß der Mensch sich selbst und seine eigne Kraft erkenne, um sich mit Freyheit zu dem zu bilden, was er sein kann und soll, so muß sich, wenn diese Bildung durch philosophische Selbsterkenntnis allgemein wird, aus der Gemeinschaft und Vielheit so gebildeter Individuen ein gebildeter Staat entwickeln, durch welchen die Bildung des Einzelnen in der Gesamtheit objektiviert wird.[16]

Diesem Gang der Bildung entspricht auch die Geschichte der Kunst, die Ast auf der Ebene des ästhetischen Denkens und der des künstlerischen Materials verfolgt. Die Entwicklung des ästhetischen Denkens führt von der Phase der *Autorität*, d. h. einer die

Antike zum Muster erhebenden Regelpoetik, zur Phase der *Genialität,* d. h. zur Autonomieästhetik.[17] Die Entwicklung des künstlerischen Materials läßt Ast im Roman enden. Im Roman tritt die Parallelität von Geschichte und philosophischer Ästhetik in Erscheinung: unter dem Aspekt der Form als freie Verfügung über die in andern Gattungen entwickelten Darstellungsweisen; unter dem Aspekt der geschichtlichen Entwicklung als Vereinigung von Antike und Romantik (d. h. von christlicher Kunst). Der Roman ist daher »das Eigenthum der neueren Welt, aber zugleich eine Durchdringung und Zurückbildung in die alte«.[18]

Durch den Roman also, in welchem sich alle Gattungen und Formen der Kunst zur Absolutheit durchdringen, stellt sich die Poesie selbst in der Unendlichkeit ihrer Elemente, in ihrem reichen und harmonischen, zur Vielheit aus der Einheit zurückgebildeten Leben, selbst als ein Epos dar, aber als ein verklärtes [. . .]. Und so kehrt durch den Roman die Poesie selbst zum Epos, d. i., zur Gesamtheit und Totalität gebildet, in ihren Anfangspunkt zurück, und der Kreis ihrer Bildungen schließt sich in ihrer eignen Absolutheit.[19]

So gelesen erscheint der Begriff der Autonomie des Subjekts als die Leitvorstellung der Astschen *Kunstlehre.* Man würde allerdings fehlgehen, wollte man annehmen, diese ziele ab auf die Freiheit der Individuen gegenüber tradierten ästhetischen Normvorstellungen und im Bereich des künstlerischen Materials auf freie (ungebundene) Formen. Die *Kunstlehre* scheint mir vielmehr geprägt von der eigentümlichen Ambivalenz der idealistischen Ästhetik. Indem nämlich Ast das Kunstwerk als Moment einer gesetzmäßigen Bildungsgeschichte bestimmt, setzt er zugleich dessen Normen: Harmonie und Organizität. »Die Kunst, die mit der Freyheit beginnt, reißt ein Glied aus dem Zusammenhange des Ganzen heraus und stellt es nach dem Bildungsgesetze des Universums organisiert und vollendet dar, so daß es ein Sinnbild des Unendlichen wird.«[20] Die nicht aufgelöste Spannung zwischen Freiheit (d. h. in unseren Begriffen: Verfügung über die Formen ästhetischer Wirklichkeitsbearbeitung) und Bildungsgesetz weist auf die Affinität der Autonomieästhetik zu einem normativen Werkbegriff.

So viel wird deutlich geworden sein: der Rang und die Intensität der Astschen *Kunstlehre* verbietet eine Betrachtungsweise, die sich mit der Bestätigung der vorab angenommenen Dichotomie von hoher und niederer/populärer Ästhetik begnügt. Zu fragen ist vielmehr nach den Bedeutungsverschiebungen, welche die Autonomieästhetik im Prozeß ihrer Institutionalisierung erfährt. Bisher ist erkennbar geworden, daß der Widerspruch zwischen Freiheit (von den Zwängen der Wirklichkeit) und der Normativität (Festlegung des Kunstwerks auf organische Totalität) der Autonomieästhetik inhärent ist.

3. Das Ideal und das Leben

> Aber in den heitern Regionen,
> Wo die reinen Formen wohnen,
> Rauscht des Jammers trüber Sturm nicht mehr.[21]

Wo die Trennung zwischen Kunst und Leben, welche den Wahrheitsanspruch der idealistischen Ästhetik begründet, nicht ausgehalten wird, muß dieser sich auflösen, und zwar in dem Maße, wie die Radikalität der Trennung in Frage gestellt ist. In der Tat tritt sehr bald der Gedanke einer »Vermittlung« auf (der Begriff darf hier nicht im Hegelschen Sinn gelesen werden): »Eine reine und totale Absonderung von der Wirklichkeit ist also weder möglich noch denkbar [...]. Trachtete nicht immer der Mensch, beide Extreme, welche eine solche Trennung nothwendig herbeiführen würde, zu vermitteln und immer näher zu bringen, so würde das Leben ohne Wirksamkeit sein, oder die Wirklichkeit des inneren, höheren Princips des Lebens entbehren.«[22] Die Populärästhetiken sehen das Ziel der Kunst darin, den einzelnen mit den Widersprüchen der Wirklichkeit zu versöhnen. Der Kunst kommt in der modernen Gesellschaft, die im Zeichen der Entzweiung steht, die Aufgabe der Vermittlung zu.

Diese der Kunst jetzt zugewiesene Aufgabe läßt sich beobachten im Bereich der Produktion, am Werkbegriff und in der Rezeptionsauffassung. »So wird der Dichter [...] Schöpfer einer höheren Welt, in welcher das Widersprechende, Grundlose, Zufällige der Wirklichkeit verbannt wird, und in welcher alles nach den ewigen Gesetzen des Verstandes sich harmonisch und planvoll bewegt.«[23] Der Produzent, einzig »den ewigen Gesetzen des Schönen« verpflichtet[24], hat die Wirklichkeit zum Ideal zu verklären. Die künstlerischen Verfahrensweisen werden instrumentalisiert zu Mitteln, »um den Gegensatz [sc. von Ideal und Wirklichkeit] aufzuheben«, damit »das Irdische sich darstelle *als* göttlich«.[25] Von der Erfahrungswelt sich freimachend, muß der Künstler den Widerspruch und den Zufall aus dem Werk tilgen. »Das Ideal entlehnt von der Wirklichkeit die bestimmten Formen, unter welchen es hervortritt; die Wirklichkeit, indem das Ideal in sie eindringt, erscheint bedeutungsvoller und verklärt.«[26]

Auch dort, wo die Autoren die Wirkung von Kunstwerken beschreiben, läßt sich dieselbe Tendenz zur Festlegung der Kunst auf die scheinhafte Erzeugung harmonischer Wirklichkeitsmodelle beobachten. Die Kunst gewährt dem einzelnen eine auf den Augenblick des Kunstgenusses beschränkte Entlastung vom Druck der Wirklichkeit (von der »drückenden Wahrnehmung« des »Abstands der Wirklichkeit vom Idealen«).[27] »Sobald die Seelenvermögen harmonisch zusammenwirken, entsteht eine behagliche – das Lebensgefühl erweckende und unterhaltende – Thätigkeit der Seelenkräfte, welche nothwendig unmittelbar ästhetisch gefällt.«[28] Das hier formulierte Harmoniegesetz weist der Kunst eine therapeutische Aufgabe zu. Die Kunst vermag alle Dissonanzen der wirklichen Welt und die Bewegungen im Innern des Menschen aufzulösen.[29] Berührt von »jenem leisen unnennbaren Hauch« des Schönen, findet der einzelne in der Kunst die »Befriedigung für jede schönere Sehnsucht«.[30] Das utopisch Drängende, das Moment des Protests gegen die elende Verfassung der Welt, welches das Wahrheitsmoment der bürgerlichen Kunstideologie ausmacht, ist hier getilgt, die Klage über die Entfremdung des Menschen verstummt. Die Dialektik von Kritik und Affirmation löst sich damit auf nach der Seite der bloßen Versöhnung.

Unsere eingangs formulierte Hypothese läßt sich nunmehr konkretisieren: Die Instrumentalisierung der Kunst zu einem Raum der Versöhnung hat einen normativen Werkbegriff im Gefolge. Aus der Trennung von Kunst und Leben wird eine produktionsästhetische Anweisung abgeleitet, derzufolge das Werk idealisierte Wirklichkeit darzustellen hat. Dieses Idealisierungspostulat funktioniert zugleich als Kriterium für die Bewertung von Einzelwerken und ist insofern auch als Ausgrenzungsregel verwendbar.

Nur das organische Kunstwerk, dem die Bestimmungen der Harmonie und Wahrheit zugesprochen werden können, darf Anspruch auf kanonischen Rang erheben.[31] Idealisierung heißt das

Verfahren einer Kunst, die »nicht die gemeine Natur [wählt], sondern eine Höhere«. Die Kunst besteht in der Negation der Alltagserfahrung, indem sie »verschönt«.[32] »Die ästhetische Wahrheit steht unter dem Gesetz der Würde.«[33] Erst wenn am Werk die Spuren der Arbeit gelöscht sind und der Stoff der Wirklichkeit aufgezehrt, gehört es zum Reich des Schönen.[34] Der Rang des Kunstwerks bemißt sich nach dem Grad seiner Heiterkeit, d. h. nach seiner Entfernung vom »Gemeinen«. »Der Strom der Dichtung muß leichttragend dahin gleiten mit dem leichten Fahrzeug, zu viel Ballast senkt den Kahn zu Boden.«[35]

Als Ausgrenzungsregel wird das Idealisierungspostulat angewendet in der Auseinandersetzung mit der Unterhaltungsliteratur[36] und mit der politischen Dichtung.[37] Darüber hinaus behindert es die Ausbildung einer realistischen Literatur in Deutschland. Wenn, wie bereits Zahl und Auflagenhöhe der Populärästhetiken es nahelegen, diesen eine wichtige Rolle bei der Institutionalisierung der Autonomieästhetik zukommt, so darf die These einige Plausibilität für sich beanspruchen, welche besagt, daß die Ausbildung eines realistischen Dramas in Deutschland an dem Widerspruch zwischen dem wachsenden Bedürfnis nach Auseinandersetzung mit der Wirklichkeit und dem normativen Kunstbegriff, d. h. dem Idealisierungspostulat, der nachidealistischen Ästhetik hat scheitern müssen: »poetische Wahrheit« und »wirkliches Leben« stehen unversöhnbar gegeneinander.[38] Und Fontane gelingt noch am Ende des 19. Jahrhunderts »die Vereinigung von realistischer Weltauffassung und idealer Tendenz« nur um den Preis der Verklärung, d. h. der Verdrängung gesellschaftlicher Widersprüche und Entfremdungserfahrungen.[39] Fontanes um den Humor zentrierte romanpoetologische Reflexionen lesen sich wie die Ausformulierung eines bereits am Anfang des Jahrhunderts entworfenen Programms: Der echte, und d. h. verklärende Realismus muß Fontane zufolge zugleich schön sein. Zur Verwirklichung dieser Forderung dient ihm das Verfahren des Humors. Der Roman, so lautet das Idealisierungspostulat in einem Lehrbuch der Ästhetik von 1808, soll die Wirklichkeit zur Poesie »verklären«. Und auch hier spielt der Humor eine wichtige Rolle, schon hier gilt er als *das* Kunstmittel, mit dessen Hilfe sich die Vereinigung der als getrennt gedachten Sphären (»täuschend«) darstellen läßt.[40]

Wenn im Prozeß der Institutionalisierung der Autonomieästhetik die Umsetzung einer Statusbestimmung in eine produktionsästhetische Anweisung erfolgt, derzufolge die Kunst den Alltag zu idealisieren hat und im Kunstwerk das Leben als poetisch *erscheinen* soll, so läßt dies eine schwer zu übersehende Affinität dieser Ästhetik zu einem normativen Begriff des Kunstwerks erkennen. Die in der Autonomieästhetik ausgehaltene Spannung zwischen institutionellem Rahmen und Werksgehalt wird aufgelöst zugunsten einer problematischen Darstellung idealer Wirklichkeit, in der die Spannung zusammenschrumpft zum Gegensatz von »höherem« und »gemeinem« Leben. Dieses Verfahren der Idealisierung des Alltags weist auf die in der Autonomieästhetik selbst bereits angelegte Tendenz zur falschen Aufhebung der Trennung von Kunst und Leben.

In der an die »Kunstgläubigen« gerichteten Forderung, das eigene »Leben zum Kunstwerk auszubilden«, bekennen die Populärästhetiken in der ersten Hälfte des 19. Jahrhunderts diese falsche Aufhebungstendenz ein. Nicht reflektieren soll man über das Leben, vielmehr es betrachten wie ein Kunstwerk, d. h. »das Einzelne im ew'gen Streit begriffene [. . .] untergehen zu lassen in der Totalität«. Dann kann man das Leben »lieben«, wenn man es »anschaut« »in seiner Gesammtheit«.[41] Die hier sich äußernde Sehnsucht, das Leben in Kunst aufgehen zu lassen, scheint mir die Grundlage für ein äußerst problematisches und historisch folgenreiches Verfahren: Die Entfremdungskritik der Autonomieästhetik (die Kritik an einer durch das Prinzip der Zweckrationalität deformierten Wahrnehmung) wird in eine praktische Anweisung zu ästhetischer Lebensführung übersetzt. »Ästhetische Bildung« ist jetzt nicht mehr Sache der Kunstrezeption, sondern individuelle Lebensform. Damit wird die ästhetische Kategorie des Scheins als praktische vindiziert.[42]

4. Vermittlung und Einbürgerung

> Es gibt eine höhere Kritik als die eurige, die echt deutsche, vermittelnde meine ich, die nicht bloß zu streiten, sondern im Streite selbst zu versöhnen weiß.[43]

Innerhalb der aufklärerischen Institution Literatur erfüllt der Rezipient eine doppelte Rolle. Er hat zum einen Anteil an der öffentlich geführten Diskussion über Normen des zwischenmenschlichen Zusammenlebens und der gesellschaftlichen Ordnung. Zum andern ist er auch Adressat normativer Gehalte, die durch die Werke vermittelt werden. Dabei ist der Rezipient stets als ein mit anderen Mitgliedern der literarischen Öffentlichkeit in Interaktionsprozessen stehendes Subjekt und nicht als isoliertes Individuum aufgefaßt. Dies ändert sich mit der Institutionalisierung der Autonomieästhetik, die den Rezipienten als vereinzeltes Individuum sieht, der in kontemplativer Versenkung vor dem Kunstwerk verharrt. Dieses erhält zugleich den Status eines höheren Daseins, in dem die eingeschränkte Subjektivität des Betrachters aufgeht: »Von sterblichen Lippen läßt kein erhabneres Wort vom Schönen sich sagen als: *es ist.*«[44] Wenn die mit der Autonomiesetzung der Kunst einhergehende Auratisierung das Kunstwerk dem Zugriff einer kritischen Öffentlichkeit entrückt, so läßt sich doch zugleich eine paradoxe Verschiebung des Rezeptionsinteresses beobachten, das sich vom Werkgehalt auf die Subjektivität des Rezipienten verlagert. So scheint der Auratisierung des Kunstwerks die Vernichtung von dessen Gehalt zu entsprechen. Abgetrennt von der literarischen Öffentlichkeit richtet sich das Bedürfnis nach einem Sinn auf die Subjektivität eines aus gesellschaftlichen Beziehungen herausgelösten Individuums. In der Erhebung des »Kunstfreunds« zur Instanz der Bedeutungsproduktion im Akt der Rezeption gewinnt die Kantische Entscheidung, das Geschmacksurteil, nicht das Kunstwerk selber, zum Gegenstand der Untersuchung zu machen, eine inhaltliche Bestimmung. Im Anschluß an Kantische Formulierungen folgert Delbrück aus der Definition des ästhetischen Wohlgefallens als »freyes und doch regelmäßiges Spiel der Phantasie in Einstimmung mit dem Verstande«, »daß das Schöne nicht sowohl in dem Kunstwerke vorhanden ist, als vielmehr in dem Geiste desjenigen, der es betrachtet« und daß es daher »jedes Mal neu und ursprünglich aus dem Gemüthe hervorgeht«.[45] Und etwas vorsichtiger argumentiert Luden: »Weil das Schöne Erscheinung des Idealen im Realen ist, zu jeder Erscheinung aber zwei gehören, das, welches erscheint, und das, dem erscheint [. . .], so liegt das Schöne *nicht im Kunstwerke allein,* sondern *in der Mitte zwischen* dem Kunstwerke und dem Kunstfreunde.«[46]

Aus dieser Verschiebung des Rezeptionsinteresses vom Werkgehalt (der als eine bestimmte Antwort auf eine historisch-gesellschaftliche Situation gedeutet werden müßte) auf ein vereinzeltes Rezeptionssubjekt ergibt sich eine Auffassung vom Kunstwerk, welche dieses auf Unbestimmtheit festlegt. Dieser rezeptionsästhetische Werkbegriff kann ebenfalls als Ausgrenzungsregel funktionieren.[47] »Der Dichter entzückt uns nicht nur durch das, was er sagt, sondern durch das, was wir hinzudenken, nicht durch die Uebereinstimmung seiner Bilder mit der Erfahrung, sondern dadurch, daß er uns über die Erfahrung hinaus in das Reich der Ideen führt.«[48] Indem das Prinzip der *Andeutung* gegenüber dem der Beschreibung privilegiert wird, ergibt sich ein Werktypus, welcher »der Phantasie ein[en] unendlichen Spielraum eröffnet, worin sie frey und grenzenlos sich bewegen kann«.[49] Der ästhetische Wert eines Kunstwerks bemißt sich hier nach dem Grad der Unbestimmtheit. Als Nicht-Schönes werden diejenigen Werke ausgegrenzt, welche nichts enthalten, was die Phantasietätigkeit des Rezipienten »produktiv« machen könnte.[50]

Die rezeptionsästhetische Auffassung der idealistischen Ästhetik stützt einmal die bereits bei den Weimarer Klassikern stark ausgeprägte elitäre Publikumsauffassung. In der Tat setzt die Fähigkeit zur Rezeption von Kunstwerken eine entwickelte ästhetische Kompetenz bzw. angeborenen »Kunstsinn« voraus.[51] Die individuelle Bedeutungsproduktion des durch das Kunstwerk »schöpferisch gemachten« Rezipienten ist abhängig von dessen kulturellem Vorwissen und seinen Erfahrungsmöglichkeiten.[52] Die ästhetische Kompetenz eines Individuums, einer Gruppe, eines Volkes ist das Produkt von Arbeit; seine Verteilung folgt aber dem allgemeinen Gesetz der bürgerlichen Gesellschaft, die geprägt ist vom Gegensatz von arbeitender Klasse und kultureller Elite, von Gebildeten und Ungebildeten.

Das von den Populärästhetiken propagierte Rezeptionsverfahren erwartet vom Kunstwerk einzig das Gefühl einer auf den Augenblick der Rezeption beschränkten Freiheit, die das vereinzelte Subjekt selbst zum Inhalt und Ziel hat:

> Indem [der Dichter] die Einbildungskraft von den Fesseln befreyt, welche die täglichen Sorgen, Geschäfte und Leidenschaften ihr anlegen, indem er so unser stockendes Innere in eine freye harmonische Thätigkeit setzet: verschafft er uns ein helles Anschauen unserer Selbst.[53]

Die rezeptionsästhetische Auffassung der Kunstautonomie führt also zum andern zu einer Einebnung der Spannung zwischen institutionellem Rahmen und Werkgehalt. Eine diese Spannung aushaltende Rezeption hätte am Kunstwerk auch dessen Kraft der Negation freizulegen.

Die Projektion des Gehalts der Einzelwerke in die Subjektivität des Kunstrezipienten läßt durchaus nach zwei Seiten hin sich verstehen. Die im Prozeß der Institutionalisierung der Kunstautonomie sich abzeichnende Bedeutungsverschiebung vom Werk auf den Rezipienten enthält die Möglichkeit, daß dieser den im Kunstwerk eingelagerten kritischen Gehalt freisetzt, daß er das Einzelwerk aktualisiert. Andererseits scheint jedoch die Annahme einer Vielzahl individueller Rezeptionserlebnisse, denen eine ebenso große Vielzahl von Werk-Bedeutungen entsprechen soll, auch geeignet, den gesellschaftlichen Gehalt der Werke zum Verschwinden zu bringen. Im folgenden will ich versuchen, an der Rezeptionstheorie von Adam Heinrich Müller die Problematik dieser rezeptionsästhetischen Auslegung der Kunstautonomie zu verdeutlichen.

Müllers Rezeptionstheorie will verstanden sein als Antwort auf eine historisch-gesellschaftliche Erfahrung: die politische und geistige Zerrissenheit Deutschlands in einem der für die preußische Geschichte dunkelsten Augenblicke. Die geistige Situation seiner Zeit sieht Müller, als er 1806 seine Vorlesungen über die Entwicklung der deutschen Literatur hält, als bestimmt durch »ein innres Verlangen nach allgemeiner Harmonie«.[54] Dieses Verlangen auf seinen Gegenstandsbereich übertragend, sucht Müller nach einem Prinzip, das ihm erlaubt, eine universale, Antike und Christentum zur Einheit bringende europäische Kultur zu denken. Dieses Prinzip findet er in dem Kategorienpaar *Vermittlung* und *Einbürgerung*, die erste als unmittelbarer Ausdruck jenes Bedürfnisses nach Einheit und Harmonie, die zweite in der Auseinandersetzung mit gegensätzlichen zeitgenössischen Traditionskonstruktionen gewonnen. Die Rezeptionstheorie Müllers ist zentriert um das Problem, wie die kulturelle Vergangenheit derart in die Gegenwart aufgenommen werden kann, daß es weder zum Kontinuitätsbruch kommt, noch zu einer bloßen Einordnung in eine Tradition, deren Geltungsanspruch nicht untersucht wird. Weder als normsetzende Autorität noch als barbarische Vorzeit soll die Vergangenheit der jeweiligen Gegenwart entgegentreten, vielmehr soll jene in dieser aufgehoben sein. Nicht gelöst scheint Müller das Problem in der kritischen, aber ebensowenig in der historischen Kritik. Die kritische Kritik, die er der französischen

Kultur zuordnet, geht von Autoritäten und Regeln aus, auf die sie ihre Urteile gründet; die historische Kritik, der herrschende Denktypus der englischen Kultur, behandelt die Produkte der Kunst wie Naturerzeugnisse und verwirft Regelzwang oder normative Instanzen im Namen der Natur. Beide Auffassungen von Kritik können das von Müller aufgeworfene Problem nicht lösen, beide sind einseitig, im strengen Wortsinn, insofern sie nur entweder die Seite der Norm oder die der Ungebundenheit sehen. Müller sucht nach einem übergeordneten Standpunkt, von dem aus Freiheit und Gesetz, d. h. die positiven Momente der entgegengesetzten Richtungen, in Übereinstimmung gebracht, die negativen (Willkür, Regelzwang) abgestoßen und »das Ganze, der Staat der Literatur« als in stetiger Entwicklung begriffen, erfaßt werden kann.[55] In der allererst in Ansätzen entwickelten deutschen Kritik nun entdeckt Müller, was er sucht: den »vermittelnden Charakter«: »So wenig Natur und Kunst sich widersprechen, vielmehr beide nach unendlicher Vereinigung streben, ebensowenig verliert die echte Kritik an Strenge, wenn sie sich mit der Freiheit und Toleranz der Geschichte versöhnt«[56], »das Urteil mit der Geschichte dialektisch [vermählt]«.[57] Vermitteln will Müller die Besonderheit des Einzelwerks mit der kulturellen Tradition und die Subjektivität des Rezipienten mit der Geschichte.

Aus der epochalen Notwendigkeit, die moderne bürgerliche Gesellschaft als geschichtliches Produkt aus der Vereinigung von Tradition und Gegenwart, von Autorität und Kritik zu denken, scheint die Möglichkeit auf, einen auf die Autonomie des Subjekts gegründeten Begriff von Kultur zu denken. Das Hinübergleiten des dialektischen Begriffs der Vermittlung in den der Einbürgerung zeigt jedoch an, daß die Chance nicht genutzt wird. Im Begriff der Einbürgerung ist eine Einheit im Reich der Kunst beschworen als Garantie für die historische Möglichkeit der politischen Einheit Deutschlands. Das Gewaltsame dieser Harmonie-Doktrin ist faßbar auch an der konsequent durchgeführten Metaphorik, die die Bereiche Kunst und Politik ineinanderspielt. Vermittelnde Kritik heißt für Müller, die durch Zeit, Nationalität, Stil und Kunstvorstellung voneinander getrennten Elemente der abendländischen Kultur zu einem Kunststaat zusammenfügen, ihnen eine »gleichsam politische Einheit« geben. Müllers Kunststaat löst den alten aufklärerischen Begriff der Gelehrtenrepublik ab, der auf der Gleichheit und Autonomie aller ihrer Mitglieder beruhte. Im Kunststaat sind Künstler und Kunstbetrachtende »Souverän und dienender Bürger«.[58]

Innerhalb der Müllerschen Lehre von der Einbürgerung nehmen die Begriffe Werk und Kunstbetrachter eine seltsame Zweideutigkeit an. Das Kunstwerk erscheint darin als zugleich polyvalent, d. h. offen für unterschiedliche Deutungen und abgeschlossen in seiner organischen Totalität. »Jeder sieht in dem Kunst- wie in dem Naturwerke etwas anderes; jeder bringt es in andre Beziehungen: bei jedem regt es andere Anklänge, andre Gedankenreihen auf [. . .]. Es ist offenbar, daß das individuellste, geschlossenste Kunstwerk, auch das universellste, das unendlichste, das bedeutendste sein müsse.«[59] Diesen Widerspruch sucht Müller auf der Ebene der Rezeption aufzuheben. Er unterscheidet zwischen »willkürlicher Konstruktion«, die eine »einzelne Allegorie« einem Kunstwerk als »einzige Erklärung« unterlegt, und Vermittlung, der es gelingt, »alle Allegorien des Lebens an [das Kunstwerk] zu knüpfen«.[60] Die Berufung auf die Organizität des Werks und die Ablehnung einer aktualisierenden Deutung, die das Einzelwerk von einem historisch-gesellschaftlich bestimmten Standort aus aneignet, tragen dazu bei, bürgerlich-aufklärerische Literaturvorstellungen zu verdrängen. »Die Frage nach dem Zwecke einer Dichtung läuft auf dieselbe Absurdität mit einer andern hinaus, die hauptsächlich am Ende des achtzehnten Jahrhunderts [. . .] sehr naiv aufgestellt wurde, nämlich die nach der Bestimmung des Menschen.«[61]

In der Einbürgerungslehre Müllers wird eine Gefahr der Rezeptionsästhetik greifbar: daß der Werkgehalt aufgelöst wird in die unendliche Selbstbewegung des Lebens, dem keine konkrete Bestimmung sich zuweisen läßt. Müller spricht von einer Gradatation der Kunstbetrachtung: »indem wir das einzelne Werk aus dem Künstler *entspringend* denken, sind wir zugleich genötigt, uns wieder den Künstler als aus einer großen Künstlergemeinschaft oder Künstlerfamilie oder aus einem Zeitalter der Kunst *entsprungen* zu denken«.[62] »Der Dichter oder das Leben überhaupt ist nie geschlossen [. . .] und die Betrachtung ist unendlich wie die Welt«.[63]

Widersprüchlich ist auch die Müllersche Bestimmung des Rezeptionssubjekts, das zugleich frei und gehorsam, herrschend und dienend sein soll. Nicht um freie Verfügung über die Tradition geht es ihm, sondern eben um Einbürgerung. Ausgegrenzt aus

Müllers Kunststaat sind die »gemeinen«, »parteiischen« Leser, die dem Einzelwerk eine bestimmte Deutung abzugewinnen suchen.[64] Die »höheren« Leser (die »echten« Kunstbetrachter) sind nach dem Grad ihres »Vermögens zur Harmonie« zu messen[65], sie beziehen »die schöne Individualität des Werkes auf ein größeres Universum«, auf »das Leben der Menschheit«.[66] So erzeugt sich aus der Wechselwirkung einzelner Kunsthandlungen am Ende ein »harmonischer Kunststaat«.[67]

Müllers Begriff der Einbürgerung führt letztlich zur Einebnung der Dialektik von Aktualität und Geschichtlichkeit, wenn er die Positionen von vergangenem Werk und gegenwärtigem Betrachter für austauschbar erklärt. »[Es ist] einerlei, ob wir einen Kreis von Beschauern, als Untertanen um ein einzelnes Kunstwerk oder ob wir einen Kreis von Kunstwerken dienend um einen einzelnen Beschauer herstellen.«[68] Wenn hier die Grenzen zwischen Tradition und Subjekt bereits fließend sind, so wird die Unterordnung des Kunstbetrachters unter eine organizistische Auffassung der Weltgeschichte dort manifest, wo Müller der Gegenwart die Aufgabe zuweist, die jeweils neuen Welterscheinungen »mit der unendlichen Harmonie des Universums zu verbinden«.

> Widerstehend oder annehmlich, feindselig oder freundlich nähert sich jeder neue Gegenstand: die Aufgabe ist, ihn zu begreifen, das heißt, ihn aufzunehmen in den Zusammenhang des übrigen bereits Begriffenen, gleichviel ob mit Schmerz oder mit Freude, ob durch Krieg oder durch Freundschaft.[69]

Vermittelnde Kritik heißt, das Einzelwerk mittels eines Interpretationsverfahrens einordnen in den Traditionsbestand, wobei die Normen, nach denen die Einbürgerung erfolgt, ebensowenig ausgewiesen werden wie die konkreten gesellschaftlichen Bedingungen, unter denen die Werke ihre Wirkung entfalten. Damit sind wir zu unserer Ausgangshypothese zurückgekehrt: Die Ambivalenz der Autonomieästhetik prägt jeden einzelnen ihrer Begriffe. Der Kunstbetrachter Müllers ist zugleich Subjekt, als Produzent der Werkbedeutung, und als dienendes Organ der Vermittlung ausgelöscht in seiner subjektiven Bestimmtheit.

1 Für Vorarbeiten und die Bereitstellung einer Dokumentation danke ich Ingrid Hodde, deren Mitarbeit in einem von Peter Bürger geleiteten Forschungsvorhaben der Universität Bremen *Populärästhetiken in Deutschland im 19. Jahrhundert* von der DFG etwas über ein Jahr gefördert worden ist. Ingrid Hodde konnte die Arbeit in diesem Zeitraum nicht zu Ende bringen.

2 K. W. F. Solger, *Vorlesungen über Ästhetik* [1829], hg. von K. W. L. Heyse, Darmstadt 1973, VIII.

3 Kant, *Kritik der Urteilskraft,* in: ders., *Werke,* hg. v. W. Weischedel, Darmstadt [3]1968, Bd. 8, 247.

4 Schelling, *System des transzendentalen Idealismus,* hg. v. St. Dietzsch, Leipzig 1979 (RUB 789), 272.

5 Schiller, *Briefe über die ästhetische Erziehung des Menschen,* in: ders., *Sämtliche Werke,* hg. v. G. Fricke u. H. G. Göpfert, München 1967, Bd. 5, 594.

6 K. Ph. Moritz, *Das menschliche Elend,* in: ders., *Schriften zur Ästhetik und Poetik,* hg. v. H. J. Schrimpf, Tübingen 1962, 27 f.

7 Vgl. dazu B. Lindner, *Aufhebung der Kunst in Lebenspraxis? [. . .],* in: *»Theorie der Avantgarde«. Antworten auf Peter Bürgers Bestimmung von Kunst und bürgerlicher Gesellschaft,* hg. v. W. M. Lüdke, Frankfurt 1976 (es 825), 72-104.

8 K. Ph. Moritz, *Grundlinien zu einer vollständigen Theorie der schönen Künste,* in: ders., *Schriften zur Ästhetik und Poetik* (s. Anm. 6), 121.

9 K. Ph. Moritz, *Andreas Hartknopf. Eine Allegorie* [1786], hg. v. H. J. Schrimpf, Stuttgart 1968, 91.

10 Ebd., 189 und 201.

11 »Die Zusammensetzung ist gleichsam ein Zwang, eine Unterjochung der Theile, die wieder in ihrer natürlichen Freiheit zu seyn streben [. . .]. Das Zusammengesetzte läßt sich nie ohne Streit, Krieg, Gegeneinanderstreben denken, die *Ruhe* ist in der Auflösung, in der Gleichwerdung, in der Absonderung der Theile. Allein, wenn Leben, Organisation, und Bewegung seyn soll, so kann sie nicht anders, als durch diesen Zwang der widerstrebenden Theile zu einem Ganzen erhalten werden.« (Moritz, *Fragmente aus dem Tagebuch eines Geistersehers,* in: *Andreas Hartknopf,* s. Anm. 9, 343.)

12 Moritz (s. Anm. 9), 376.

13 Ebd., 379.

14 Ebd.

15 F. Ast, *System der Kunstlehre [. . .],* Leipzig 1805. Die *Vorrede* spricht von »der inneren Einheit und äußeren Getrenntheit« der »historischen Epochen der Kunst und ihrer empirischen Formen mit den philosophischen Elementen der Kunst«.

16 Ebd., 66.

17 Ebd., 14 f.

18 Ebd., 264.

19 Ebd., 265. Vgl. auch ebd., 262: »Mit dieser Absolutheit des Inneren [sc. der tiefsten Individualität] ist zugleich absolute Freyheit gesetzt. So wie also in ihm alles aus der geheimsten Tiefe des Menschen ausfließt, die ihr unendliches, freyes Leben in tausend Lichtgestalten und Farben offenbaren kann, so kann auch der Roman alle Formen der Poesie in sich aufnehmen.«

20 Ebd., 5.

21 Schiller, *Das Ideal und das Leben,* in: ders., *Sämtliche Werke* (s. Anm. 5), Bd. 1, 204.

22 F. Ancillon, *Vermittlung der Extreme in den Meinungen*, Berlin 1831, 77 und 75. Vgl. auch H. Luden, *Grundzüge ästhetischer Vorlesungen zum akademischen Gebrauche*, Göttingen 1808, wo es gleich eingangs heißt, die Kunst ermögliche es »dem Einzelnen, den Frieden mit dem Leben zu erhalten« (1 f.).

23 F. Delbrück, *Das Schöne*, Berlin 1800, 140.

24 F. Ancillon (s. Anm. 22), 130.

25 H. Luden (s. Anm. 22), 13.

26 F. Ancillon (s. Anm. 22), 49.

27 Ebd., 72. – Vgl. dazu die Beschreibung des Rezipienten bei F. Delbrück: »Beobachtet einen Menschen, der in der Betrachtung des Schönen begriffen ist. Mit erweitertem Auge, halb geöffneten Lippen und erhobener Brust steht er da, ernst, still in sich gekehrt, leise athmend. [. . .] Alles an ihm zeigt, daß er aus dem irdischen Elemente, wo er dienen muß, sich zum überirdischen erhoben hat, wo er herrschet.« (*Ein Gastmahl. Reden und Gespräche über die Dichtkunst*, Berlin 1809, 41 f.)

28 [G. F. Dinter], *Grundriß der Ästhetik [. . .]*, Karlsruhe 1809, 11.

29 Das Harmoniegesetz, angewendet im Bereich der ästhetischen Wertung, führt notwendig zur Ablehnung solcher Werke, die nicht als organische Totalität organisiert sind. Vgl. dazu z. B. die offensichtlich gegen die Romantik gerichtete Kritik Ancillons an einer Kunst, deren Wirkung auf »zerstörenden Contrasten« beruht, »welche die Phantasie hin und her in ganz verschiedene Sphären werfen, das Gemüth in sich selbst zerreißen« (Ancillon, s. Anm. 22, 135).

30 F. Horn, *Andeutungen für Freunde der Poesie*, Leipzig/Züllichau/Freistadt 1804, 37; ders., *Geschichte und Kritik der deutschen Poesie und Beredsamkeit*, Berlin 1805, 9; vgl. auch A. Schreiber, *Lehrbuch der Ästhetik*, Heidelberg 1809, 36: »Mit der höchsten Ruhe und Unschuld und Reinheit vergesellschaftet sich der Friede einer höheren Welt, und erzeugt die Holdseligkeit.«

31 Eine verhältnismäßig ausgeführte Wertungslehre findet sich bei F. Delbrück (s. Anm. 23, 102 ff.): Seine Kriterien der »inneren Zweckmäßigkeit« des Kunstwerks sind: »Einstimmung« (d. h. Widerspruchslosigkeit, Stimmigkeit), »Ursächlichkeit« (Verknüpfung der Elemente zu einem Wirkungszusammenhang), »Angemessenheit«.

32 [G. F. Dinter] (s. Anm. 28), 146.

33 F. Schreiber (s. Anm. 30), 23.

34 Vgl. dazu F. Schreiber (s. Anm. 30), 21: »Darum ist in dem Werke [des wahren Künstlers] so wenig eine Spur des Werdens sichtbar, als in den Producten der Natur.«

35 [G. F. Dinter] (s. Anm. 28), 147.

36 Vgl. dazu meinen Aufsatz *Das menschliche Elend oder Der Himmel auf Erden [. . .]*, in: *Zur Dichotomisierung von hoher und niederer Literatur*, Frankfurt 1982 (es 1089, Hefte f. Krit. Literaturwiss., 3), 172-207.

37 Vgl. dazu z. B. A. Schreiber (s. Anm. 30), 13: »Eine sogenannte patriotische Kunst [mag] in politischer oder kameralistischer Hinsicht immer ihren Werth haben, und die Producte derselben können [. . .] eine sehr tiefe Wirkung hervorbringen, nur wird diese Wirkung keine ästhetische seyn.«

38 Vgl. dazu I. Hodde, *Das Drama des programmatischen Realismus* (Diss.-Vorhaben), Manuskript Bremen 1979.

39 Vgl. dazu I. Degenhardt, *Ein Leben ohne Grinsezug? Zum Verhältnis von sozialer Wirklichkeitsperspektive und ästhetischem Postulat in Fontanes »Stechlin«*, in: *Naturalismus/Ästhetizismus*, Frankfurt 1979 (es 922; Hefte f. Krit. Literaturwiss., 1), bes. 210 ff.

40 »Das Humoristische ist der Auflösungsprozeß der Poesie in Prosa« (H. Luden, s. Anm. 22, 117, vgl. auch 114 f.). »Der Roman gestaltet das Leben selbst poetisch [...] oder zeigt scherzend die Verirrungen des menschlichen Gemüths« (A. Schreiber, s. Anm. 30, 324 f.). – Delbrück z. B. beurteilt die Vollkommenheit eines Werks nach dem »Grad des Idealischen und des Täuschenden« (s. Anm. 23, 136). Den »Schein der Natürlichkeit« vermag ein Werk in dem Maße hervorzurufen, wie es »durch zweckmäßige Ideenfülle sich dem Idealischen nähert« (ebd., 153). »Poetische Täuschung« als Wertkriterium auch bei A. Schreiber (s. Anm. 30), 12 f.

41 F. Horn (s. Anm. 30), 11, 83.

42 Ich habe dieses Problem an anderer Stelle ausführlicher diskutiert und begnüge mich hier mit einer Andeutung, vgl. *Schüchterner Versuch, einige Zweifel an der Brauchbarkeit der Kategorie Anschauung für eine gegenwärtige Ästhetik durch einen Blick in die Geschichte zu erregen*, in: W. Oelmüller (Hg.), *Ästhetische Erfahrung*, Paderborn 1981 (Kolloquium Kunst und Philosophie 1), 29-40.

43 A. Müller, *Vorlesungen über die deutsche Wissenschaft und Literatur* [1806], in: ders., *Kritische, ästhetische und philosophische Schriften*, hg. v. W. Schroeder u. W. Siebert, Neuwied/Berlin 1967, Bd. 1, 40.

44 K. Ph. Moritz, *Über die bildende Nachahmung des Schönen*, in: ders., *Werke*, hg. v. J. Jahn, Berlin/Weimar 1973, Bd. 1, 289.

45 F. Delbrück (s. Anm. 23), 29; vgl. auch 34 und 69.

46 H. Luden (s. Anm. 22), 23 f.

47 Ich verwende im folgenden den Begriff rezeptionsästhetisch, obwohl dies zu Mißverständnissen Anlaß geben könnte, insofern in der Gegenwart dieser Begriff eine bestimmte literaturwissenschaftliche Richtung bezeichnet. Eine historische Rekonstruktion, wie ich sie hier versuche, scheint mir auch deswegen von aktueller Bedeutung, weil sie die Traditionslinie erkennbar macht, innerhalb deren die Rezeptionsästhetik, wie sie vor allem von W. Iser und H. R. Jauß vertreten wird, zu verstehen ist; daß diese selbst ihre eigene Tradition nicht kennt oder verdrängt hat, ist ein wissenschaftsgeschichtliches Problem, das selbst wiederum der Klärung bedürfte (vgl. zur Auseinandersetzung mit der Rezeptionsästhetik meine Studie *Tradition und Subjektivität*, Frankfurt 1980, stw 326, Kap. 3).

48 F. Delbrück (s. Anm. 23), 33.

49 Ebd., 50.

50 Vgl. ebd., 42, 71 und 94 f.

51 Vgl. ebd., 53.

52 Vgl. dazu ebd., 94 f.

53 Delbrück (s. Anm. 23), 67. Vgl. auch ebd., 184.

54 A. Müller, *Vorlesungen* (s. Anm. 43), 36.

55 Vgl. ebd., 45 f. und 48.

56 Ebd., 47.

57 Ebd., 50.

58 Ebd., 116.

59 Ebd., 117 f. und 118.

60 Ebd., 118.

61 Ebd.

62 A. Müller, *Prolegomena einer Kunst-Philosophie* [1806], in: ders., *Kritische, ästhetische und philosophische Schriften* (s. Anm. 43), Bd. 2, 177 f.

63 A. Müller (s. Anm. 43), 41.

64 Ebd., 40 und 74.

65 Ebd., 115.

66 Ebd., 118 und 123.
67 Ebd., 115; vgl. auch Müller (s. Anm. 62), Bd. 2, 179.
68 A. H. Müller (s. Anm. 54), 117.
69 Ebd., 48.

Karlheinrich Biermann

Zwischen Bürger und »Volk«

Zum gesellschaftlichen Rollenverständnis des Schriftstellers nach der Julirevolution von 1830 (Victor Hugo)

1. Konkurrierende Formen der Institutionalisierung von Kunst/Literatur in der Bürgermonarchie

Nach der Julirevolution von 1830 seien, so schrieb der französische Literaturhistoriker P. Flottes vor einigen Jahren, zwei Mächte aufeinandergestoßen, die ihrem Wesen nach dieselbe Sprache nicht hätten sprechen können: Bürgertum und Dichtung.[1] Mag eine solche Einschätzung in dieser kategorischen Form nicht zutreffen, insofern sie die verschiedenen Ebenen der Vermittlung gänzlich unberücksichtigt läßt, so sagt sie doch schon einiges aus über die mögliche Funktion der Literatur in der Bürgermonarchie. Wenn man die Julirevolution als das Datum des endgültigen Machtantritts der Bourgeoisie auffassen darf, mochte zunächst auch nur, dem berühmten Diktum von Marx zufolge, »eine Fraktion derselben« herrschen[2], so mußte dies auch bedeuten, daß sich nun die genuin bürgerlichen Formen der Institutionalisierung von Kunst/Literatur endgültig durchsetzen konnten. Deren konstitutive Ambivalenz sollte sich erst jetzt recht eigentlich enthüllen: war ihr Autonomiestatus zu verstehen im Sinne kritisch-aufklärerischen Eingreifens oder aber im Sinne ihrer Ausgrenzung aus der sozialen Lebenspraxis?[3] Die Parteinahme für die eine oder die andere Variante hing freilich von der geschichtsphilosophischen Interpretation der politischen Aktualität durch die verschiedenen gesellschaftlichen Gruppen und ihre Repräsentanten ab.[4]

Diejenigen, die – wie die »Liberalen« – die Revolution mit den Juliereignissen von 1830 für vollendet und beendet hielten, neigten dazu, die Kunst auf dem für sie reservierten Territorium zu isolieren und ihr jede kritisch-eingreifende Rolle zu versagen. Dies war vor allem die Position der Eklektizisten oder »doctrinaires«, deren Philosophie auf die grundsätzliche Autonomisierung, aber auch Isolierung der verschiedenen gesellschaftlichen Sphären wie Politik, Ökonomie, Moral, Religion und Kunst abzielte.[5]

Diejenigen aber, die – wie die Frühsozialisten und die Republikaner – der Meinung waren, daß die Epoche der Umwälzungen keineswegs beendet sei, wiesen auch der Kunst eine ganz andere Rolle zu. Wichtig war gewiß in diesem Kontext die Erkenntnis, daß jenseits des Bürgertums eine neue politisch-gesellschaftliche Kraft auf die Bühne der Geschichte trat: die unteren Klassen, die man in der Regel noch etwas unscharf und undifferenziert »Volk« (»peuple«), »classes nombreuses« (»zahlreiche Klassen«) oder gar »populace« (»Pöbel«) nannte. Für die Literaten stellte sich dabei keineswegs nur das Problem, sie als ästhetisches Sujet zu bewältigen, sondern vor allem die Aufgabe, sie auch als ein neues Publikum oder gar als Träger einer neuen Kultur ins Auge zu fassen.[6]

Die politisch-ästhetische Position, die Victor Hugo in den dreißiger und vierziger Jahren des 19. Jahrhunderts einnimmt, soll im folgenden als Paradigma für den Versuch gelten, die kritisch-aufklärerische Form der Institutionalisierung von Literatur unter den Rahmenbedingungen der Herrschaft des Bürgertums zu aktualisieren.

Gleichwohl wird man nicht sagen können, Hugo habe nach der Julirevolution die radikalste und avancierteste Kunstauffassung vertreten. Der subversive Jakobinismus der »Jeunes France« (Petrus Borel, Th. O'Neddy) ging sicherlich in mancherlei Hinsicht sehr viel weiter. Indessen nahmen diese Autoren einen Standpunkt ein, dem keine Zukunft beschieden war. Ohne Publikum, ohne gesellschaftlich-politische Perspektive befanden sie sich sehr bald in der Rolle von Marginalen, von »Parias«, wie sie sich selbst nannten. Die antibourgeoise Haltung der »Bousingots« reduzierte sich am Ende auf die Effekt haschende Attitüde des »épater les bourgeois« und ging schließlich nahezu bruchlos in der antiutilitaristischen Konzeption der »école de l'art pour l'art« Théophile Gautiers auf, die, nachdem sie das bürgerliche Publikum hinreichend schockiert und provoziert hatte, dieselbe herrschaftsstabilisierende Funktion übernahm wie die Philosophie des Eklektizismus.[7]

2. Hugos Konzeption der »Unparteilichkeit« und Unabhängigkeit des Schriftstellers

Hugos politisch-ästhetische Position nach der Julirevolution tritt zum ersten Mal deutlich zutage in einem Artikel, den die Zeitschrift *L'Europe littéraire* im Mai 1833 publizierte. (Der Autor stellte ihn 1834 seiner Schrift *Littérature et Philosophie mêlées* unter dem Titel *Le but de cette publication* voran.) Von den Neo-Saint-Simonisten der *Revue Encyclopédique* wurde diese programmatische Erklärung als eine endgültige Übernahme der »théorie de l'art pour l'art« durch den Romantiker und gleichzeitig als eine Absage an den »art social« verstanden.[8] Aber auch Gustave Planche, der liberal-konservative Kritiker der *Revue des deux Mondes* ging mit der Konzeption Hugos scharf ins Gericht.[9] Die Sprache des romantischen Neuerers, so schrieb er, habe mit den Jahren den Ton des Befehls und nahezu der Diktatur angenommen. Was an der Haltung des Dichters vor allem auffallen müsse, sei die Anbetung und der Kult seiner selbst (»l'adoration et le culte de soi-même«). Diese doppelte Kritik Hugos aus »rechter« wie »linker« Perspektive – sie wird sich bis in die späten vierziger Jahre fortsetzen – mag eine Reihe von Mißverständnissen enthalten, weist aber gleichwohl auf die Ambivalenzen, die seiner ästhetisch-politischen Konzeption innewohnen. Sie im Sinne der »théorie de l'art pour l'art« zu deuten, legten einige Formulierungen durchaus nahe, so etwa, wenn es hieß: »Il faut après tout que l'art soit son propre but à lui-même [...].«[10] In diese Richtung wies auch die Tatsache, daß Hugo die Bedeutung des Stils in einem Maße betonte, wie es erst für die spätere Ästhetik des »art pur« (Flaubert, Parnasse) typisch werden sollte. Entscheidend aber waren letztlich jene Passagen, in denen der Autor die »Unparteilichkeit« (»impartialité«) des Schriftstellers zum Prinzip seiner gesellschaftlichen Funktion erhob: »Plus il sera impartial et calme, plus il dédaignera le passager des questions politiques quotidiennes, plus il s'adaptera grandement à l'homme de tous les temps et de tous les lieux; plus il aura la forme de l'avenir.«[11] Nicht das leidenschaftliche Engagement für oder gegen eine bestimmte Macht, für oder gegen eine bestimmte Partei verschaffe dem Schriftsteller Einfluß auf seine Zeitgenossen, sondern die wahrheitsgetreue Darstellung der ewigen Natur des Menschen (»peinture vraie de la nature éternelle«). Weder Molière, der sich an die Gesellschaft, noch gar Voltaire, der sich lediglich an eine bestimmte Partei gewandt habe, gelten ihm als Vorbild, sondern Shakespeare, der zum Menschen (schlechthin) spreche.[12] An den ›materiellen‹ Revolutionen dürfe der Dichter nur insoweit teilnehmen, wie sie auch als ›geistige‹ Revolutionen anzusehen seien.[13]

Diese Gedankengänge – es wird noch zu zeigen sein, daß sie nur die eine Seite seiner umfassenden Konzeption ausmachen – kündigen sich bereits in den Vorreden an, die er seit den frühen dreißiger Jahren seinen Lyriksammlungen voranstellte. Schon in der *Préface* zu *Les Feuilles d'Automne* von 1831 hieß es, die Kunst habe ihr eigenes Gesetz, dem sie folge, »comme le reste a la sienne«.[14] Das menschliche Herz, aus dem die Dichtung hervorgehe, sei unwandelbar, so sein Diktum, auch angesichts der alles verändernden Revolutionen.[15] Es mußte den engagierten Zeitgenossen fast wie eine Provokation erscheinen, daß er den Band als ein »livre inutile au flot populaire« bezeichnete.[16] Schon hier betont er die Unabhängigkeit (»position indépendante, désintéressée et laborieuse«), die der Autor einzunehmen gewillt sei. Noch aber erscheint der Begriff Parteilichkeit (»partialité«) im Sinne eines leidenschaftlichen Engagements für die Völker im Kampf gegen die Könige, der – so seine geschichtsphilosophische These – das 19. Jahrhundert charakterisiere.[17] Diese Haltung setzt sich fort in der Vorrede zu *Les Chants du Crépuscule* (1835): Der Autor weigert sich, für das »Ja« oder das »Nein« – zum Bestehenden, wie man wohl ergänzen darf – eindeutig Partei zu ergreifen in einer geschichtlichen Situation, die durch ihren Dämmerzustand (»état crépusculaire«) gekennzeichnet ist.

Die in diesen Texten dargelegte Auffassung von der Unabhängigkeit der Entwicklung von Kunst/Literatur gegenüber den sozialen und politischen Umwälzungen steht, so scheint uns, im Widerspruch zu den Thesen, die Hugo im Kontext seiner Dramenästhetik kurz vor und kurz nach der Julirevolution vertreten hat. Im Vorwort zu *Hernani* (März 1830) hieß es noch, die Romantik sei nichts anderes als der Liberalismus in der Literatur, die literarische Freiheit nichts anderes als die Tochter der politischen Freiheit. »A peuple nouveau, art nouveau«, lautete die Devise.[18] Der eigentliche Fortschritt vollziehe sich nicht in der Kunst selbst, sondern im Publikum. Dieses aber verlange, daß sich die Kunst von nun an den Wahlspruch der Politik zu eigen mache:

Toleranz und Freiheit. Noch in der Vorrede zu *Marion De Lorme* (August 1831) steht zu lesen, die große Erschütterung der Befreiung und Emanzipation – eine Anspielung auf die Julirevolution – sei für die Kunst nicht schädlich, vielmehr nützlich, ja sogar notwendig gewesen.

Wie erklären sich diese Wandlungen in der Kunstauffassung des Romantikers innerhalb eines so kurzen Zeitraums? Es lassen sich gewiß eine Reihe von Gründen anführen, die allerdings nicht beziehungslos nebeneinander stehen. Für das Theater war es die Enttäuschung der großen Hoffnung, endlich das lang projizierte Drama, das als Gesamtkunstwerk nach der Auffassung Hugos – und der Mehrzahl seiner romantischen Zeitgenossen – die dem modernen Zeitalter allein noch entsprechende Gattungsform war, unter den Bedingungen eines neuen Publikums, das in der Revolution als politisch agierender »peuple« aufgetreten war, zu realisieren. Die einmütige Ablehnung, die seine Stücke seitens der Kritik erfuhren – das Drama *Le Roi s'amuse* wurde gar, trotz aller plakatierten Liberalität des neuen Regimes, 1832 verboten –, dürfte ihm, der im übrigen auch rein materiell auf den Bühnenerfolg angewiesen war, bewußt gemacht haben, daß er sich ästhetisch und politisch zwischen allen Fronten befand. Weder die monarchistischen »Ultras«, was nicht mehr verwundern konnte, noch die Liberalen, noch auch die Republikaner mochten seine Dramenkonzeption akzeptieren, wobei in allen Fällen sich hinter den ästhetischen Einwänden eine politisch-ideologische Gegnerschaft verbarg.[19] Vor allem die Darstellung des gesellschaftlich nicht integrierten und nicht domestizierten »peuple« im Sinn von »classes inférieures« dürfte der Grund dieser Ablehnung gewesen sein.

Diesen Erkenntnissen scheint die Tatsache zu widersprechen, daß Hugos offizielle politische Position in den frühen dreißiger Jahren die eines Liberalen ist, der sich zwar von den Monarchisten gelöst, aber darum doch keineswegs den Standpunkt der demokratischen Republikaner angenommen hat. Er akzeptiert die Bürgermonarchie, die die politische Unmündigkeit der erdrückenden Mehrheit des Volkes fortschreibt, als die der gegenwärtigen historischen Situation angemessene Form der politischen Herrschaft, auch wenn ihm deren interimistischer Charakter bewußt ist. Das Volk wird erst dann zum Souverän berufen sein, »quand toutes les têtes seront dans la lumière«, i. e. wenn es den Stand bürgerlicher

Aufgeklärtheit erreicht hat.[20] Unter diesen Voraussetzungen schien Hugo dazu berufen, ähnlich wie Casimir Delavigne, einer der nahezu offiziellen Dichter des Juliregimes zu werden. Schon der Auftrag, aus Anlaß des Jahrestages der Revolution von 1830 eine kommemorative Hymne zu verfassen, wies ihm diese Rolle zu.

Aus dem Kontext dieser zwiespältigen ästhetischen und politischen Erfahrung erklärt sich die Position, die Hugo spätestens ab 1833 einnimmt. Es wurde oben nur die eine Seite dieser Konzeption dargestellt, auf die nun in ihrer Gesamtheit aufmerksam zu machen ist. Was die Neo-Saint-Simonisten von der *Revue Encyclopédique* irrtümlich als eine Zustimmung zur »théorie de l'art pour l'art« deuteten, erweist sich bei genauerer Textanalyse als der Versuch, unter den Rahmenbedingungen einer etablierten bürgerlichen Herrschaft die kritische Unabhängigkeit der Literatur gegenüber dem Bestehenden zu legitimieren. Leroux und seine Freunde hatten offensichtlich die oben angeführte Passage nur partiell zur Kenntnis genommen, denn auf die These von der Eigengesetzlichkeit der Kunst folgt die Darstellung ihrer humanitären Funktion: »[. . .] qu'il enseigne, qu'il moralise, qu'il civilise, et qu'il édifie chemin faisant, mais sans se détourner et tout en allant devant lui.«[21] Das immer wieder betonte Prinzip der Unparteilichkeit beinhaltet, so gesehen, vor allem die Weigerung, die Kunst zum affirmativen Organ des Status quo verkommen zu lassen. Schon im Vorwort zu *Les Feuilles d'Automne* hatte er unterstrichen, daß er frei sei von politischem Haß, aber auch von politischer Dankbarkeit (»reconnaissance«), daß er den neuen Machthabern (»ceux qui sont puissants aujourd'hui«) nichts schulde.[22] Was hier den Ausdruck eines sehr persönlichen Gefühls erhält, hat u. E. im gegebenen Kontext durchaus eine historisch-paradigmatische Bedeutung. Die Kunst im Sinne eines schönen Luxus zu verstehen, ja den Wert des Schönen selbst an seiner gesellschaftlichen Nutzlosigkeit zu messen, wie es Gautier in diesen Jahren zu tun begann[23], ist eine Hugo völlig fremde Vorstellung, ebenso die für die »théorie de l'art pour l'art« so charakteristische Dissoziierung von Moral und Ästhetik. Was ihm vorschwebt, ist offensichtlich eine sehr vermittelte gesellschaftliche Wirksamkeit der Literatur, was er verwirft, die direkte Nützlichkeit (»l'utilite directe«).[24]

Daß Hugos Distanz zum bestehenden System sich in Theoremen ausdrückt, die auf die »überzeitliche« und »ewige« Natur des Menschen abheben, mag man für eine Flucht in Mystifikationen halten – als kritischen Begriff im Sinne der Aufklärung wird man »nature humaine« hier nicht ansehen dürfen –, es ist aber auch zu bedenken, daß diese Sichtweise eine gewisse futurische Offenheit ermöglicht. Gerade die Dimension der Zukunft hat hier eine kritische Funktion: »So wie es ist, bleibt es nicht.«[25]

Des weiteren zeigt auch der Artikel von 1833, daß Hugo seiner Konzeption des Dramas durchaus treu geblieben ist – trotz aller Enttäuschungen. Das Publikum, an das sich diese Gattung wenden soll, sind die »Massen«, »Volk« im Sinne der unteren Klassen, ein Publikum, das es vielleicht noch erst »zu bilden«, zu konstituieren gilt. Aber schon darf es heißen: »Les masses ont l'instinct de l'idéal«.[26] Mag die Terminologie immer noch – soziologisch gesehen – der Eindeutigkeit entbehren, Hugo scheint sich bewußt zu sein, daß »Bürgertum« und »Volk« nicht mehr unter einen gemeinsamen Begriff – wie den der Nation – zu subsumieren sind: »Le bourgeois n'est pas le populaire.«[27] Er weiß, warum er an der Darstellung historischer Gegenstände festhält und sich nicht »sujets« aus der zeitgenössischen Realität zuwendet: »On ne peut faire un drame contemporain qui ne soit pas installé dans l'idéologie dominante. Tout compte fait, c'est la position du refus du drame contemporain qui est progressiste.«[28]

Die sich hier dokumentierende Position einer kritisch-aufklärerischen Funktionsbestimmung von Literatur findet sich auch in den Vorreden zu den Lyrikbänden der späten dreißiger Jahre wieder. Auch dort ist einerseits von der Unabhängigkeit des Dichters die Rede (»La puissance du poète est faite d'indépendance«[29]), andererseits von seiner sozialen Funktion, die als eine zivilisatorische definiert wird. Hiervon wird später zu handeln sein.

Wie Hugo diese Konzeption in die poetische Praxis umsetzen will, läßt sich an einer Reihe von Gedichten aus den Lyriksammlungen der dreißiger Jahre aufzeigen, die merkwürdigerweise zu den am wenigsten erforschten Teilen seines Œuvre zählen.[30] In der Vergangenheit ist häufiger die Auffassung vertreten worden, seine Versdichtung dieser Epoche repräsentiere im Gegensatz zu den Dramen gewissermaßen den offiziellen Teil seines Werkes, sie entspreche ganz und gar seiner liberalen Position.[31] U. E. läßt sich eine solche Einschätzung nach genauerer Analyse der Texte nicht aufrechterhalten. Im Rahmen der vorliegenden Studie ist freilich kein Raum für ausführliche Interpretationen, es können nur die Haupttendenzen dieser Gedichte aufgezeigt werden.[32]

Der oben dargestellten Auffassung entsprechend tritt das lyrische Ich in diesen Gedichten als eine den Herrschenden gegenüber unabhängige Instanz auf. Die Herrschenden, das sind – politisch gesehen – die Könige als die Repräsentanten der öffentlichen Gewalt. Die Herrschenden, sozial betrachtet, aber sind die Besitzenden, d. h. letztlich das Bürgertum. Die poetisch-politische Funktion des lyrischen Ich ist nun darin zu sehen, daß es sich als Wächter des Paktes zwischen konstitutionellem Monarchen und liberalem Bürgertum erweist. Der Hinweis auf die unvermeidliche Heraufkunft der »Volksmassen«, die an der historischen Schwelle angelangt sind, wo sie aufhören, Objekt der Geschichte zu sein, und beginnen, deren Subjekt zu werden, wird dabei gleichsam als eine Geißel geschwungen, mit der die Monarchen zur konstitutionellen Räson gebracht werden sollen. Die »soziale« Funktion (im engeren Sinne) des Dichters beruht darin, daß er die Besitzenden angesichts des wachsenden Elends auf soziale Reformen zu verpflichten unternimmt. Auch hier werden drohende Volkserhebungen als Mittel der »réveille« benutzt. Wenn die von Hugo intendierte Form der Institutionalisierung von Literatur in der Versdichtung deutlicher zum Ausdruck kommt als in seinem Theater, so liegt dies sicherlich daran, daß sich die Lyrik viel unmittelbarer politisch instrumentalisieren ließ als die anderen Gattungen. Den historischen Beweis hierfür hatte schon in der Restaurationszeit Béranger geliefert. Damit sollen Hugos Gedichte freilich keineswegs als politische Pamphlete verstanden werden, auch wenn ihre kommunikative Grundstruktur – der Appell an die Herrschenden und Besitzenden – eine der typischen politischen Mitteilungsformen in der zeitgenössischen Realität war.[33] Die genauere Analyse der Texte zeigt, wie sehr sich Hugo in der Tradition der subjektivistischen romantischen Lyrik der zwanziger Jahre des 19. Jahrhunderts bewegt, die er dann freilich transformiert, indem er sie seinen neuen politisch-ästhetischen Zielen anpaßt. Im Zentrum dieser Gedichte steht die geschichtsphilosophische Reverie des lyrischen Ich, das in seiner Imagination die Vergegenwärtigung der revolutionären Geschichte mit der visionären Prophetie künftiger Umwälzungen verbindet.

Allerdings zeigen diese Texte – schon allein in ihrer chronologischen Abfolge –, daß die Funktion, die sich der Dichter zuwies, letztlich nicht zu verwirklichen war: Die Herrschenden und Besitzenden vermögen die Aufgabe, auf die er sie verpflichten wollte, nicht mehr zu erfüllen. Der Adressat seiner Appelle müßte konsequenterweise wechseln, er könnte im Grunde nur noch das Volk im Sinne der unteren Klassen sein. Schon in den einschlägigen Gedichten der frühen dreißiger Jahre sind die Massen die eigentlich treibende historische Kraft, zu der der Dichter freilich ein ambivalentes, gleichzeitig durch Furcht und Hoffnung bestimmtes Verhältnis hat.[34] Der Autor zögert offenbar, die naheliegenden geschichtsphilosophischen Konsequenzen zu ziehen. In den Gedichten der späten dreißiger Jahre haben dann zwar die Niederen den Charakter einer gefährlichen Klasse verloren, sind aber in die idyllisierende Ferne einer vorkapitalistischen Epoche gerückt.[35]

In dem Maße aber, wie beide, Herrschende und »Volk«, ihrer historischen Rolle nicht gerecht werden, gewinnt die Gestalt des Dichters, des Künstlers, des Wissenschaftlers an zentraler geschichtlicher Bedeutung, eine Tendenz, die sich gewiß in den Texten der frühen dreißiger Jahre schon abzeichnete, aber erst jetzt konsequent zu Ende geführt wird. Zahlreiche Gedichte haben das Leiden, vor allem aber die Größe der Künstler zum Thema.[36] Was sich nun vollzieht, ist nichts anderes als die »Inthronisierung« des Schriftstellers als einer gesellschaftlichen Autorität und Macht.[37] Das Programmgedicht *Fonction du poète* (1839) in der Sammlung *Les Rayons et les Ombres* (1840) bringt diese Konzeption adäquat zum Ausdruck.

3. Die Literatur als geistige Gegenmacht

Den poetischen Texten der dreißiger Jahre entspricht die gesellschaftliche Praxis des Autors in den vierziger Jahren des vorigen Jahrhunderts, wenn auch nicht ohne Brüche und Differenzen. Dies dokumentieren vor allem seine Reden in der Académie française und in der Pairskammer, dem Oberhaus der Julimonarchie. Schon seine Ansprache aus Anlaß der Aufnahme in die Académie ist eine Art Grundsatzerklärung zur Funktion des Schriftstellers in der gegenwärtigen Gesellschaft. Der Rezensent der *Revue des deux Mondes* nannte sie gewiß nicht zu Unrecht ein Regierungsprogramm (»programme de ministère«)[38], das Regierungsprogramm, so ließe sich ergänzen, einer geistigen Gegenmacht, als die Hugo die Literatur allgemein und die Académie im besonderen auffassen will:

Ce que je dis du poète solitaire, ce que je dis de l'écrivain isolé, je le dirais de vous-mêmes, messieurs. Vous avez sur les cœurs et sur les âmes une influence immense. Vous êtes un des principaux centres de ce pouvoir spirituel qui s'est déplacé depuis Luther et qui, depuis trois siècles, a cessé d'appartenir exclusivement à l'église.[39]

Die »geistige Gewalt«, deren Existenz hier statuiert wird, ist also nicht nur als Gegenmacht zur politischen Gewalt verstanden, sondern auch – zunächst freilich nur partiell – als eine »Erbin« der Kirche in ihrer Funktion als normenvermittelnder und normenkontrollierender Instanz. Wenn es Aufgabe der politischen Gewalt sei, das »äußere Leben« der Nation zu »regeln«, so falle der Académie die Rolle zu, das »innere Leben« zu »regieren« (»gouverner«). »Ils font les lois, vous faites les mœurs.«[40] Es ist konsequent, daß Hugo in diesem Zusammenhang die gesamte neuere Geschichte konstruiert als einen permanenten Kampf zwischen Politik und Kunst/Literatur.

Was sich schon in den theoretischen und poetischen Texten der frühen dreißiger Jahre ankündigte, tritt hier offen zutage: der Autor bemüht sich um die Aktualisierung und Adaptation der aufklärerisch-kritischen Konzeption von Literatur. Die Aufklärung konstituierte die politisch-literarische Öffentlichkeit als eine Art Tribunal, vor dem sich alle geistlichen und feudal-monarchischen Gewalten allererst zu legitimieren hatten:

Il s'est élevé un tribunal indépendant de toutes les puissances, et que toutes les puissances respectent, qui apprécie tous les talents, qui prononce sur tous les genres de mérite; et, dans un siècle ou chaque citoyen peut parler à la nation entière par la voie de l'impression, ceux qui ont le talent d'instruire les hommes et de les émouvoir, sont au milieu du public dispersé ce qu'étaient les orateurs de Rome et d'Athènes au milieu du peuple assemblé.[41]

Nach dieser Auffassung fungieren die Schriftsteller gleichzeitig als Organe kollektiver Selbstverständigung und als Meinungsführer, die ihren universalistischen Anspruch rationalistisch aus der Allgemeingültigkeit der Vernunft und sensualistisch aus einem Übermaß an Sensibilität, das sie zur Solidarität und zum Mitleiden mit allen Menschen befähigt, ableiten.[42] Sie repräsentieren einerseits eine Elite, andererseits jedoch ein Ideal, dem alle entsprechen können und sollen.[43] So betrachtet ließe sich das Selbstverständis des »homme de lettres« gewiß als eine idealisierte Form der Lebensauffassung des Bürgertums im späten Ancien Régime beschreiben.[44] Indes: diese Elite befand sich in Opposition zur bestehenden spätfeudalistischen Ordnung. Mit der Revolution von 1830 jedoch hatte sich diese Situation grundlegend gewandelt. Die »Philosophen« (wie etwa Thiers, Guizot, Cousin und Jouffroy) waren in die wichtigsten Staatsämter aufgerückt, die bürgerlich-liberale Philosophie des Eklektizismus war eine Art offizieller Doktrin geworden. Anders als jene aber will Hugo sich nicht mit der herrschenden Kaste der Julimonarchie und der von ihr repräsentierten Ordnung identifizieren, ohne jedoch eine plebejisch-proletarische Institutionalisierung von Kunst und Literatur zu befürworten, die dann in den frühen vierziger Jahren durchaus schon in den Bereich des Möglichen rückt. Die Widersprüche, die Hugos Position beinhaltet, mußten früher oder später offen zutage treten.

Nicht zur Umwälzung des Bestehenden ruft er seine Schriftstellerkollegen in der Akademie auf, sondern zur Mäßigung. Die Aufklärer, allen voran Voltaire, hätten die alte Gesellschaft niedergerissen, die Schriftsteller des 19. Jahrhunderts könnten die neue Gesellschaft konsolidieren oder zerstören, und Hugo läßt keine Zweifel daran, daß seines Erachtens nicht das Zerstören ihre erste Pflicht ist. Dem entspricht, daß er die Literatur nicht mehr nur als ein Tribunal, sondern auch als Kanzel auffassen will.[45] Ihre Aufgabe sei es, so ruft er den »Unsterblichen« zu, eine Art Vermittlungs- und Versöhnungsfunktion zwischen den verschiedenen gesellschaftlichen und politischen Institutionen auszuüben. Die Fragmente, in die die Gesellschaft zerfallen sei, gelte es wieder zusammenzufügen.[46]

Mit diesen Gedankengängen steht Hugo den Frühsozialisten um P. Leroux sehr nahe, deren Kritik des bestehenden Systems vor allem auf den Zerfall der Gesellschaft, ihre Atomisierung abhob. Die »théorie de l'art pour l'art«, d. h. die Auffassung des Autonomiestatus der Kunst im Sinne ihrer Ausgrenzung aus der sozialen Lebenspraxis, war für sie nur ein Resultat dieser Atomisierung. Auch in ihren Augen sollte die Kunst eine Art neue »Religion« sein, d. h. ein »lien invisible«, das die konkurrierenden Partikularwillen zu einer solidarischen Gemeinschaft zusammenschließen könnte.[47] Hugo ist gleichfalls der Auffassung, daß es eines solchen neuen Glaubens bedarf. (»Il ne suffit pas de penser, il faut croire.«[48]) Im Unterschied zu den Frühsozialisten jedoch bleibt sein Programm weitgehend an das der Aufklärer gebunden: »civiliser les hommes«[49], »l'adoucissement des mœurs«[50], »développement de la sociabilité humaine«[51] lauten seine wichtigsten Ziele, d. h., es geht vorwiegend um die Eindämmung gesellschaftlicher Aggressivität und Destruktivität. Unter den Bedingungen der Julimonarchie mußte dieses Programm eher eine affirmative als eine verändernde Funktion haben. Darüber hinaus darf wohl bezweifelt werden, daß die Institutionen der Bürgermonarchie wie die Académie und die Pairskammer tatsächlich noch jene »unabhängige« Rolle auszuüben vermochten, die Hugo ihnen zuwies. Schon Salvandy unterschlug in seiner Antwort auf den »discours de réception« alle politischen Dimensionen des Hugoschen Programms. Der Romantiker scheint sich im übrigen selbst dieses Dilemmas bewußt gewesen zu sein.[52]

Angesichts solcher Widersprüche scheinen uns zwei Tendenzen charakteristisch zu sein, die zusehends deutlicher hervortreten. Dazu zählt zunächst die Tatsache, daß der Dichter sich immer höher erhebt über die Niederungen der konkreten Realität. Je höher er sich aber über sie erhebt, desto mehr verschwimmen unter seinem Blick die Grenzen zwischen Klassen und Nationen. Angelegt war diese Konsequenz gewiß von Anfang an in seiner ambivalenten Konzeption von der Unabhängigkeit und Unparteilichkeit. Was dann vor allem im Gedicht *Fonction du Poète* (1839) zutage tritt, äußert sich noch deutlicher in Hugos Antwort auf die Rede von Saint-Marc Girardin in der Académie (1845):

> C'est ici, monsieur, une région sereine [...]. Vous ne retrouverez pas ici l'écho des controverses qui émeuvent les esprits au dehors, et dont le bruit n'arrive pas jusqu'à nous. Les membres de cette académie habitent la sphère des idées pures.[53]

Die zweite Tendenz ist die zunehmende Personalisierung des oben beschriebenen »pouvoir spirituel« in den »hautes individualités que leur génie isole«.[54] Wenn wir zunächst feststellten, daß Hugo die neuere Geschichte als einen Kampf zwischen geistiger Gewalt und etablierten Mächten rekonstruiert, so ist hier anzufügen, daß er sie vorzugsweise rekonstruiert als eine ständige Konfrontation großer Persönlichkeiten.[55] Gewiß kann Hugo nicht als der Protagonist dieser Sichtweise bezeichnet werden: der Kult der großen Gestalten aus Kunst und Wissenschaft entstammt der Aufklärung, die Académie selbst hatte ihm Mitte des 18. Jahrhunderts eine nahezu offizielle Weihe erteilt.[56] Bei dem Romantiker indes erreicht dieser Kult einen historischen Höhepunkt: die Auratisierung des Dichters, der Dichterpersönlichkeit (»lui seul a le front éclairé«), so will uns scheinen, hat zur Folge, daß der Inhalt seines Tuns in den Hintergrund gerückt wird.

4. Der Dichter als »Mann der Utopie« – Die Dichtung als neue »Religion«

Während die offizielle gesellschaftliche Praxis Hugos am Ende doch auf eine Funktion des Schriftstellers – und damit der Institution Kunst/Literatur – hinauszulaufen scheint, die das Bestehende eher bestätigt, als daß sie es zu verändern unternimmt, zeigt die Lyrik der späten dreißiger Jahre neben dieser – auch dort vorhandenen – Konsequenz doch darüber hinaus gleichzeitig eine gegenläufige Tendenz. Unverkennbar existiert eine Differenz zwischen politischem und poetischem Diskurs, wobei die Dichtung die »radikaleren« Positionen späterer Entwicklungsphasen des Autors schon ankündigt. Dies gilt zumal für das schon häufiger erwähnte Gedicht *Fonction du Poète*. Seine innere Logik drängt trotz aller Abstraktheit, trotz aller Mystifikationen über das Bestehende hinaus. Dies bekundet etwa die wiederholte Verwendung des Begriffs Utopie und die Kennzeichnung des Dichters selbst als »homme des utopies«. Dies belegt auch die Analyse der Gegenwart als einer Epoche der Negativität (»temps contraires«, »jours impies«). Beides rückt den Autor in die Nähe der Frühsozialisten, beides kann nicht anders gedeutet werden als eine Absage an die Apologeten des Status quo.[57]

In diesem Zusammenhang ist auf die Funktion der Religion im vorliegenden Text einzugehen. Charakteristisch für die Entfaltung der semantischen Felder muß hier die Interferenz von politischer und religiöser Sprache erscheinen.[58] Dies bedeutet nichts anderes, als daß die Religion eine politisch-soziale Funktion erhält, während andererseits die gesellschaftliche Rolle des Dichters eine religiöse Qualität bekommt.

Die Religion dient der Legitimation der sozialen Funktion des Schriftstellers. Da er seine »mission« nicht mehr wie die Aufklärer aus dem universalen Anspruch der Vernunft und des Naturrechts abzuleiten vermag, sich aber gleichzeitig auch nicht als Beauftragter einer bestimmten gesellschaftlichen Gruppe/Klasse sehen will, gerät er unausweichlich in eine Legitimationskrise. Dementsprechend hieß es noch im Vorwort zu *Les Voix Intérieures* (1837): »[...] la mission qu'il s'est imposée.«[59] Er selbst verstand sich als sein eigener Auftraggeber. Indem er sich nun unmittelbar auf »Gott« beruft – nicht umsonst zitiert er den Schlachtruf der Kreuzfahrer »Dieu le veut« –, entzieht er sich jeder weiteren Diskussion um seine Legitimation.

Aber die Religion, wie Hugo sie in diesem Gedicht versteht, ist nicht mehr die Religion, wie die Aufklärer sie sahen, wie Marx sie noch sah und wie auch die Kirche sie traditionellerweise begriff: sie dient nicht mehr der Affirmation des Bestehenden, sondern der Motivation verändernder Praxis. Dies bedeutet auch, daß ein Gegensatz zwischen Jenseits und Diesseits nicht mehr festgehalten wird. Hugo steht in dieser Hinsicht wiederum den Frühsozialisten um P. Leroux sehr nahe.[60]

Freilich setzt er gleichzeitig auch die Tradition der Aufklärung fort: Es ist die Literatur, die sich hier selbst als »Religion« zu institutionalisieren unternimmt, d. h., sie schickt sich an, die traditionelle Institution Kirche zu ersetzen, mit allen Implikationen und Konsequenzen. Sie begreift sich als normen-, ja sogar als heilsvermittelnde Instanz. Bekanntlich war diese Konzeption einer »humanitären« Religion in der Epoche der Romantik außerordentlich verbreitet.[61]

In diesem Kontext kann es nur folgerichtig erscheinen, wenn der Dichter sich selbst als »Prophet«, seine Funktion als »Priestertum« (»sacerdoce«) und »Prophetenamt« (»pareil aux prophetes«) versteht. Der alttestamentlich-jüdischen Tradition entsprechend haben alle anderen Mächte (wie etwa die »Könige«) ihm gegenüber nur eine sekundäre Legitimation. Was dies für Hugo konkret bedeutet, läßt sich vielleicht mit den Worten eines heutigen Vertreters der sog. Theologie der Befreiung beschreiben:

> Der Prophet gibt sich mit dem Erreichten nicht zufrieden, sondern er fragt danach, wie das Gegenwärtige als Instrument für die Zukunft verwendet werden kann. Weil der Prophet das Bestehende radikal infrage stellt, ist er in seinem Lande selten geachtet.[62]

Diese neue Funktionsbestimmung der Religion mußte für Hugo – aber nicht für ihn allein – an Bedeutung gewinnen in dem Maße, wie er ein neues Publikum ins Auge faßte, die unteren Klassen, ja diese sogar zum künftigen Subjekt der Geschichte und zum Träger einer neuen Kultur erklärte. Die rationalistisch-emanzipatorische Kultur der Aufklärung war die einer kleinen bürgerlichen Elite geblieben, sie produzierte (und reproduziert im Grunde bis heute) »den Gegensatz zwischen Kultureliten und kulturell isoliertem Volk«.[63] Die nichtbürgerlichen Klassen aber (vor allem Bauern und Handwerker), soweit sie die kapitalistische Entwicklung ihrem ursprünglichen Lebensraum noch nicht entfremdet hatte, wurzelten in der ersten Hälfte des 19. Jahrhunderts noch weitgehend in der von der Aufklärung kaum berührten religiösen Tradition und ihren Institutionen. Als Repräsentanten der bürgerlichen Elite begannen, sich den unteren Klassen zuzuwenden, lag es nahe, die verinnerlichten Normen dieser Tradition zu Impulsen verändernder Praxis »umzufunktionieren«.[64]

5. Die Ambivalenz der Position Hugos

Das Verhältnis zwischen Schriftsteller oder allgemeiner: dem »pouvoir spirituel« und den »Massen« – wie unscharf sie soziologisch noch definiert werden – dürfte schließlich der kritische Punkt in der Konzeption Hugos sein. Auf welchen Gegebenheiten beruhte die immer wieder hervorgekehrte privilegierte Beziehung zwischen kultureller Avantgarde und »peuple«? Die Frühsozialisten pflegten dieses Problem zu lösen, indem sie beide unter den Oberbegriff »Produzenten« (»producteurs«) oder auch »Arbeiter« subsumierten. Hugo scheint diese Lösung übernommen zu haben.[65] Die Ambivalenz dieser Position aber tritt etwa darin zutage, daß Künstler und »Volk« durchaus (noch) keine gleichberechtigten Partner sind. Zwar wird den Niederen zugestanden, daß sie die Träger einer künftigen Kultur sein werden, aber die »zivilisatorische« Tätigkeit liegt bis auf weiteres ganz auf seiten der ersteren. Auch dies erklärt die Betonung des »Prophetenamts« der Schriftsteller und schließlich die Tendenz zur Auratisierung der Dichterpersönlichkeit. Unaufgelöst blieb der Gegensatz zwischen der Vorstellung von der historischen Notwendigkeit des »homme initial«, des großen Offenbarers (»grand révélateur«), der »von oben herab« das »Ideal« enthüllt, und der Auffassung, daß der Dichter durch sein Wort nur zum Sprechen und zum

Bewußtsein bringe, was in den »Massen« an Sehnsüchten und Bedürfnissen, letztlich an kultureller und politischer Kapazität implizit vorhanden sei.[66]

Hugos Versuch, die kritisch-aufklärerische Institutionalisierung von Kunst/Literatur im Rahmen einer etablierten bürgerlichen Ordnung zu aktualisieren, fand letztlich weder die Zustimmung der liberalen noch der frühsozialistischen Zeitgenossen. Die ersteren – dies dokumentiert etwa der Artikel *Statistique littéraire* von Ch. Louandre in der *Revue des deux Mondes* (1842) – wiesen seine Vorstellung von der Unabhängigkeit des Schriftstellers zurück. Die These von der Souveränität des Dichters inmitten des Verfalls aller anderen Gewalten (»l'affaissement de tous les pouvoirs«) müsse notwendigerweise zu einer neuen Diktatur führen, die sich anschicke zu dogmatisieren.[67] Diese Ablehnung zeigt freilich auch, wie eng die Auffassung der Liberalen vom autonomen Status der Kunst war.

Komplementär hierzu verhielt sich die Kritik der Linken. Nur noch ironisch im Konditional zitiert die *Revue Indépendante* 1845 die Vorstellung Hugos vom Richteramt (»magistrature«) und vom Priestertum (»sacerdoce«) des Schriftstellers: »[. . .] il exercerait, lui, un véritable sacerdoce, et serait le pontife-roi de la société moderne«.[68] Diese Einschätzung läßt sich nur verstehen aus den Wandlungen, die die politisch-literarische Öffentlichkeit seit den frühen vierziger Jahren erfahren hat: es gibt eine Gruppe von Schriftstellern (wie etwa G. Sand u. A. Esquiros) und eine Reihe mit ihnen verbündeter Zeitschriften (wie die *Revue Indépendante*), die nicht mehr nur die Aktualisierung der kritisch-aufklärerischen Kunstauffassung betreiben, vielmehr offen eine plebejisch-proletarische Institutionalisierung der Literatur vertreten.[69] Unter diesen Bedingungen wandelt sich auch das soziale Rollenverständnis des Schriftstellers, nicht er wird jetzt mehr als der »große Offenbarer« angesehen, sondern die »Massen« selbst produzieren das »Ideal«:

> Le grand fait de notre temps, l'avènement de la démocratie, change les conditions de la révélation des idées [. . .]. Ce n'est plus dans une tête prédestinée que doit germer l'idée nouvelle; elle naît des masses elles-mêmes; [. . .] par conséquent, en fait de doctrines rénovatrices, il ne peut rien avoir dans le poète qui ne soit pas déjà dans la société.[70]

Die gesellschaftliche und politische Unparteilichkeit, die Hugo für den Schriftsteller reklamierte, ließ sich kaum auf die Dauer realisieren. Im Namen aller gesellschaftlichen Gruppen/Klassen seine soziale Funktion ausüben zu wollen, sollte sich sehr bald als eine Illusion erweisen. Dies noch einmal zu dokumentieren, sei am Schluß an eine kleine Episode aus dem Jahre 1846 erinnert. Hugo hatte – sich gleichzeitig selbst als »ouvrier« bezeichnend – die Gründung einer Vereinigung für die Moralisierung der Arbeiter durch Industrieunternehmer geradezu enthusiastisch begrüßt[71] und sah sich daraufhin heftigen Attacken von seiten der Arbeiterzeitung *L'Union* ausgesetzt. Vor allem der Arbeiterdichter S. Lapointe – von Beruf Schuster – bestritt ihm in einem langen öffentlichen Brief die Berechtigung, in solcher Weise für die Niederen zu sprechen. Eine Organisation wie die gegründete müsse das bestehende Elend den Arbeitern als moralisches Verschulden anlasten. Alle »Moralisierungsversuche« seien ebenso viele Repressionsmaßnahmen der Privilegierten gegen die »neuen Barbaren«, wie man Arbeiter seit 1830 gern nannte. Was für Hugo aber vor allem schwer wiegen muß, ist die Tatsache, daß er ohne alle Umschweife mit den Herrschenden gleichgesetzt wird. Das Recht, sich den Titel »Arbeiter« zuzulegen, versagt ihm Lapointe ausdrücklich. Auch die kommunikative Strategie, der er sich so gern bediente, der Appell, kehrt sich hier ironisch gegen ihn selbst. Die Widersprüche seiner Konzeption, die weitgehend die Widersprüche der ersten romantischen Generation sind (vgl. etwa Lamartine, Vigny und Sainte-Beuve), könnten nicht anschaulicher vor Augen geführt werden als durch diese Kontroverse.[72] Über den aktuellen Bezugsrahmen der Julimonarchie hinaus enthüllen sie jedoch langfristige Tendenzen, nämlich die Problematik der Aktualisierung und Anpassung einer kritisch-aufklärerischen Funktion von Literatur unter den Bedingungen der etablierten bürgerlichen Herrschaft. Zola etwa, A. France und noch Sartre werden mit ähnlichen Fragestellungen zu tun haben.

Anmerkungen

1 P. Flottes, *Histoire de la poésie politique et sociale en France de 1815 à 1939*, Paris 1976, 135.

2 Marx/Engels, *Werke*, Berlin (DDR) 1973, Bd. 7, 12.

3 In der vorliegenden Studie ist damit der Begriff Autonomie der Kunst (Autono-

miestatus) weiter gefaßt als bei P. Bürger. Er beinhaltet hier die Vorstellung einer literarisch-politischen Öffentlichkeit im Sinne einer normenvermittelnden Instanz.

4 Wenn im folgenden das Problem der Institutionalisierung von Kunst/Literatur auf der Ebene der Position im wesentlichen *eines* Autors entwickelt wird, so soll damit nicht die These vertreten werden, die Formen der Institutionalisierung seien eine Angelegenheit subjektiven »Meinens«.

5 Die nachfolgenden Darlegungen sind ausführlicher entwickelt in Kh. Biermann, *Literarisch-politische Avantgarde in Frankreich 1830-1870 – Hugo, Sand, Baudelaire und andere,* Habilitationsschrift Münster 1980, Stuttgart 1982.

6 Zur gesellschaftlichen und politischen Bedeutung der Julirevolution vgl. H.-G. Haupt (Hg.), *Sozialökonomische und politische Voraussetzungen der Julirevolution 1830,* Göttingen 1971. Zu den Wandlungen der Romantik P. Barbéris: *Mal du siècle ou d'un romantisme de droite à un romantisme de gauche,* in: *Romantisme et politique,* Paris 1969, 164-182.

7 Vgl. dazu P. Bénichou, *Le Sacre de l'écrivain 1750-1830,* Paris 1973, 419 ff., und H. Stenzel, *Der historische Ort Baudelaires,* München 1980, 40 ff. – Weder Bénichou noch Stenzel handeln freilich von der Bedeutung Hugos in diesem Kontext.

8 Vgl. H. Fortoul, *De l'art actuel,* in: *La Revue encyclopédique* (im folgenden: *RE*), Juli/August 1833.

9 *La Revue des deux Mondes,* 15. April 1834.

10 Victor Hugo, *Œuvres complètes, édition chronologique,* Paris 1967 (im folgenden *OC*), Bd. V/1, 39.

11 Ebd.

12 Ebd.

13 Ebd., 40.

14 *OC* (s. Anm. 10), Bd. IV/1, 368.

15 Ebd., 369.

16 Ebd., 370.

17 Ebd., 371.

18 *OC* (s. Anm. 10), Bd. III/2, 922.

19 S. hierzu Anne Ubersfeld, *Les conditions d'un refus idéologique – Hugo devant la presse de 1831 à 1840,* in: *Hommage à G. Fourrier,* Paris 1973, 359-379.

20 S. dazu vor allem: *Journal . . . d'un révolutionnaire de 1830,* in: *OC* (s. Anm. 10), Bd. V/1, 105 ff.

21 Ebd., 39.

22 *OC* (s. Anm. 10), Bd. IV/1, 371.

23 Vgl. Th. Gautier, Vorwort zu *Mademoiselle de Maupin* (1834).

24 *OC* (s. Anm. 10), Bd. V/1, 38.

25 Zum ersten Mal erscheint hier auch bei Hugo der Begriff Fortschritt als positives geschichtsphilosophisches Theorem.

26 *OC* (s. Anm. 10), Bd. V/1, 40.

27 Ebd., 41.

28 A. Ubersfeld (s. Anm. 19), 369.

29 *OC* (s. Anm. 10), Bd. V/1, 558.

30 M.-F. Guyard schrieb 1970 im Vorwort zur Taschenbuchausgabe von *Les Feuilles d'Automne* und *Les Chants du Crépuscule:* »Le jeune poète de 1831-1835 est à redécouvrir.« (Garnier-Flammarion No. 225, S. 10).

Die ältere Studie von A. Guiard mit dem vielversprechenden Titel *Fonction du poète* (Paris 1910) trägt zur Erhellung der hier behandelten Problematik nichts bei.

31 Vgl. P. Flottes (s. Anm. 1), 165 sowie A. Ubersfeld, *Peuple et histoire dans le théâtre de V. Hugo,* in: J. Carre u. a., *Affrontements de classes et création littéraire,* Paris 1971, 33: »C'est l'idéologie officielle que l'on trouve dans la poésie de cette date.«

32 Vgl. Biermann (s. Anm. 5). Dort finden sich ausführliche Textinterpretationen. Es handelt sich dabei vor allem um die Gedichte *Les Feuilles d'Automne* III und XXXII, *Les Chants du Crépuscule* I, IV, VI und XV.

33 *Appel aux bourgeois, Appel aux libéraux, Appel aux artistes, Appel aux philosophes* lauteten etwa die Titel von Aufrufen, mit denen sich vor allem die Saint-Simonisten an ihre Zeitgenossen wandten.

34 Vgl. vor allem den letzten Teil von *Dicté apres juillet 1830 (Les Chants . . ., I).*

35 Vgl. etwa die Gedichte *Les Voix Intérieures,* V, *Les Rayons et les Ombres,* IV und XI.

36 Vgl. etwa *Les Voix . . .,* VII, X, XII, XIV, XVIII, XXX, *Les Rayons . . .,* XX, XXI, XXXIII, XXXIV, XXXV.

37 Vgl. den Titel *Le Sacre de l'écrivain* der umfassenden Studie von P. Bénichou (s. Anm. 7).

38 So Magnin in *La Revue des deux Mondes* vom 15. 6. 1841.

39 *OC* (s. Anm. 10), Bd. VI/1, 162. – (»Was ich vom einsamen Dichter, vom vereinzelten Schriftsteller sage, würde ich auch von Ihnen sagen, meine Herren. Sie haben auf Herzen und Seelen einen ungeheuren Einfluß. Sie sind die wichtigsten Zentren jener geistigen Gewalt, die sich seit Luther verlagert hat und die seit drei Jahrzehnten aufgehört hat, ausschließlich der Kirche zuzukommen.«)

40 Ebd.

41 Malesherbes, *Discours de réception à l'académie française* (1775), zit. nach M. Pellisson, *Les hommes de lettres au XVIIIe siècle,* Paris 1911, 247. – (»Ein Tribunal ist errichtet worden, das von allen Mächten unabhängig ist, ein Tribunal, das über alle Talente befindet, über alle Arten von Verdienst urteilt; und in einem Jahrhundert, wo jeder Bürger auf dem Wege des Buchdrucks zur ganzen Nation sprechen kann, sind diejenigen, die das Talent haben, die Menschen zu belehren und zu rühren, inmitten des versprengten Publikums das, was die Redner Roms und Athens inmitten des versammelten Volkes waren.«)

42 Vgl. meinen Aufsatz *Der Literat, das Volk und die öffentliche Meinung,* in: *Lendemains* 11, 1978, 11-32.

43 Der Titel des Dramas von Sedaine mag in dieser Hinsicht programmatisch erscheinen: *Le philosophe sans le savoir* (1765). Der Held des Stückes ist Kaufmann.

44 Vgl. hierzu A. Opitz, *Schriftsteller und Gesellschaft in der Literaturtheorie der französischen Enzyklopädisten,* Bern/Frankfurt 1975, 95.

45 *OC* (s. Anm. 10), Bd. VII/1, 67.

46 *OC* (s. Anm. 10), Bd. VI/1, 162 f.

47 Vgl. P. Leroux, *Aux Philosophes,* in *RE* (s. Anm. 8), Sept. 1831, sowie An., *De la tendance actuelle des idées,* in *RE,* Jan. 1832.

48 *OC* (s. Anm. 10), Bd. VII/1, 76.

49 *OC* (s. Anm. 10), Bd. VI/1, 162.

50 Ebd., 163.

51 Ebd., 161.

52 Vgl. V. Hugo, *Choses Vues 1830-1846,* Paris 1972 (Gallimard-Folio 11), 153.

53 *OC* (s. Anm. 10), Bd. VII/1, 65. – (»Dies ist, Herr Girardin, eine heitere Region [. . .]. Hier werden Sie kein Echo jener Auseinandersetzungen wiederfinden,

die die Gemüter draußen bewegen und deren Lärm nicht bis zu uns gelangt. Die Mitglieder dieser Akademie bewohnen die Sphäre der reinen Ideen.«)

54 *OC* (s. Anm. 10), Bd. VI/1, 151.

55 Vgl. ebd., 147 ff.

56 Vgl. P. Bénichou (s. Anm. 7), 47.

57 Vgl. P. Leroux, *Aux Philosophes*, in *RE* (s. Anm. 8), Sept. 1831.

58 So auf der einen Seite »Dieu«, »prophète[s]«, »jours impies«, auf der anderen Seite »peuple«, »cité«, »utopies«.

59 *OC* (s. Anm. 10), Bd. V/1, 559.

60 P. Leroux, zit. nach D. O. Evans, *Le socialisme romantique*, Paris 1948, 212 f.

61 Vgl. P. Bénichou, *Le Temps des Prophètes*, Paris 1977.

62 N. Greinacher, *Die Kirche der Armen – Zur Theologie der Befreiung*, München 1980 (Serie Piper), 30. – Ähnlich definiert die Rolle des Propheten der Christiano-kommunist, Mystiker und Revolutionär Adolphe Constant in seinem Buch *La Bible de la liberté* (1841): »Les prophètes sont des hommes que le présent afflige, parce qu'ils vivent dans l'avenir.« (Zit. nach G. M. Bravo, *Les Socialistes avant Marx*, Paris 1970 (= Petite Collection Maspero), Bd. III, 119.

63 So J.-B. Metz in seiner Laudatio aus Anlaß der Verleihung des Friedenspreises des Börsenvereins des Deutschen Buchhandels 1980 an Ernesto Cardenal (*E. Cardenal*, Frankfurt, Börsenverein, 1980, 29 f.).

64 Dieser Versuch scheiterte historisch mit dem Zusammenbruch der Zweiten Republik 1851. (Vgl. Biermann, *Baudelaire als ›théologien‹ de la populace*, in: *Französisch heute*, 1979/3, 179-191.)

65 Hugo nennt den Denker »cet autre ouvrier« (*OC*, s. Anm. 10, Bd. VII/1, 72).

66 S. hierzu noch einmal P. Leroux (s. Anm. 60), 222 f.

67 Ch. Louandre, *Statistique littéraire – La poésie depuis 1830*, in: *La Revue des deux Mondes*, 15. Juni 1842.

68 *La Revue indépendante, Chronique politique*, 25. Jan. 1845.

69 Diese Veränderung der literarisch-politischen Öffentlichkeit habe ich im zweiten Teil meiner o. zit. Habilitationsschrift am Beispiel der *Revue indépendante*, des Sozialromans und literarischer Zwischengattungen (Mischgattungen) ausführlich dargestellt (s. Anm. 5). Vgl. Vf.: *Frühsozialismus und Sozialroman: George Sand*, in: F. Wolfzettel (Hg.), *Der französische Sozialroman des 19. Jahrhunderts*, Darmstadt 1981.

70 V. de Laprade, *De la question littéraire*, in: *La Revue indépendante*, 10. Okt. 1843. – (»Das große Faktum unserer Zeit, die Heraufkunft der Demokratie, verändert die Bedingungen für die Entdeckung von Ideen. Nicht mehr in einem auserwählten Kopf soll die neue Idee aufkeimen, sie entsteht vielmehr aus den Massen selbst [...]; folglich kann, was die Theorien der Erneuerung angeht, nichts im Kopf des Dichters sein, was nicht schon in der Gesellschaft vorhanden ist.«)

71 Vgl. *OC* (s. Anm. 10), Bd. VII/1, 89.

72 Der Brief von Lapointe ist abgedruckt in: A. Faure / J. Rancière (Hg.), *La parole ouvrière*, Paris 1976 (UGE/Coll. 10/18, No. 1064), 259 ff.

Hans Sanders
Gattungsnorm und literarische Praxis: Balzac/Sue[1]

Nicht Santer siegt, sondern Old Shatterhand. King-Kong, das schwarze Monster, das die weiße Frau geraubt hat, wird durch die rationale Überlegenheit der weißen Rasse zur Strecke gebracht. Formicula, die riesenhafte Ameise, erschüttert die Grundlagen der Zivilisation, aber schließlich unterliegt sie dem massiven Einsatz von Militär und Wissenschaft. Ein letztes in der Reihe der willkürlich herausgegriffenen Beispiele: Auch noch im Weltraum setzt sich der »besonnene« Commander Adama gegen seinen um Menschenleben unbekümmerten, draufgängerischen Gegenspieler durch, von dem gesagt wird, er drehe mit seinem Schiff in den unendlichen Raum ab.

Die Beispiele haben mindestens ein gemeinsames Merkmal: Die Wirklichkeit wird so aufgefaßt, wie sie einer bestimmten idealen Norm nach sein soll. Das im Sinne dieser Norm »Gute« setzt sich gegen das von ihr ausgegrenzte »Schlechte« durch. Merkmale wie dieses sind in der Forschung zur Massenkultur oft beobachtet worden. Ich möchte im folgenden einer einzigen Frage nachgehen: Haben solche Mechanismen der überhöhenden Realitätsbearbeitung bestimmte Voraussetzungen auf der Ebene der ästhetischen Normen, an denen sich die kulturelle/literarische Praxis orientiert? Ich werde diese Frage diskutieren, ausgehend von einem Vergleich zweier Romane, nämlich Balzacs *Le père Goriot* und Sues *Les mystères de Paris.*[2] Der Vergleich wird sich auf Figurenkonstellation, Aufbau der Handlung und Erzählweise beziehen.

Ich beginne mit Balzacs *Père Goriot.* Der ehemalige Nudelfabrikant Goriot, der seine beiden Töchter bis zum finanziellen Ruin liebt, macht im Sterben die Erfahrung, daß er von ihnen im Stich gelassen wird. Zwar folgen die Karossen der in hohe Aristokratie und Finanzbürgertum aufgestiegenen Töchter dem Sarg, aber sie sind leer. Entscheidend für die Figurenkonstellation des Romans ist die Triade Goriot/Vautrin/Rastignac. Angelegt ist die Erzählung als Erziehungsprozeß. Rastignac steht als »Sohn« zwischen den Vaterfiguren Goriot und Vautrin. An diesen beiden Vaterfiguren sind entgegengesetzte Handlungsorientierungen festgemacht, oder – in der Freudschen Terminologie – oppositionelle Ich-Ideale, zwischen denen Rastignac zu wählen hat.

Für die Anlage der Figur Goriots ist entscheidend ein Wechsel der Identität. Goriot ist zunächst ein erfolgreicher Kaufmann, der die Regeln des wirtschaftlichen Erfolges vollkommen beherrscht. Nach dem Tod seiner Frau vertauscht er die »egoistische« Rolle des allein auf Gewinn bedachten, wirtschaftenden Bürgers mit der gewissermaßen altruistischen oder kommunikativen Vaterrolle. War vor dieser Kehre die Optimierung von Profitchancen beherrschendes Motiv seines Handelns, so ist es nachher die Auslöschung jeglichen materiellen Interesses zugunsten der Aufopferung für die Aufstiegsinteressen der Töchter. Man kann sagen: Die biografische Kehre Goriots ist als soziales Experiment angelegt. Die Erzählung stellt die Frage, ob in einer am Prinzip strategischen Handelns, d. h. wirtschaftlichen Erfolgs, orientierten Umwelt die Identität einer ausschließlich durch Liebe und Hingabe bestimmten Vaterrolle eine Durchsetzungschance hat. Das Experiment geht negativ aus. Der Vater wird uninteressant, nachdem er sein gesamtes Vermögen für die Töchter eingesetzt hat. Nun muß im Roman ein solch einschneidender Vorgang wie das Scheitern einer Identität an einer entscheidenden Stelle plaziert werden. Dieses geschieht denn auch in der Konversion Goriots, der im Koma ausspricht, daß wirtschaftliches Interesse und nicht Liebe beherrschendes Motiv gesellschaftlichen Handelns ist:

> Elles ont des affaires, elles dorment, elles ne viendront pas. Je le savais [. . .] Ah! si j'étais riche, si j'avais gardé ma fortune, si je ne la leur avais pas donnée, elles seraient là, elles me lècheraient les joues de leurs baisers! [. . .]
>
> L'argent donne tout, même des filles. Oh! mon argent, ou est-il? Si j'avais des trésors à laisser, elles me panseraient [. . .] J'avais trop d'amour pour elles pour qu'elles en eussent pour moi. Un père doit être toujours riche, il doit tenir ses enfants en bride comme des chevaux sournois.[3]

Das Scheitern der Identität Goriots ist um so bedeutsamer, als mit der Vaterrolle eine traditional-religiöse Realitätsauffassung verbunden ist, die Vorstellung einer gottgarantierten Ordnung:

> Eh bien, quand j'ai été père, j'ai compris Dieu. Il est tour entier partout, puisque la création est sortie de lui. Monsieur, je suis ansi avec mes filles.[4]

Mit der Identität des Nudelfabrikanten scheitert also zugleich eine Weltauffassung.[5] – Die Figur Vautrins ist als Gegensatz zu der Goriots angelegt. An ihr ist die Konzeption einer Welt mit dem zentralen Prinzip des wirtschaftlichen Erfolgs festgemacht. Vautrin sagt in einem seiner Versuche, Rastignac für seine Sicht zu gewinnen:

Voyez-vous, mon petit, je vis dans une sphère plus élevée que celle des autres hommes. Je considère les actions comme des moyens, et ne vois que le but.[6]

Er formuliert damit ein wesentliches Merkmal strategischen, d. h. normativ indifferenten Handelns.[7] Die Opposition schließt auch die Frage der göttlichen Ordnung ein:

A Paris, l'honnête homme est celui qui se tait, et refuse de partager. Je ne vous parle pas de ces pauvres ilotes qui partout font la besogne sans être jamais récompensés de leurs travaux [...] Certes, là est la vertu dans toute la fleur de sa bêtise, mais là est la misère. Je vois ici la grimace de ces braves gens si Dieu nous faisait la mauvaise plaisanterie de s'absenter au jugement dernier [...] Voilà la vie telle qu'elle est. Ça n'est pas plus beau que la cuisine, ça pue tout autant, et il faut se salir les mains si l'on veut fricoter; sachez seulement vous bien débarbouiller: là est toute la morale de notre époque.[8]

Vautrin setzt seine Identität, d. h. seine Sicht der Dinge, als Realitätsprinzip einer gesellschaftlichen Epoche. Dieses beinhaltet den Primat von moralindifferentem gegenüber sittlichem Handeln. Eine solche Konstruktion von Wirklichkeit sprengt nicht nur das traditionale Muster einer gottbezogenen Ordnung, sondern verweist dieses in den Bereich eines schlechten Ammenmärchens. Zwar ist diese Position durch die personale Erzählsituation hier als nur subjektive Sicht einer Figur gegeben, sanktioniert auf der Ebene der Perspektive der Erzählung wird sie aber durch ihren Bezug zum Scheitern der Gegenidentät Goriots, wie sie in der Konversion formuliert ist.[9]

Eine Bestätigung dieser Sicht wird auch durch den Erziehungsprozeß Rastignacs gegeben. Er erfährt, indem er am qualvollen Sterben Goriots teilnimmt, was Vautrin als sicheres Wissen von der Welt vorträgt und was Goriot, bis zuletzt an seine Illusion der Liebe zwischen Eltern und Kindern gebunden, nicht wahrhaben will. Zunächst freilich schwankt Rastignac zwischen den beiden Identitätsangeboten:

Il vit le monde comme il est: les lois et la morale impuissante chez les riches, et vit dans la fortune l'ultima ratio mundi. »Vautrin a raison, la fortune est la vertu!« se dit-il.[10]

Diese Stelle ist auch erzähltechnisch relevant, weil sie etwas über die Haltung des Erzählers gegenüber dem Konflikt zweier Weltdeutungen aussagt. Der erste Teil des Zitats ist auktoriale Erzählerrede, der zweite gibt durch Redezeichen die subjektive Sicht Rastignacs wieder. Was den auktorialen Abschnitt betrifft, so ist wichtig, daß das hier ausgesprochene Urteil in der materialen Aussage, nicht aber in der Bewertung mit der Sicht Vautrins übereinstimmt. Was Vautrin zynisch konstatiert, den Geltungsverlust sittlichen Handelns, wird hier in moralischer Perspektive gesehen. Das heißt: Auf der Ebene der Erzählerrede wird der Geltungsverlust zwar faktisch konstatiert, zugleich wird aber kontrafaktisch an moralischen Beurteilungskriterien festgehalten.[11] Demnach erscheint der Geltungsverlust sittlicher Normen als moralisches Skandalon.

Was das Schwanken Rastignacs betrifft, so findet sich nach dieser Stelle die entgegengesetzte, die Sicht Goriots übernehmende:

Par ma foi, se dit Eugène en se couchant [sc. nach einem langen Gespräch mit Goriot], je crois que je serai honnête homme toute ma vie. Il y a du plaisir à suivre les inspirations de sa conscience.[12]

Schließlich aber gibt eine Erfahrung den Ausschlag: das einsame Sterben Goriots. Wie Goriot, so erfährt auch Rastignac den Geltungsverlust kommunikativer Prinzipien zugunsten eines reinen Erfolgskalküls. Der Roman operiert mit einer doppelten Konversion, der Goriots und der Rastignacs:

Le jour tombait, un humide crépuscule agaçait les nerfs, il regarda la tombe et y ensevelit sa dernière larme de jeune homme, cette larme arrachée par les saintes émotions d'un coeur pur, une de ces larmes qui de la terre ou elles tombent, rejaillissent jusque dans les cieux.[13]

Auch an dieser Stelle wird deutlich, daß der Erzähler zwar einen moralindifferenten Zustand der Welt konstatiert, zugleich aber kontrafaktisch an moralischen Prinzipien festhält. Rastignac übernimmt die Deutung Vautrins, indem er sich mit dem Ausruf »A nous deux maintenant!« an die Eroberung der Pariser Gesellschaft macht.

Bei der folgenden Analyse der *Mystères de Paris* werde ich mich auf die für den Vergleich wichtigen Aspekte beschränken. Der

Roman ist nicht als Erziehungsprozeß, sondern als Prozeß der Verletzung und Wiederherstellung einer gerechten, und das heißt auch gottgarantierten, Ordnung konzipiert. Als Buße dafür, daß er – wie es im Roman heißt – das Schwert gegen seinen Vater gehoben hat, betätigt sich Rodolphe de Gerolstein als eine Art Missionar in Sachen sozialer Gerechtigkeit. Sein Handlungsraum ist die Unterwelt der Kriminellen und sozial Entrechteten. Die Geschichte endet mit der Enthüllung, daß Fleur de Marie, die er aus dem Milieu der Prostitution rettet, seine Tochter ist. Daß der Roman alles soziale und moralische Elend durch das Charisma eines Feudalherren beseitigt[14], verweist auf die Bedeutung vorindustrieller Normierungen. Folgende Aspekte möchte ich unterscheiden: 1. Den Aufbau der Handlung als Abenteuerreihe; 2. die Bedeutung der Körperkraft; 3. das feudale Kommunikationsschema; 4. die providentielle Handlungskonstruktion.

Offensichtlich gehören Betonung der Körperkraft und Abenteuerreihe zusammen. Sowohl die »guten« als auch die »bösen« Figuren verfügen wie der *chourineur*, der *maître d'école* und auch Rodolphe selbst über außergewöhnliche Körperkräfte. Diese füllen offensichtlich eine Leerstelle der *Mystères* im Vergleich mit dem *Père Goriot:* Die Figuren sind ohne Innerlichkeit. Die Bedrohungen, mit denen sie fertig werden müssen, sind nicht solche einer problematischen Identität wie im Falle Rastignacs; es sind Bedrohungen der äußeren Natur.[15]

Der Rang Rodolphes als Feudalherr wird in bestimmten Kommunikationsritualen demonstriert, so etwa in Anredeformen wie »Votre Altesse«. Dieses Kommunikationsschema ist ein äußeres Indiz für die Bedeutung des feudalen Elements in der Sinnstruktur des Romans.[16] Ich beschränke mich auf das Moment des Herr/Knecht-Verhältnisses als einer wichtigen Beziehungsform im Roman. Rodolphe verfügt auch deshalb über außergewöhnliche Macht und entgeht einer Vielzahl von Bedrohungen, weil er von bedingungslos ergebenen Gefolgsleuten umgeben ist: dem *chourineur*, der ihn als seinen *maître* akzeptiert, nachdem er von Rodolphe im Kampf besiegt worden ist, dem englischen *Squire Murph*. Die Funktion des Beziehungstypus Herr/Knecht tritt im Vergleich mit Balzac hervor. Er ermöglicht es, zwischenmenschliche Beziehungen als persönliche und nicht rein interessenorientierte aufzufassen. Man kann auch – auf eine historisch-soziologische Erklärung vorgreifend – sagen: Der Roman setzt die persönliche Herr/Knecht-Beziehung gegen die bei Balzac in den Vordergrund gestellten versachlichten, interessenorientierten Beziehungen.[17]

Mit providentieller Handlungskonstruktion ist die Eliminierung des Zufalls angesprochen. Man kann Zufälle als Ereignisse verstehen, die nicht als sinnvoll interpretiert werden können. Zufälle kommen im Roman, das ergibt sich schon aus der Anlage als Abenteuerreihe, vielfach vor. Entscheidend ist aber, daß sich alle in einen Sinnzusammenhang einfügen.[18] Hier der wichtigste Zufall des Romans: Rodolphe rettet Fleur de Marie aus Prostitution und Armut. Dieses Ereignis erweist sich als für seine Biografie in mehrfacher Hinsicht entscheidend. Einmal ist die zufällig Errettete, das stellt sich am Ende heraus, seine Tochter. Wichtiger ist aber ein anderer Gesichtspunkt. Rodolphe begreift sein Handeln als Buße dafür, daß er in einer Auseinandersetzung die Waffe gegen seinen Vater erhoben hat:

> A partir de ce jour, poursuivi par le remords, je me mis à voyager à travers l'Europe. Mon expiation commençait, elle ne finira qu'avec ma vie. Pourchasser le mal, récompenser le bien, apporter un soulagement à ceux qui souffrent [. . .] voilà mon rôle ici-bas.[19]

Deutlich wird die Rolle der Vaterimago nicht nur bei Balzac, sondern auch in den *Mystères.*[20] Nur wird deren Geltung bei Sue emphatisch gestützt, während sie bei Balzac kritisch aufgelöst wird.[21] In diesem Rahmen erweist sich der Zufall der wiedergefundenen Tochter auch darin als providentiell, also in einen göttlichen Heilsplan aufgehoben, daß dieses Ereignis als Belohnung für den Büßer Rodolphe erscheint. Mme d'Harville, die die Botschaft überbringt, daß Fleur de Marie lebt, sagt:

»Mon Dieu, merci de m'avoir choisie pour lui [= Rodolphe] apprendre que sa fille est sauvée.« Und als Rodolphe sie fragt, wo Fleur de Marie sich aufhalte, antwortet sie: »En bas dans la voiture. Monseigneur, vous m'avez rendu mon pere, Dieu veut que je vous ramène votre enfant.«[22]

Nun einige Bemerkungen zum Unterschied der Erzähltechniken. Bei Balzac ist bedeutsam die Enthüllungstechnik. Rastignac erfährt schrittweise, was der Leser schon durch den auktorialen Erzähler erfahren hat: die Wahrheit über Goriot. Ebenso erfährt Goriot, was der Leser längst erwartet: die Wahrheit über seine Töchter. Entscheidend im Vergleich mit Sue ist weniger, daß der Handlungsaufbau die Sicht des auktorialen Erzählers bestätigt, als ein anderer Aspekt. Die Alternativstruktur, die wir auf der Ebene der Figurenkonstellation festgestellt haben – Rastignac entscheidet zwischen der Haltung Goriots und der Vautrins –, hat eine Entsprechung in der Erzähltechnik. Durch das Wechselspiel auktorialer Rede und subjektiver Sicht der Figuren ist die Lektüre notwendig eine alternative Perspektiven vergleichende, zwischen ihnen vermittelnde. Eben diese Alternativstruktur fehlt bei Sue sowohl auf der Ebene der Figurenkonstellation (Rodolphe ist von Anfang an der »Gute«, neben seiner Orientierung gibt es keine andere Möglichkeit, außer einer eindeutig als moralisch negativ qualifizierten)[23] als auch auf der der Erzählweise. Und zwar schrumpft die auktoriale Perspektive auf relativ kurze Überleitungen und die Personenportraits. Das beherrschende Erzählmuster ist die direkte Personenrede. Diese ist überwiegend dialogisch[24], nicht als innere Reflexion entwickelt. Das bedeutet, wie schon erwähnt, den Verzicht auf die kommunikative Ebene der Innerlichkeit. Während bei Balzac eine relativ komplexe Beziehung zwischen auktorialer und personaler Sicht entwickelt wird, haben wir hier eine relativ einsträngige Beziehung zwischen den Portraits und der Rede bzw. dem Handeln der Figuren. Die Portraits legen ein für allemal fest, ob eine Figur moralisch positiv oder negativ aufgefaßt werden soll.[25] Mit anderen Worten: Sues Roman verzichtet nicht nur auf die Alternativen Balzacs, auf die Dimension der Innerlichkeit, sondern auch auf die der Entwicklung. Gerade letzteres besagt aber, daß der Roman nicht eigentlich Identität im modernen Sinne konstituiert, denn diese ist ohne Entwicklung nicht denkbar.

Nach diesem Vergleich läßt sich der Ansatz einer historisch-soziologischen Erklärung der beiden Romane skizzieren. Ich beziehe beide Romane auf den Entwicklungsstand einer *société de transition*[26], das heißt einer Gesellschaft, die ökonomisch durch das Nebeneinander einer noch handwerklich-vorindustriellen Produktionsweise und erster Ansätze der Industrialisierung charakterisiert ist. Bezogen auf die Sozial- und Herrschaftsstruktur meint der Terminus die nur zögernd sich auflösende Dominanz einer *bourgeoisie terrienne* und *financière* über das industrielle Bürgertum. Was die politischen Verhältnisse betrifft, so wird der Übergangscharakter der französischen Gesellschaft in diesem Zeitabschnitt in folgendem deutlich: Es existiert eine Verfassung. Diese erweitert politische Mitbestimmungsrechte über den sozialen Rahmen einer erblich bevorrechteten Klasse hinaus. Zugleich wird diese Partizipation aber durch das Zensuswahlrecht auf eine relativ kleine Gruppe beschränkt (56 000 Wählbare und 250 000 Wähler zwischen 1830 und 1848). Was die kulturelle Ebene der zentralen gesellschaftlichen Normen betrifft, so wissen wir, daß der Industrialisierungsprozeß den Geltungsverlust eines ganzen Repertoires traditionaler Weltbilder beschleunigt (Religion, Autorität etc.), der in der Aufklärung schon begonnen hatte. Letzterer Aspekt erlaubt, die Verbindung zwischen Romanen und gesellschaftlichem Kontext herzustellen. Beide bearbeiten das Problem, ob in einer von ökonomischen Interessen zunehmend bestimmten Gesellschaft Normen wie die einer religiös orientierten Moral oder kommunikative Werte wie wechselseitige Liebe der Mitglieder einer Familie noch gelten oder nicht. Kurz gefaßt ist die Antwort der *Mystères* eine positive[27], die des *Père Goriot* eine desillusioniert verneinende.

Differenzieren wir diese globale Feststellung im Hinblick auf die hier untersuchten Ebenen der Romane.

Erzählweise: Während die Erzähltechnik Balzacs differenzierte Innerlichkeit, Wahl zwischen Alternativen und Entwicklung betont, werden eben diese Aspekte bei Sue zugunsten einer festen Schematisierung der Figuren im Sinne des Gegensatzes von »gut« und »böse« ausgeschlossen.

Figurenkonstellation: Im *Père Goriot* ist die Opposition Vautrin/Goriot nicht identisch mit einer moralischen Zuordnung nach »gut« und »böse«. Es wird ein Prozeß aufgebaut, in dem sich diese Alternativen einem Realitätstest aussetzen müssen. Auch wenn religiöse Anspielungen bei Balzac nicht fehlen, entspricht diese Konstellation einem modernen Muster, das eben nicht mehr von der vorweg gegebenen Eindeutigkeit moralischer Alternativen ausgeht. Vautrin ist nicht einfach böse, sondern jenseits von »gut« und »böse«. Zu verweisen ist in diesem Zusammenhang auf das Herr/Knecht-Schema bei Sue, dessen Funktion u. a. eben darin besteht, die Balzacsche Frage nach der Möglichkeit nicht rein interessenvermittelter menschlicher Beziehungen erst gar nicht aufkommen zu lassen.

Handlungsstruktur: Das Konstruktionsschema der *Mystères* ist trotz inhaltlicher Einbeziehung des modernen Themas des sozialen Elends traditional, nämlich das religiöse Schema von Verletzung göttlicher Ordnung, Buße und schließlicher Wiederherstellung der Ordnung. Eben in diesen Rahmen einer providentiellen Welt paßt die Balzacsche Problemstellung nicht mehr hinein. Das Providenzschema der *Mystères* erlaubt es, den Widerspruch zwischen Faktizität einer schlechten Welt und idealer Norm göttlicher Gerechtigkeit einzuebnen. Das Balzacsche Schema eines Realitätstests einer Norm wie der der Liebe der Kinder zum Vater macht dagegen den Bruch zwischen tatsächlichem Handeln und Norm deutlich und enthält aufgrund dieses Verfahrens eine Kritik an den Verkehrsformen der bürgerlichen Gesellschaft. Man muß aber hinzufügen: eine eben durch dieses Verfahren charakterisierte Kritik. Demgegenüber stehen nicht einfach die unkritisch affirmativen *Mystères.* Was das heißt, kann man sich an der Feststellung klarmachen, daß die beiden Romane gewissermaßen kulturelle Extrempole der *société de transition* bezeichnen. Wenn diese durch die prekäre Balance von Fortgeltung traditionaler Normen und Normauflösung bzw. Konstitution neuer Normierungen charakterisiert werden kann, so besetzen die *Mystères* in bestimmter Hinsicht (nicht bezogen auf die Sozialkritik, die schärfer als die Balzacsche ist) den wertkonservativen, der Roman Balzacs eher den wertauflösenden Pol. Dabei ist es die hier in den Blick tretende Komplementarität, die ein dichotomisches Deutungsschema nach dem Gegensatz kritisch/affirmativ zu vermeiden nötigt.[28]

Es ist nun der Frage nachzugehen, ob die hier festgestellen Unterschiede zufällige Unterschiede zweier einzelner literarischer Werke sind oder ob Indizien dafür vorliegen, daß es sich um historisch-systematische Unterschiede handelt, deren Voraussetzungen im literarischen System liegen.[29] Das literarische System wird für uns faßbar auf der Ebene der ästhetischen Normen, an denen sich die literarische Praxis orientiert. Diese Normen werden im Falle Balzacs im Vorwort zur *Comédie humaine*, im Falle Sues in der Vorrede zu den *Mystères*[30] greifbar. Sues Vorrede beginnt bereits mit einer moralischen Verneinung des Milieus, das er als schmutzig und erschreckend (immonde, effrayant) bezeichnet. Zwar ist von wirklichkeitsgetreuer Wiedergabe (reproduction fidèle) die Rede. Diese dient aber lediglich als Kontrastfolie einer moralisierend-überhöhenden Intention (repoussoir, opposition à des scènes d'un tout autre genre). Dem Leser wird der Ausblick auf eine von allen Spuren moralischer Negativität gereinigte Atmosphäre (l'atmosphère s'épurera de plus en plus) versprochen.

Balzacs Vorwort zur *Comédie humaine*[31] setzt, etwas vereinfacht gesagt, die Akzente umgekehrt. Zwar hebt er z. B. hervor, wie viele gute Charaktere in seinen Romanen vorkämen, aber das wird offensichtlich aus einer Verteidigungsposition gegenüber moralisierender Kritik gesagt. Entscheidend ist seine Orientierung an einem Begriff von Wahrheit, der nicht mehr an moralisierende Vorgaben gebunden ist. In diesem Sinne kann er die Praxis des Schriftstellers als eine wissenschaftsanaloge fassen.[32] Das impliziert, daß der Mensch nicht als gut oder böse, sondern als mit Instinkten und Anlagen ausgestattet verstanden wird. (L'homme n'est ni bon ni méchant, il naît avec des instincts et des aptitudes.[33]) Folgerichtig entwirft der Schriftsteller keine Modelle des Guten und Schönen. Er zeigt, was der Fall ist, was an moralisch positiven bzw. negativen Phänomenen vorhanden ist.[34] (En dressant l'inventaire des vices et des vertus.[35]) Er versteht sich als Archäologe des sozialen Lebens, als Registrator der sozialen Funktionen und moralischen Tatsachen. (L'archéologue du mobilier social, le nomenclateur des professions, l'enregistreur du bien et du mal.[36])

Als ich auch auf der Ebene der normativen Voraussetzungen beider Autoren auf entscheidende Unterschiede hinsichtlich der Bedeutung moralischer Normen für die ästhetische Praxis stieß, habe ich versucht, die Entwicklung der Gattungsnorm seit Ausgang des 17. Jahrhunderts zu rekonstruieren. Dabei stellte sich heraus, daß bis etwa zur Mitte der zwanziger Jahre des 19. Jahrhunderts der Roman auf eine moralische Funktion festgelegt wird. Das besagt u. a., daß ein bestehender moralischer Kanon nicht in Frage gestellt werden darf. In diesem Sinne spricht etwa Mme de Staël vom Roman als einer Gattung, die dem Leser Modelle vor Augen führen müsse.[37] Der Bruch mit dieser Tradition scheint vollzogen, als Hugo – nicht in einem romanbezogenen Kontext – mit den Begriffen des Häßlichen und Grotesken für eine Einbeziehung auch des moralisch Negativen plädiert.[38] Und bei Stendhal heißt es dann:

> Eh, Monsieur, un roman est un miroir, qui se promène sur une grande route. Tantôt il reflète a vos yeux l'azur des cieux, tantot la fange des bourbiers de la route. Et l'homme qui porte le miroir dans sa hotte sera par vous accusé d'être immoral! Son miroir montre la fange, et vous accusez le miroir! Accusez bien plutôt le grand chemin où est le bourbier, et plus encore l'inspecteur des routes qui laisse l'eau croupir et le bourbier se former.[39]

Mit der realistischen Romankonzeption, wie sie hier vorliegt, ist zum einen ein Traditionsbruch vollzogen, insofern die Bindung an einen Kanon des Vorbildlichen aufgelöst wird. Damit haben wir zugleich Indizien eines Funktionswandels der Gattung. Das Zitat macht deutlich, daß das literarische Zeigen des Negativen einen bestimmten Typus von Kritik ermöglicht, den nämlich, der die häßliche Wirklichkeit an den schönen Normen mißt, die über sie in Umlauf sind.

Ich komme zu einigen abschließenden Überlegungen. Die erste mögliche Feststellung ist die, daß die Balzacschen Vorstellungen über den Roman, ebenso wie seine literarische Praxis im *Père Goriot* und in einer Reihe anderer Romane auf der Stendhalschen Linie einer Abkoppelung vom Überhöhungsprinzip liegen. Dieses gilt für den Sue der *Mystères* nicht. Zweitens: Die *Mystères* enthalten Elemente, die für eine Reihe von Unterhaltungsromanen charakteristisch sind, wie Versöhnungsschluß bzw. Sieg des Guten, Polarisierung in eindeutig vorgegebene moralische Alternativen etc. Ist es also möglich, daß wir in der entweder vollzogenen oder nicht vollzogenen Ablösung der Gattungsnorm vom Überhöhungspostulat ein historisches und objektives Differenzierungskriterium von sogenannter ernster und sogenannter Massenliteratur aufgedeckt haben?[40] Angesichts der gescheiterten Versuche, ästhetisch-formale und dazu noch mit ungeklärten Wertungen belastete Unterscheidungsmerkmale aufzustellen, wäre dieses eine zweifellos bessere Lösung. Drittens: Es handelt sich nicht nur um eine historische, sondern darüber hinaus auch um eine Differenzierung, die nicht auf der Ebene der Einzelwerke liegt, sondern auf der Ebene der Normierungen, denen die Einzelwerke folgen. Mit einem Wort: Es handelt sich um eine Differenzierung auf der Ebene der Literatur als Institution.

Anmerkungen

1 Die vorliegende Arbeit ist als Vortragsmanuskript verfaßt; ich habe die Darstellungsweise bewußt beibehalten.

2 Zitiert wird aus folgender Ausgabe: H. de Balzac, *Le père Goriot*, Paris 1961 (Livre de poche 757/758). E. Sue, *Les mystères de Paris*, Paris 1968.

3 Balzac, *Goriot* (s. Anm. 2), 405. – (»Sie haben zu tun, sie schlafen, sie werden

nicht kommen. Ich wußte es ... Ah! Wäre ich reich, hätte ich mein Vermögen behalten, hätte ich es ihnen nicht gegeben, wären sie da, würden sie mich abküssen! Geld gibt alles, sogar Töchter. Oh! Mein Geld, wo ist es? Hätte ich Schätze zu hinterlassen, würden sie mich pflegen [...] Ich hatte zu viel Liebe für sie, als daß sie für mich welche haben könnten. Ein Vater soll immer reich sein, er muß seine Kinder wie heimtückische Pferde im Zaume halten.«)

4 Ebd., 210. – (»Als Vater habe ich Gott verstanden. Er ist überall anwesend, denn die Schöpfung ist aus ihm entstanden. Mein Herr, so geht es mir mit meinen Töchtern.«)

5 Goriots Scheitern als »act of poetic justice« zu begreifen, wie das Hemmings tut (F. W. J. Hemmings, *Balzac. An Interpretation of ›La comédie humaine‹*, New York 1967), scheint mir nicht begründbar. Denn damit setzt man eine moralische Intention gegen die Struktur des Textes voraus.

6 Balzac, *Goriot* (s. Anm. 2), 254 – (»Sehen Sie, Kleiner, ich lebe in einer höheren Sphäre als andere Menschen. Handlungen betrachte ich als Mittel und sehe nur das Ziel.«)

7 Vgl. dagegen die Auffassung Vautrins als »moral absolutist« bei Brooks (P. Brooks, *The Melodramatic Imagination. Balzac, Henry James, Melodrama, and the Mode of Excess,* New Haven/London 1976, 135). Diese Auffassung ist eine Konsequenz des fragwürdigen Versuchs, den Roman im Horizont des Melodramas zu interpretieren. Dem läßt sich entgegenhalten, daß Balzac seit dem *Père Goriot* die Neigung zur belehrenden poetischen Gerechtigkeit aufgibt. Am Ende steht nicht das nach Brooks gattungskonstitutive melodramatische Moment der »ethical evidence and recognition«, der triumphierenden Tugend, sondern Rastignacs Einsicht in die unerbittlichen Gesetze der »vie parisienne«. Vgl. K. Maurer, *Das Schreckliche im Roman und die Tragödie,* in: H. U. Gumbrecht / K. H. Stierle / R. Warning (Hg.), *Honoré de Balzac,* München 1980 (UTB 977), 244, 273.

8 Balzac, *Goriot* (s. Anm. 2), 175. – (»Der Ehrenmann in Paris ist der, der schweigt und sich zu teilen weigert. Ich spreche nicht von diesen armen Heloten, die überall die Arbeit tun, ohne je dafür belohnt zu werden [...] Sicher, dort ist die Tugend in der vollen Blüte ihrer Dummheit, aber da ist zugleich das Elend. Ich stelle mir die Fratze dieser guten Leute vor, wenn Gott uns den schlechten Scherz machen würde, nicht beim Jüngsten Gericht anwesend zu sein [...] Das ist das Leben. Es ist nicht schöner als die Küche, es stinkt genauso, und man muß sich die Hände schmutzig machen, wenn man Geschäfte machen will; ihr müßt nur wissen, wie man sich aus der Klemme zieht, das ist die ganze Moral unserer Zeit.«)

9 Die Problemstellung des Romans allzusehr vereinfachend scheint mir die Feststellung von Savage (C. H. Savage, *The Romantic ›Père Goriot‹*, in: *Studies in Romanticism* 5, 1966, H. 2, 94-112, hier: 106). Balzac habe die Sicht Goriots stützen wollen. So gerät die Ambivalenz nicht in den Blick, daß in moralischer Perspektive der Geltungsverlust moralischer Prinzipien gezeigt wird.

10 Balzac, *Goriot* (s. Anm. 2), 135. – (»Er sah die Welt, wie sie ist: Gesetze und Moral machtlos bei den Reichen, und er sah im Reichtum die ultima ratio mundi. ›Vautrin hat recht, das Geld ist die Tugend!‹, sagte er sich.«)

11 Vgl. R. Warning, *Chaos und Kosmos. Kontingenzbewältigung in der Comédie humaine,* in: H. U. Gumbrecht / K. H. Stierle / R. Warning (Hg.), *H. de Balzac* (s. Anm. 7), 16-23. Insgesamt scheint mir hier die moralische Perspektive Balzacs überbetont, insofern das mit ihr verbundene Hervorheben des Geltungsverlustes moralischer Prinzipien nicht genügend unterstrichen wird. Eben diese Verknüpfung – in moralischer Perspektive wird der Geltungsverlust moralischer Prinzipien gezeigt –

unterscheidet den *Père Goriot* von Sues *Mystères de Paris*, wo die Wirklichkeit trotz des in ihr herrschenden Elends und Unrechts schließlich doch als moralischer Kosmos schematisiert wird.

12 Balzac, *Goriot* (s. Anm. 2), 238. – (»Wahrhaftig, sagte sich Eugène beim Zubettgehen, ich glaube, ich werde mein Leben lang ein Ehrenmann sein. Es ist ein Vergnügen, den Eingebungen seines Gewissens zu folgen.«)

13 Ebd., 434. – (»Der Tag ging zu Ende, eine feuchte Dämmerung reizte die Nerven, er betrachtete das Grab und ließ seine letzte Jugendträne hineinfallen, eine aus den Gefühlen eines reinen Herzens stammende Träne, eine von den Tränen, die von der Erde, auf die sie fallen, zum Himmel aufsteigen.«)

14 Diese »exaltation du héros« ist einer der charakteristischen Züge des »roman populaire romantique«. Vgl. J. Tortel, *Le roman populaire*, in: *Entretiens sur la paralittérature*, Paris 1970, 53-75, hier: 62.

15 Vgl. dazu: V. Klotz, *Abenteuer-Romane*, München/Wien 1979, 218-224. Wichtig in diesem Zusammenhang Klotz' These, daß Abenteuer-Roman und psychologischer Roman sich komplementär zueinander verhalten. Ersterer grenzt aus, was letzterer in den Vordergrund stellt: Erfahrungen problematischer Innerlichkeit. Umgekehrt betont der Abenteuer-Roman, was der psychologische Roman ausgrenzt: Erfahrungen der Bedrohung durch äußere Natur. Berücksichtigt man, daß dies ein Erfahrungstyp ist, der in der industriellen Gesellschaft tendenziell verschwindet, so erscheint der Verzicht auf Innerlichkeit nicht einfach als defizitär. Man kann darin das fiktionale Offenhalten von Erfahrungsmöglichkeiten sehen.

16 Hier ist nicht Feudalität im Rechtssinne des *Ancien Régime* gemeint. Der von Klotz in diesem Zusammenhang verwendete Webersche Begriff des Charisma wäre insofern passender. Allerdings in einem weiteren Sinne und besonders bezogen auf den gesellschaftlichen Kontext einer *société de transition* scheint der Begriff des Feudalen wiederum angemessen. Vgl. V. Klotz (s. Anm. 15), 14 f.

17 Vgl. dazu: H. J. Neuschäfer, *Eugène Sue et le roman feuilleton*, in: *Romanistische Zeitschrift für Literaturgeschichte* 1978, H. 4, bes. 418 f., wo gezeigt wird, daß die Kritik der »mentalité capitaliste axée sur le profit« zu den charakteristischen Zügen des *roman feuilleton* gehört. Dabei handelt es sich um eine Kritik, die ihre Bezugspunkte der traditionalen Gesellschaft bzw. ihrem »système patriarcal« entnimmt.

18 In diesen Zusammenhang gehört auch das Orientierungsmuster »Familie«. Vgl. V. Klotz (s. Anm. 15), 40-43. Auch dieses eines der typischen Konstruktionsmuster des Abenteuer-Romans im 19. Jahrhundert. Gemeint ist damit, daß viele Figuren durch familiäre, verwandtschaftliche Beziehungen miteinander verbunden sind.

19 Sue, *Mystères* (s. Anm. 2), 397. – (»Von diesem Tag an begann ich durch Europa zu reisen von Gewissensbissen verfolgt. Meine Buße fing an, sie wird erst mit meinem Leben enden. Das Böse verfolgen, das Gute belohnen, denen, die leiden, eine Linderung verschaffen [...] das ist hier unten meine Aufgabe.»)

20 Zur Bedeutung der Vaterimago im Feuilletonroman vgl. die interessanten Bemerkungen bei: J. Goimard, *Quelques structures formelles du roman populaire*, in: *Europe*, Juin 1974, 25 f.

21 Hier wäre mit Prendergast (Chr. Prendergast, *Fiction and Melodrama*, New York 1978, 179) auf eine mögliche Funktion melodramatischer Übersteigerung – bezogen auf die Figur Goriots – hinzuweisen: »displacement or subversion of the authority of the father.« In diesem Punkt sind Sue und Balzac nicht nur ›ideologische Antipoden‹, wie Heitmann formuliert (K. Heitmann, *Der französische Realismus. Von Stendhal bis Flaubert*, Wiesbaden 1979, Schwerpunkte Romanistik 16, 80), An-

tipoden also hinsichtlich ihrer politischen bzw. gesellschaftlichen Anschauungen, sondern in einem umfassenden Sinne Wertantipoden. Dabei ist auch hier zu beachten, daß es sich über die konträren Positionen zweier Individuen hinaus um oppositionell-komplementäre Schemata im Rahmen der Dichotomie von Kanon- und Nichtkanon-Literatur handelt.

22 Sue, *Mystères* (s. Anm. 2), 413.

23 Dieses Strukturmerkmal ist im Funktionszusammenhang von Massenliteratur zu sehen. Als eines ihrer Kennzeichen weist Neuschäfer auf die Rolle der ›integrierenden Identifikationsfigur‹ hin, die »der Erzeugung einer breiten Publikumsbasis« diene »bei gleichzeitiger Umgehung einer die Konsensbildung störenden Problematik«: H. J. Neuschäfer, *Supermanns gesellschaftlicher Auftrag oder: Die Wirkung des Actionromans, am Beispiel des ›Grafen von Montechristo‹*, in: H. Kreuzer (Hg.), *Literatur für viele 2*, Göttingen 1976 (LiLi Beiheft 2), 119.

24 Vgl. J. Goimard (s. Anm. 20), 20 f.

25 Auch dieses Strukturmerkmal läßt sich im Sinne einer Funktionshypothese verstehen, die den Orientierungsaspekt des Feuilletonromans bzw. spezifische Orientierungsprobleme seiner Leser betont.

26 Zum Übergangscharakter der Epoche vgl. A. Jardin / A. J. Tudesq, *La France des notables. 1. L'évolution générale. 1815-1848*, Paris 1973 (Nouvelle histoire de la France contemporaine 6). G. Haupt, *Nationalismus und Demokratie. Zur Geschichte der Bourgeoisie im Frankreich der Restauration*, Frankfurt 1974 (FAT 4053).

27 Neuschäfer (s. Anm. 23, 110) zufolge hat der Held des Feuilletonromans die Funktion einer Remoralisierung der gesellschaftlichen Ordnung. Das gilt auch für Rodolphe de Gerolstein. Dagegen dient – wie Neuschäfer zu Recht bemerkt – etwa die übersteigerte Figur Vautrins nicht zur Verschleierung, sondern zur Verschärfung von Gegensätzen (ebd., 120).

28 Man könnte hier von komplementären Kommunikationsweisen sprechen. Dabei kann aber gerade der Andereggsche (J. Anderegg, *Fiktionalität, Schematismus und Sprache der Wirklichkeit*, in: J. Anderegg /J. Hienger / K. H. Spinner, *Unterhaltungsliteratur. Zu ihrer Theorie und Verteidigung*, Göttingen 1976) Gegensatz von schematischer und Fiktivkommunikation nicht akzeptiert werden, der das traditionelle Verdikt gegen die Massenliteratur enthält. Auch Balzac arbeitet mit versatzstückartigen Charakterisierungen! Umgekehrt enthalten die *Mystères* zum mindesten in ihrer scharfen Sozialkritik ein innovierendes Moment!

Was die Rezeption der *Mystères* betrifft, so sind zwei Aspekte interessant: 1. Der Roman hatte auffallend viele Leser, die nicht gewohnheitsmäßig lasen. 2. Die Briefe an Sue nach dem Erscheinen des Romans belegen die Tendenz seiner Leser, die fiktive Ebene des Romans unmittelbar auf die eigene Lebenspraxis zu übertragen. Der Rezeptionshorizont der Leser ist also nicht autonomieästhetisch orientiert. Vgl. N. Atkinson, *Eugène Sue et le roman-feuilleton*, Paris 1929, 67-77; J. Jarbinet, *Les Mystères de Paris d'Eugène Sue*, Paris 1932, 189 ff. Man kann auch sagen: Es gibt einen Zusammenhang zwischen der nicht regelmäßigen Partizipation an der Institution Kunst/Literatur und der direkten Übertragung der Fikton auf die eigene Lebenspraxis. Letzterer Aspekt scheint mir wichtiger als die Frage, ob Sue als »Dichter des Proletariats« aufzufassen sei, was Schenda (R. Schenda, *Leserbriefe an Sue. Ein Beitrag zur Sozialgeschichte literarischer Kommunikation in der Julimonarchie*, in: H. Kreuzer, Hg., *Literatur für viele 2*, s. Anm. 23, 73-104) überzeugend verneint. Zur direkten Übertragung der im Roman bearbeiteten Probleme vgl. auch hier 93 ff. Allgemein zur Orientierungsfunktion der populären Kultur: W. Fluck (Hg.), *Populäre Kultur. Ein Studienbuch zur Funktionsbestimmung und Interpretation populärer*

Kultur, Stuttgart 1979, 47-63.

29 Zum mindesten für eine Reihe von Romanen Balzacs bzw. von Unterhaltungsromanen treffen die hier festgestellten Unterschiede zu. Zu Balzac vgl. etwa *Splendeurs et misères des courtisanes* (Zwar von moralisierenden Zügen nicht freie Sicht der Prostitution, aber entscheidend, daß es im Fall der Prostituierten Esther nicht primär um moralische Alternativen geht. Sie ist eine Figur auf dem Schachbrett Vautrins und damit Mittel zu dessen moralindifferenten Zielen), *Les paysans* (Hier relevant, daß die moralisch vorbildliche Figur des Père Niseron nicht realitätsmächtig ist. Sie ist ähnlich konzipiert wie Goriot. An beiden Figuren wird die Unmöglichkeit gezeigt, sittliche Haltungen in der Realität durchzusetzen.), *César Birotteau* (Die Figur Birotteaus strukturell analog zu Goriot, Père Niseron. Zwar wird Birotteau als »martyr de la probité commerciale« aufgefaßt, zugleich aber als »simple canotier de la Seine«, der an das »commandemant d'une frégate« gerät. Das besagt, daß sein moralisches Bewußtsein im Sinne von Lukács' *Theorie des Romans* zu »schmal« ist, um – etwa im Kontakt mit den Vertretern der *haute banque* – die moralische Indifferenz ökonomischen Kalküls begreifen zu können). Was das Schema der kontrafaktischen Überhöhung angeht, so zeigt etwa ein Blick auf *Le comte de Monte Christo, La dame aux camélias, Les trois mousquetaires,* daß es keineswegs ein zufälliges Merkmal dieses einen Romans ist.

30 Die Zitate aus dem Vorwort wurden folgender Ausgabe entnommen: E. Sue, *Les mystères de Paris,* Paris 1845, T. 1.

31 H. de Balzac, *Avant-Propos de la Comédie humaine. La Comédie humaine I,* Ed. P. G. Castex, Paris 1976, 7-20.

32 Zur Wissenschaftsorientierung Balzacs bzw. der Balzacschen Ästhetik: Chr. Bevernis, *Balzac zum Problem der Wahrheit in der Kunst,* in: *Beiträge zur romanischen Philologie* 5, 1966, 5-49. B. Guyon, *La pensée politique et sociale de Balzac,* Paris 1967. P. Barbéris, *Balzac. Une mythologie réaliste,* Paris 1971 (Coll. Thèmes et textes). H. J. Müller, *Der Roman des Realismus-Naturalismus in Frankreich. Eine erkenntnistheoretische Studie,* Wiesbaden 1977.

33 Balzac (s. Anm. 31), 12.

34 Das schließt melodramatische Übersteigerung (Beispiele: Vautrin, Goriot) nicht aus, wohl aber weithin Überhöhung im hier verwendeten Sinne, nämlich als Einebnung der Spannung zwischen Realität und idealer Norm. Vgl. E. Köhler, *Balzac und der Realismus (Illusions perdues),* in: Ders., *Esprit und arkadische Freiheit. Aufsätze aus der Welt der Romania,* Frankfurt/Bonn 1966, 177-197. Hier wird die Entstehung des Realismus auf den Verlust der Kongruenz von Idee und Wirklichkeit (178) bezogen. Zur Abgrenzung des Realismus gegenüber der Überhöhungstradition auch: K. Heitmann, *Der französische Realismus von Stendhal bis Flaubert* (s. Anm. 21), 7.

35 Balzac (s. Anm. 31), 11.

36 Ebd.

37 G. de Staël, *Essai sur les fictions suivi de l'influence des passions sur le bonheur des individus et des nations,* Paris 1979, 41.

38 V. Hugo, *Préface de Cromwell,* 1827.

39 Stendhal, *Le Rouge et le noir,* Paris 1958 (Livre de poche 357/58), 363 f. – (»Eh! Mein Herr, ein Roman ist ein Spiegel, der auf einer Landstraße geht. Mal zeigt er Ihnen das Blau des Himmels, mal den Schlamm der Straßenpfützen. Und sie wollen den Mann, der den Spiegel in seiner Kiepe trägt, der Immoralität beschuldigen! Sein Spiegel zeigt den Schlamm, und Sie klagen den Spiegel an! Klagen Sie doch eher die Straße an, wo das Schlammloch ist, und mehr noch den Straßenbauinspektor, der das

Wasser verfaulen und die Pfütze entstehen läßt.«)

40 Einen kritischen Überblick über den Forschungsstand bis 1973 gibt: Chr. Bürger, *Textanalyse als Ideologiekritik. Zur Rezeption zeitgenössischer Unterhaltungsliteratur,* Frankfurt/M. 1973 (FAT 2063), 3-12. Auf dem objektiven Charakter des Differenzierungskriteriums insistiere ich gegen Kreuzer (H. Kreuzer, *Trivialliteratur als Forschungsproblem. Zur Kritik des deutschen Trivialromans seit der Aufklärung,* in: *Deutsche Vierteljahrsschrift* 41, 1967, 176-191). Kreuzer kritisiert überzeugend die »orthodoxe« Zweiteilung von Kunst und Unkunst, überdehnt diese Kritik aber zur Verneinung objektiver Kriterien überhaupt. Sein wichtiges Argument, daß ein und dasselbe Werk in bestimmten Epochen zum Kanon der »hohen« Literatur zählte, in anderen nicht (etwa Schnabels *Insel Felsenburg*), ist nur auf den ersten Blick bestechend. Zunächst besagt es nur, daß es *auch* kulturell-subjektive Differenzierungskriterien gibt, nicht, daß in Kanonisierungs- bzw. Dekanonisierungsprozessen *ausschließlich* von solchen auszugehen wäre. Zweitens führt die radikale geschmackssoziologische These zu nicht sinnvollen Konsequenzen: Die Zuweisungen des Kanons entbehrten jeder vernünftig diskutierbaren Grundlage. Damit wären sie nicht einmal ideologischer Natur, denn Ideologie enthält Wahrheitsmomente. Daß aber das Selektionsprinzip einer kulturell zentralen Instanz wie der des Kanons einfach irrational wäre, halte ich für unwahrscheinlich. Ein Beispiel: Bellos (D. Bellos, *Balzac-Criticism in France 1850-1900. The Making of a Reputation,* Oxford 1976) zeigt, daß Balzac vor 1870 umstritten ist. Erst nach Etablierung der Dritten Republik wird er zum zweifelsfrei kanonisierten Autor. Dabei hängt die Kanonisierung engstens mit der Durchsetzungsstrategie Zolas zusammen. Zola insistiert aber auf der Wissenschaftsorientierung Balzacs. Damit stößt aber die ästhetische Wissenschaftsorientierung beider Autoren positiv auf den besonders für die Frühphase der Dritten Republik charakteristischen Rationalismus der republikanischen *classes moyennes.* Das Beispiel unterstreicht das Zusammenwirken subjektiver (Wertwandel) und objektiver Faktoren (Werkeigenschaften, ästhetische Konzepte).

In diesem Zusammenhang vgl. den Band: *Zur Dichotomisierung von hoher und niederer Literatur,* hg. v. Chr. Bürger, P. Bürger, J. Schulte-Sasse, Frankfurt 1982 (es 1089; Hefte f. Krit. Literaturwiss., 3). Insbesondere die Beiträge von Chr. Bürger machen deutlich, inwiefern die Dichotomiefrage nicht allein eine der kulturellen Bewertungen ist. Wäre dies der Fall, dann ließe sie sich mit einer Erweiterung des Kanons, einer Aufwertung der nicht-kanonisierten Literatur zum Verschwinden bringen. Am Beispiel von Salzmanns Roman *Carl von Carlsberg* wird gezeigt, daß eine Ebene des Problems in der Auseinandersetzung zwischen aufklärerischer und autonomer Institutionalisierung der Literatur liegt. Das heißt aber: Es kommt zu einer Differenzierung im literarischen Prozeß, indem auf der einen Seite Werke entstehen, die auf lebenspraktische Orientierung der Leser angelegt sind, auf der anderen Seite solche, die »Befriedigung lebenspraktischer Bedürfnisse« (197) verweigern. Wenn ich von objektiver Differenzierung spreche, meine ich präzise diese Ebene der Dichotomie und nicht die Wertungshierarchie des Kanons. Letztere scheint im 19. Jahrhundert exakt diejenigen literarischen Tendenzen ausgegrenzt zu haben, die an der aufklärerischen Verbindung von ästhetischen und moralischen Normen festhielten.

Wilfried Grauert

Ästhetische Erkenntnis gegen bürgerliche Moral

Zur Funktionsbestimmung des Romans im Second Empire

1. Zur Problemstellung

Daß auch die Entwicklung des französischen Romans der Logik des Rationalisierungsprozesses folgt, äußert sich vor allem an der seit dem 17. Jahrhundert zu beobachtenden stärkeren Gewichtung des Geltungsanspruchs des Realismus-Kriteriums, was als Ausdruck einer am wissenschaftlichen Erkenntnisfortschritt orientierten säkularisierten Weltsicht gewertet werden kann.[1] Die Ablösung der Gattungsbezeichnung »roman« durch »histoire« bzw. »nouvelle« signalisiert den Wandel des von der klassischen Ästhetik nicht legitimierten Genres; sie bedeutet die Abkehr von einem auf Plausibilität verzichtenden Arrangement fiktiver Abenteuer, die überhöht gezeichnete Helden von Stand in geographisch und historisch fernen Ländern erleben, und die Orientierung am Prinzip dokumentarischer Wiedergabe, die zunächst über eine Erhöhung der Wahrscheinlichkeit des Romangeschehens, später aber vor allem mit dem Anspruch auf Wahrheit des Erzählinhaltes angestrebt wird: Gegenstand der Erzählung sind die realen Lebenserfahrungen mittlerer Helden im räumlich und zeitlich nahen Alltag. Umgekehrt proportional zur Zunahme des Realismus-Kriteriums mit seiner Tendenz zur Psychologisierung des Menschenbildes verhält sich die Abnahme des Geltungsanspruchs des Moralismus-Kriteriums. Indem durch das neue Wirklichkeitsverhältnis der Widerspruch zwischen den bestehenden gesellschaftlichen Verhältnissen und der auf der christlichen Ethik beruhenden individuellen und gesellschaftlichen Moral aufgedeckt wird, wird der »Widerspruch zwischen Schein und Sein des Ancien régime, [werden] die unüberbrückbaren Gegensätze zwischen gesellschaftlicher Realität und ideologisch-moralischem Anspruch der in Auflösung begriffenen Feudalgesellschaft ins Bewußtsein [gehoben]«[2]; dadurch erscheint die Vermittlung eines bestimmten moralischen Kanons immer problematischer und prekärer, zumal mit der Konzipierung der bürgerlichen Gesellschaft die Geltung von Normen prinzipiell an rationale Prüfung und subjektive Entscheidung gebunden wird.

Angesichts der gegenläufigen Tendenzen des den Roman betreffenden Modernisierungsprozesses (Hausse des Realismus-Kriteriums, Baisse des Moralismus-Kriteriums) wird evident, daß ein solcher Wandel ästhetischer Normen ein historischer Prozeß ist, der kaum als linearer Ablauf begriffen werden kann, sondern als eine Folge von Auseinandersetzungen aufzufassen ist. Solche Debatten sind nicht nur als literarische zu verstehen; eine derartige Betrachtungsweise bleibt bei einem immanenten Erklärungsansatz stehen, wie ihn etwa der russische Formalismus oder auch noch die Rezeptionsästhetik liefert.[3] Vielmehr handelt es sich um Debatten, die eine gesellschaftliche bzw. politische Dimension haben; denn der Prozeß allmählich fortschreitender Rationalisierung ästhetischer Normen ist in einen die gesamte Zivilisation umfassenden Transformationsprozeß eingebettet, der sich im Zusammenhang mit Auseinandersetzungen zwischen gesellschaftlichen Gruppen (Klassen, Schichten) vollzieht. Zur Interpretation des Wandels ästhetischer Normen ist also ein historisch-soziologischer Erklärungstypus notwendig.[4]

Den Prozeß der Modernisierung des Romans deutet H. Sanders vor allem als eine Reaktion auf den Erosionsprozeß, der sich im Rahmen des Übergangs von der feudalen zur bürgerlichen Gesellschaft vollzieht und dem die traditionalen Weltbilder und Deutungssysteme unterliegen; deren Geltungsverlust impliziere eine Gefährdung der Identität der Subjekte bzw. ihrer Konstitution.[5] Angesichts des Modernisierungsprozesses diene der Roman der Aufklärung, der auf die Alltäglichkeit der bürgerlichen Existenz bezogen und auf eine an normativer Orientierung interessierte Bewußtseinsbildung verpflichtet sei, der bürgerlichen Öffentlichkeit als literarisches Medium zur Verständigung über die Normen einer auf das Humanitätsideal hin perspektivierten Gesellschaft sowie zum Aufbau der spezifischen Identität des bürgerlichen Subjekts.[6] Neben diesem Erklärungsansatz, der an einem formationsübergreifenden Wandel (Übergang zur gesellschaftlichen Moderne) ansetzt, steht der von einem Wandel innerhalb der bürgerlich-kapitalistischen Gesellschaftsformation ausgehende Ansatz von M. Naumann.[7] Naumann geht von dem die bürgerliche Tradition selbst betreffenden Erosionsprozeß aus, der innerhalb der in der Aufklärungsbewegung faßbaren Konzeption einer gesellschaftlichen Moderne abläuft: der Erosion der Aufklärungsideologie. Der angesichts der Widersprüche der kapitalistischen Wirklichkeit sich vollziehende Zusammenbruch der Aufklärungsideologie führe zum Verlust der Gewißheit vorgegebener Wahrheit über die geschichtliche und gesellschaftliche Entwicklung und zu einer Umfunktionierung des Romans zu einem Instrument der Sinnproduktion. Beide Erklärungsansätze scheinen sich insofern komplementär zueinander zu verhalten, als sie in bezug auf die Entstehung des kritischen Realismus zu demselben Ergebnis führen. Infolge der Erosionsprozesse werde es immer schwieriger, ja unmöglich, eine Moral noch substantiell zu fixieren; ein Ausweg bestehe darin, auf die Setzung eines allgemein verbindlichen, moralischen Kanons zu verzichten und statt dessen einen Modus der Aneignung von moralischen Normen zu institutionalisieren: an die Stelle einer verpflichtenden Moral trete also eine verbindliche Prozedur moralischer Reflexion. Als Exponent dieser Problemlösung, die darin besteht, daß der Modus der normativen Integration in Form diskursiver Reflexion gestaltet wird, gilt ihnen Stendhal mit seiner Konzeption des modernen Romans.

Im weiteren Verlauf des 19. Jahrhunderts setzt sich der Rationalisierungsprozeß fort, indem die Gegenstandsbestimmung und die Darstellungsmethode der im Roman thematisierten und problematisierten gesellschaftlichen Wirklichkeit vor allem in Anlehnung an im Fortschritt wissenschaftlicher Erkenntnisse und Methoden erreichte Standards weiterentwickelt werden. Dies geschieht vornehmlich in der Ausweitung der dargestellten gesellschaftlichen Wirklichkeit sowie in der Präzisionsregelung der Darstellungsweise, wie sie schließlich in der naturalistischen Programmatik proklamiert und in der Praxis des naturalistischen Romans verwirklicht werden. Es liegt auf der Hand, daß das Moralpostulat dabei weiter zurückgedrängt wird. Im Rahmen dieser Zurückdrängung ist der Immoralismus-Prozeß, der die Entstehung und Durchsetzung des modernen Romans in Frankreich begleitet, als eine Auseinandersetzung um die gesellschaftliche Funktion der Literatur im allgemeinen und des Romans im besonderen zu begreifen.[8] Daß dieser Prozeß um 1830, also etwa zu dem Zeitpunkt, als Stendhal seine Romankonzeption, die an Stelle substantieller Moral eine Prozedur moralischer Reflexion propagiert, mit Vehemenz einsetzt, weist auf den Zusammenhang des gegenläufig strukturierten Entwicklungsgprozesses hin. Darüber hinaus kann dies als Hinweis darauf gelten, daß die Virulenz des Realismus-Kriteriums ein Ausmaß angenommen hat, das ein Funktionieren des geltenden Moralkanons fundamental in Frage stellt und so auch die Konstitution von Identität gefährdet, genauer gesagt, einer bestimmten Identität. Die Zuspitzung des Immoralismus-Prozesses im Zweiten Kaiserreich ist Ausdruck einer Verschärfung des Widerspruchs zwischen dem Realismus-Kriterium und dem Moralismus-Kriterium, die sich aus dem historischen Kontext erklären läßt: sie ist zum einen die Folge des Zusammenbruchs der Revolution von 1848 und der Zweiten Republik, also des erneuten Scheiterns der bürgerlichen Emanzipationsbewegung, und eines weiteren Erosionsschubes der in der Aufklärungsideologie verankerten bürgerlich-revolutionären Tradition; zum anderen ist sie ein Ergebnis der schon kurz vor dem Beginn des Second Empire in allen Bereichen der gesellschaftlichen Praxis beschleunigt verlaufenden Transformationsprozesse.

Eine historisch-soziologische Erklärung der Zuspitzung des Immoralismus-Prozesses im Zweiten Kaiserreich und der damit korrespondierenden Radikalisierung der Diskussion um die gesellschaftliche Funktion der Literatur im allgemeinen und des Romans im besonderen kann nicht nur im Zusammenhang mit einem formationsübergreifenden und/oder innerhalb einer Formation ablaufenden langfristigen Struktur- und Funktionswandel geleistet werden; vielmehr ist hierbei auch eine konjunkturelle Perspektive bzw. die politisch-soziale Konstellation zu berücksichtigen, und zwar als Rückgriff auf einen kurzfristigen, geschichtlich-gesellschaftlichen Kontext.[9] Neben dieses kontextuelle Moment tritt ein konzeptuelles, das eine Lücke schließen kann, die Naumanns Erklärung für die Entwicklung des Realismus nach 1848 läßt. Naumann erklärt die »neue realistische Schreibweise« des von den Anhängern des L'art-pour-l'art praktizierten Realismus als »Reaktion auf die offizielle napoleonische Kulturpolitik und auf die veränderten Bedingungen des Literaturmarktes«.[10] Dieser Interpretation ist im allgemeinen zuzustimmen; allerdings werden darin die Entwicklung des Materials sowie die politischen und ökonomischen Rahmenbedingungen für diese Entwicklung unvermittelt nebeneinandergesetzt, die über das von P. Bürger eingeführte Konzept der Institution Kunst vermittelt werden können.[11]

Orientiert an diesem Erklärungsmuster, soll im folgenden eine Debatte um die gesellschaftliche Funktion der Literatur skizziert werden, die im Zusammenhang mit den Auseinandersetzungen um die Durchsetzung des literarischen Naturalismus im Frankreich des Zweiten Kaiserreichs zu sehen ist und in deren Mittelpunkt die Funktionsbestimmung des Romans steht. Im Rahmen dieser Literaturdebatte, die anläßlich der Rezeption von *Germinie Lacerteux* geführt wird, zeigt sich, daß der die Entwicklung des Romans organisierende Modernisierungs- bzw. Rationalisierungsprozeß nicht von selbst abläuft, sondern sein Verlauf von individuellen und gesellschaftlichen Entscheidungen bestimmt wird. Ferner wird offenbar, daß die Sicherung und Belebung dieses Prozesses seitens der literarischen Avantgarde in einer Auseinandersetzung mit einer vom Staat legitimierten und propagierten Literatur- bzw. Romanauffassung geleistet wird, nämlich in der Verteidigung autonomer Kunstpraxis gegen den auf Durchsetzung einer instrumentellen Literaturkonzeption zielenden Angriff des imperialen Regimes.

2. Zur Rezeption von *Germinie Lacerteux* 1: die moralistische Kritik

Während der im Jahre 1864 erschienene Roman *Renée Mauperin* von der Kritik im ganzen beifällig aufgenommen wird, wird *Germinie Lacerteux*, ein knappes Jahr später veröffentlicht, kontrovers diskutiert, und zwar mit großer Heftigkeit und im Stil einer Grundsatzdebatte.[12] Daraus kann die Vermutung abgeleitet werden, daß *Germinie Lacerteux* in größerem Maße von dem traditionellen Materialstand des realistischen Romans bzw. der entsprechenden Rezeptionshaltung abweicht, als dies bei *Renée Mauperin* der Fall ist. Zu berücksichtigen ist freilich, daß *Germinie Lacerteux* ein polemisches Vorwort vorausgeschickt ist, das zu den ersten Manifesten des literarischen Naturalismus gerechnet wird, so daß diesem Roman eine programmatische Bedeutung beigemessen wird. Die Ablehnung, die *Germinie Lacerteux* erfährt, dürfte daher rühren, daß der Roman quer steht zur herrschenden Romanästhetik bzw. Literaturauffassung, die die Werke unter dem Gesichtspunkt des moralischen Gehalts wertet und selegiert. Eine realistische Literatur, der es um ästhetische Erkenntnis geht, gerät durch ihre prinzipiell amoralische Attitüde in Opposition zu dem herrschenden Literaturbegriff, für den eine bestimmte moralische Normierung und Wirkungsabsicht konstitutiv sind. Ausgehend von Dokumenten der Primärrezeption von *Germinie Lacerteux*, soll im folgenden untersucht werden, welchen ästhetischen Normen die zeitgenössische literarische Kritik verpflichtet ist und welchen Stellenwert sie in der kulturpolitischen Debatte haben; die kontroverse literaturkritische bzw. kulturpolitische Diskussion wird als Ausdruck gegensätzlicher politischer Positionen gewertet.

F. de Lagènevais gibt seiner Rezension von *Germinie Lacerteux* insofern einen programmatischen Charakter, als er die Besprechung des Werkes in eine grundsätzliche Erörterung über die zeitgenössische Romanproduktion einbaut, in deren Mittelpunkt er das Konzept des *petit roman* stellt[13], eine gattungsästhetische Kategorie, unter die auch *Germinie Lacerteux* subsumiert wird. Ausgangspunkt seiner Überlegungen ist die Feststellung, daß sich im Bereich des Romanschaffens ein einschneidender Wandel vollzogen hat. Der *vrai roman* sei vom *petit roman* abgelöst worden. Während der erste Typus nicht näher bestimmt wird, kennzeichnet Lagènevais den zweiten mit Hilfe einer Reihe von Ausdrücken mit negativem semantischem Gehalt (Que d'histoires saugrenues, recherchées, licencieuses ou vulgaires.[14]); hierbei ist festzuhalten, daß die Negativität moralisch perspektiviert ist.

Auf der Suche nach einer Erklärung für die von ihm beklagte Entwicklung befaßt sich Lagènevais zunächst mit den Autoren.[15] Ein Versiegen der literarischen Kreativität schließt er ebenso aus wie einen Mangel an Themen bzw. Gegenständen (sujets), die sich der literarischen Darstellung anbieten. Gründe für die Beliebtheit und den Erfolg des *petit roman* findet Lagènevais in der Beschaffenheit des (gegenüber früher) quantitativ und vor allem qualitativ veränderten Publikums, genauer gesagt, in der aufgrund dieser Veränderung gewandelten Beziehung zwischen dem Publikum und einer Gruppe von Schriftstellern. Dem Publikum, auf dessen nähere (soziologische) Bestimmung bzw. Eingrenzung Lagènevais verzichtet, fehle es an literarischem Geschmack; deshalb sei sein Lektürekonsum durch eine primitive Sensationsgier gekennzeichnet, die alles wahllos verschlinge. Obwohl diese Leserschaft einer Lenkung in literarischen Dingen bedürfe, unterließen die Autoren weitgehend eine solche geschmacksbildende Einflußnahme und paßten ihre Werke, nicht zuletzt aus ökonomischen Gründen, den Lesebedürfnissen bzw. -gewohnheiten des Publikums an. Die Orientierung am Publikumsgeschmack, die Voraussetzung für den schriftstellerischen Erfolg, habe insofern Folgen für die Gestaltung des narrativen Materials, als sie eine einseitige Thematisierung der zeitgenössischen gesellschaftlichen Wirklichkeit nach sich ziehe. (De cette société qui s'offre à son observation [sc. du talent = de l'auteur], à son inspiration, il ne prend que les petits côtés, les choses grossières, les impudences, les hontes inavouées.[16]) Indem Lagènevais die Veränderung des erzählerischen Materials sowie die Entstehung und Vorherrschaft des *petit roman* (der *petite littérature*) aus einem Prozeß wechselseitiger Beeinflussung zwischen dem Publikum und einer Gruppe von Autoren im Zusammenhang mit dem Wandel normativer Einstellungen sowie der wachsenden Bedeutung der ökonomischen Vermittlung der Literatur (écrivains, public; libraires, commerce, marchandise[17]) erklärt, verknüpft er den literarischen Wandel mit der gesellschaftlichen Entwicklung und folgt so einer gattungssoziologischen Argumentation.

Die Geltung und damit der Stellenwert dieses Begründungszusammenhangs sind freilich insofern zu relativieren, als die gattungssoziologische Argumentation in ein moralisches/moralisierendes Denkmuster eingebaut ist. Eine solche Verschiebung deutet sich an, wenn Lagènevais seine soziologische Argumentation unterbricht, um sich ausführlich darüber zu äußern, daß das ausländische Publikum einen beträchtlichen Anteil am Erfolg des *petit roman* habe, möglicherweise dessen ausschlaggebender Faktor sei; mit dieser Schuldzuweisung bezüglich des Verfalls des *vrai roman* liegt zugleich deren Fragwürdigkeit offen zutage. Daß Lagènevais sich nur kurz über die ökonomische Vermittlung, dagegen ausführlich über die »Schuld« der Ausländer ausläßt, dürfte ein Anzeichen für eine Unsicherheit gegenüber dem soziologischen Erklärungsmuster sein und »verrät« den moralischen Duktus seiner Argumentation. Die moralistische Position wird evident, wenn Lagènevais in bezug auf die Wirkung des *petit roman* einen allgemeinen Immoralismus-Vorwurf erhebt. Während nämlich Autoren und Buchhändler, auf andere Weise auch das Publikum, von der Prosperität des *petit roman* profitierten, wirke sich dieser Romantypus negativ auf den guten Geschmack und die Moral aus. (Il n'y a guère, il faut l'avouer, que le bon goût qui en [sc. de la floraison du petit roman] souffre, sans compter la morale. Je ne parle pas, bien entendu, de la morale ordinaire, de la petite morale, parce qu'on m'opposerait la grande, celle des esprits supérieurs; je parle du tempérament moral d'une société.[18]) Moralisch perspektiviert ist ferner sowohl die negative Kennzeichnung des *petit roman* als auch die des einschlägigen Publikumsgeschmacks. Der moralisierende Gestus wird explizit, wenn die Feststellung, daß das Publikum bzw. die von ihm getragenen Normen in die Literatur(produktion) eingedrungen sind, mit dem Hinweis verbunden wird, daß der richtige Modus des Umgangs mit Literatur über eine literarische Erziehung/Bildung sowie über die Anerkennung der tradierten literarischen Normen gehe. (Il [sc. le public] fait irruption dans la vie intellectuelle avec toutes ses préoccupations équivoques, au lieu de s'élever graduellement à la conception des choses de l'art.[19])

Moralische Argumente sind es denn auch, aufgrund deren Lagènevais *Germinie Lacerteux* von früheren Romanen der Goncourt, hier *Soeur Philomène* und vor allem *Renée Mauperin*, abgrenzt und zu einem vernichtenden Urteil über den neueren Roman kommt. Während der Stil und der Hang zu realistischer Beschreibung allgemein bemängelt werden, beides freilich läßliche Sünden, wird *Germinie Lacerteux* wegen des gewählten Themas (sujet) sowie der dargestellten Personen (caractères) zu einem Sakrileg der Goncourt erklärt (leur plus gros péché, le plus récent, cette *Germinie Lacerteux*).[20] Die Verfehlung ist in der Thematisierung von moralischer Verderbtheit schlechthin (l'atmosphère de la plus basse, de la plus matérielle corruption) begründet bzw. in der Gestaltung einer Heldin, die sich allen Ausschweifungen widerstandslos hingebe (emportée par les exigences de son tempérament à tous les excès).[21] Aufgrund der Immoralität des Gegenstandes, der gesellschaftlichen Wirklichkeit sowohl wie auch der Heldin, könne *Germinie Lacerteux* bei jungen Frauen in ähnlichen Lebensverhältnissen, mit anderen Worten, beim peuple, keine moralische Verbesserung im Sinne einer Erhöhung des moralischen Niveaus bewirken.

Das von Lagènevais vertretene Konzept einer »moralischen Literatur« soll im Hinblick auf dessen politisch-ideologische Funktion, genauer gesagt, die Ideologisierung des bürgerlichen Individuums präzisiert werden.[22] Die moralistische Kritik hält die Thematisierung moralischen Verfalls bzw. moralischer Verderbtheit nur insofern für zulässig und einleuchtend, als er/sie durch eine physische Krankheit verursacht wird. Der damit suggerierte Erklärungszusammenhang, der zentral ist für die Deutung von *Germinie Lacerteux* als *roman pathologique,* hat, so steht zu vermuten, die Funktion, eine Interpretation des moralischen Verfalls sowie von dessen Ergebnis als Produkt menschlichen Versagens, und das heißt auch als gesellschaftlich bedingt, auszuschließen; denn moralischer Verfall erscheint hier nicht als Resultat moralisch verwerflicher Entscheidungen, sondern als Folge biologisch, d. h. naturgesetzlich bedingter Prozesse, die jenseits des menschlichen Handlungsraumes liegen. Es ist offensichtlich, daß die Moral bzw. moralische Kompetenz des Individuums an einer psychischen Instanz festgemacht wird, die jenseits aller materiellen Bedingtheit liegt und damit spiritualistischer Tradition verhaftet bleibt. Die Deutung von *Germinie Lacerteux* als *roman pathologique* hat vor allem die Funktion, durch Verabsolutierung der moralischen Kompetenz die Würde des bürgerlichen Individuums im Sinne der bürgerlichen Ideologie zu demonstrieren und Kritik am Konzept der moralischen Souveränität des bürgerlichen Individuums auszublenden. Indem die moralistische Kritik Germinie Lacerteux insofern zu einem untauglichen Identifikationsangebot erklärt, als sie ihr den Status eines autonomen Subjekts abspricht und so die Kritik an der Vorstellung vom autonomen Individuum zurückweist, plädiert sie für ein Subjektkonzept, für das Autonomie gegenüber determinierenden Faktoren in Natur und Gesellschaft konstitutiv ist.[23] Personen dieser Art, so darf unterstellt werden, sollte die Literatur den Massen als Vorbild darstellen. Das anvisierte Konzept des Individuums zielt auf einen Menschen, der sich durch Handlungen konstituiert, die er als Ausdruck freier Entscheidungen begreift und für die er deshalb Verantwortung zu tragen bereit ist. Diese Konstitution geschieht auf der Grundlage einer privatistischen Orientierung, deren wesentliche Elemente Leistungsideologie und Besitzindividualismus sind. Was die Konkretisierung dieser zentralen Bestandteile der bürgerlichen Ideologie betrifft, so sei an das seit der Etablierung des Bürgertums in der Julimonarchie geltende Diktum Guizots erinnert: »Enrichissez-vous par le travail et l'épargne«.

Aus den Untersuchungen von Rezensionen der moralistischen Kritik wird deutlich, daß die Ablehnung von *Germinie Lacerteux* vornehmlich damit begründet wird, daß der Roman nicht mit dem von diesen Kritikern vertretenen Literaturbegriff übereinstimmt. Dieser weist der Literatur vor allem eine Funktion im Rahmen der moralischen Reproduktion der Gesellschaft zu: Literatur soll der Anhebung des moralischen Anspruchsniveaus sowie der praktizierten Moral dienen, indem sie durch moralisch intakte Identifikationsangebote zur moralischen Vervollkommnung stimuliert; dabei nimmt das idealistische Konzept eines autonomen Individuums, das in freien Willensentscheidungen sowie aus persönlicher Verantwortung heraus handelt, eine hervorragende Stelle ein. In diesem Zusammenhang darf unterstellt werden, daß diese normative Integration als Reproduktion der herrschenden bzw. von den Herrschenden für wünschenswert erachteten Normen zu deuten ist.

3. Zur Romanprogrammatik der Académie française

Die von den Anhängern der moralistischen Kritik vertretene Position entspricht den literarischen Vorstellungen der Académie française.[24] Die Aufnahme von J. Sandeau in die Académie française wird von deren directeur L. Vitet deswegen als ein außerordentliches Ereignis gewürdigt, weil sie einen Bruch mit der Tradition dieser Institution bedeutet: Geschah es bisher, daß ein Autor in die Académie berufen wurde, obwohl er Romane geschrieben hatte, so wird in Sandeau zum ersten Male ausdrücklich ein Schriftsteller gewählt, weil er Romane geschrieben hat (C'est grâce à vos romans, à vos romans seuls, que vous [sc. Sandeau] êtes au milieu de nous).[25] Die Aufnahme Sandeaus, daran läßt Vitet keinen Zweifel, gewinnt ihre historische Bedeutung weniger durch die Person bzw. das Werk des neuen Mitgliedes als vielmehr durch die damit akzeptierte gattungsästhetische Revision der literarischen Tradition; denn sie ist als Legitimierung der damals noch nicht kanonisierten Gattung Roman seitens der höchsten nationalen Legitimationsinstanz in Sachen Literatur zu begreifen (En vous [sc. Sandeau] nommant, nous avons accueilli un genre de littérature [. . .], qui, dans cette enceinte, fait [. . .] son entrée pour la première fois).[26] Diese Anerkennung des Romans bildet insofern einen Bruch mit der ästhetischen Tradition, als die Hüter der *doctrine classique* ein literarisches Genus legitimieren, das im System der klassischen Regelästhetik nicht repräsentiert ist.

Die Kanonisierung der Roman-Gattung stellt nach Vitet zunächst eine Reaktion auf den Erfolg dar, den dieses Genre beim zeitgenössischen Publikum verzeichnet. Diesem Indulgenz-Argument steht freilich ein in bezug auf den Roman erhobener massiver Immoralismus-Vorwurf entgegen: Die Romane enthielten eine übertriebene und gefährliche Kritik grundlegender Werte und Normen der bestehenden gesellschaftlichen Ordnung (On entremêle à la licence je ne sais quelles prédications cyniques et vénimeuses contre tout ce qu'il y a de sacré en ce monde).[27] Dieser Immoralismus-Vorwurf, so Vitet, trifft allerdings nicht auf alle Romane bzw. Romanciers zu; einige Autoren hätten der moralischen Infektion widerstanden. Folglich kann die Wahl Sandeaus gerade als Würdigung solcher Autoren bzw. Werke verstanden werden, die der Tendenz zum Immoralismus nicht nachgeben und die vorherrschende (offizielle) Moral respektieren und verteidigen (Dès vos débuts, vous [sc. Sandeau] aviez pris, sans hésiter, le parti soi-disant prosaïque de la morale et du bon sens).[28]

Daß die Aufnahme Sandeaus angesichts des Gespenstes des Immoralismus nicht nur einen defensiven Charakter hat, sondern auch einen offensiven Aspekt aufweist, ergibt sich aus dem von Vitet angedeuteten strategischen Konzept.[29] Sandeau soll mit seinen Romanen ein Beispiel geben, an dem sich Autoren und Leser orientieren können. Sofern Vitet Sandeau ausdrücklich als Moralisten bezeichnet, begreift er dessen Romane und – in Anbetracht von deren Modellcharakter – den Roman überhaupt als Sozialisationsagentur (Un moraliste, gouvernant son imagination, se traçant une tâche et pratiquant la fiction comme moyen d'enseignement et de réforme).[30] Damit ist zugleich die dem Roman zugewiesene gesellschaftliche Funktion bestimmt. Angesichts der Entwicklung des Romans sowie der potentiellen Plastizität des Genres entwirft Vitet eine Strategie zur Formierung des Romans im Sinne einer gegen den *roman immoral* gerichteten Eindämmungs- und Veredelungskonzeption.

Diese Funktionsbestimmung des Romans hat Konsequenzen für die Gestaltung des ästhetischen Materials. Bedingt durch die vorrangige Funktionalisierung des Romans als Instrument der moralischen Erziehung des Publikums, dominiert folgendes (Handlungs-)Schema: Dadurch, daß er mit den bestehenden zwischenmenschlichen Beziehungen bzw. gesellschaftlichen Verhältnissen kollidiert, gerät der Held in eine konfliktuelle Situation. Die einschlägige Lösung der als »maladie morale«[31] gedeuteten Identitätskrise besteht darin, daß der Held seine Fehler/Schuld und das heißt zugleich den »richtigen« Weg erkennt. Das moralische Ziel des Helden (bzw. des Romans) liegt in der Bejahung des Lebensglückes innerhalb der bestehenden (bürgerlichen) Verhältnisse, eines Glückes, dessen tragende Grundpfeiler Ehe/Familie und Arbeit bilden (Vanter ainsi ouvertement le bonheur terre à terre, le bonheur du chaste foyer, ebd.; enseignant par son exemple à son malheureux cousin qu'on peut, avec le travail, se relever de l'abîme).[32] Aus dem Umstand, daß das literarische Medium Roman im Sinne der herrschenden Moral instrumentalisiert wird und daß die dominierende Moral die Moral der herrschenden bürgerlichen Schichten ist, darf gefolgert werden, daß die Académie française den Romancier Sandeau als Repräsentanten des *art bourgeois* aufnimmt.

Der mit dieser Bestimmung der gesellschaftlichen Funktion des Romans korrespondierende Rezeptionsmodus wird von O. Feuillet in seiner Antrittsrede thematisiert.[33] In Anlehnung an Vitet betrachtet Feuillet seine Wahl in die Académie als symbolische Geste für die Aufnahme des Romans in den Kanon der legitimierten literarischen Gattungen; entsprechend der gegen den *roman immoral* gerichteten Eindämmungs- und Veredelungskonzeption Vitets wertet Feuillet die Verpflichtung auf die Tradition sowie die Prinzipien der Académie française als Disziplinierung, deren Notwendigkeit sich aus dem vitalen und aggressiven Auftreten des Romans ergibt. Die Vitalität des neuen Genus zeigt sich vor allem in der Eroberung immer neuer Publikumsgruppen in allen Schichten der Gesellschaft sowie in dem sichtbaren Einfluß auf das Denken und die Moral des zeitgenössischen Frankreich; ferner darin – und hier tritt ein Moment der Aggressivität hinzu –, daß und wie der Roman Inhalte und Formen, die vor seinem Durchbruch und Erfolg anderen literarischen Genres (z. B. der Lyrik, dem Theater, der philosophischen Reflexion und der Geschichtsschreibung) vorbehalten waren, aufnimmt, verwendet und integriert. Wenn Feuillet in diesem Zusammenhang von

Usurpation spricht (Le roman envahissait tout, et quelquefois usurpait tout)[34], so wird evident, daß der Roman auch als Bedrohung des in der *doctrine classique* vorgegebenen und abgesicherten Gattungsgefüges verstanden wird. Die disziplinierende Verpflichtung auf eine in der Tradition des Klassizismus stehende Ästhetik geschieht also im Hinblick auf die Stabilisierung des literarischen Formen- und Regelsystems (ästhetische Normen), freilich zugleich auch im Hinblick auf eine Kontrolle der intellektuellen und moralischen Beeinflussung des Publikums (soziale Normen). Wie diese Indienstnahme des Romans aussieht, läßt sich aus dem Porträt seines Vorgängers Scribe erschließen, das Feuillet im Hauptteil seiner Rede entwirft. Den Fluchtpunkt seiner Überlegungen bildet der Gedanke der Subsumtion des Romans unter das Moralismus-Konzept. Ausgehend von der Feststellung, daß Scribes Realismus vornehmlich dazu dient, die Möglichkeit und die Bereitschaft zur Identifikation des Publikums mit den auf der Bühne agierenden Helden herzustellen bzw. zu fördern, findet Feuillet bei Scribe eine doppelte Wirkungsabsicht: zum einen ziele er darauf ab, daß die Darstellung der Helden im Publikum Sympathie erzeuge, zum anderen darauf, das moralische Bewußtsein der Zuschauer zu beeinflussen (Il [sc. Scribe] laisse dans leur esprit [sc. des hommes = du public] une impression singulièrement sympathique et en même temps profondément morale).[35] Daß beide Intentionen nicht additiv, sondern funktional im Sinne einer Zweck-Mittel-Relation verknüpft sind, resultiert aus der Priorität der Erziehung gegenüber der Unterhaltung, wie sie Feuillet in bezug auf die Funktion des bürgerlichen Schriftstellers definiert (Il [sc. Scribe] remplit noblement et simplement la vraie tâche du poète: il élève ceux qu'il amuse; s'il connaît bien leurs vertus, et s'il sait les encourager, il n'ignore pas leurs défaillances et il sait les combattre).[36]

Diese Funktionsbestimmung hat Konsequenzen für den Rezeptionsmodus; und an diesem Punkt geht Feuillet über Vitets romanprogrammatische Vorstellungen hinaus. Im Zusammenhang dieser Moralisierungskonzeption lehnt Feuillet ausdrücklich eine Dramatik ab, die über die Darstellung negativer Beispiele und deren Kritik zum Aufbau einer positiven moralischen Attitüde gelangen will. Seine Ablehnung einer solchen Negativ-Dramatik begründet er mit der anthropologischen Annahme, daß der Imitationstrieb einer der stärksten Antriebe des menschlichen Verhaltens sei; angesichts der Dynamik der psychischen Natur des Menschen werde folglich durch negative Beispiele die Vermittlung moralischer Normen gefährdet und damit die Wirksamkeit der moralpädagogischen Funktion der Literatur in Frage gestellt. Von der Annahme der besonderen Wirksamkeit imitativer Lernprozesse ausgehend, fordert Feuillet eine Positiv-Dramatik: »Je me persuade que dans la fiction comme dans la vie, la meilleure leçon morale que l'on puisse donner aux hommes, c'est le spectacle du bien, la vue des honnêtes gens.«[37] Die in den Dramen symbolisch repräsentierten Werte und Normen sollen über die Identifikation des Rezipienten mit dem Helden – hier wird ein lineares Wirkungsmodell hypostasiert – in der Persönlichkeit des Zuschauers reproduziert werden. Damit wird, und dies ist entscheidend und kennzeichnend für die Rezeptionsweise, das Moment der Reflexivität im Prozeß der Normenvermittlung reduziert bzw. (zumindest tendenziell) liquidiert. Dieses in bezug auf das Drama dargestellte Rezeptionsmodell ist gemäß der auf den Roman zielenden Disziplinierungsstrategie der Académie auf das neu legitimierte Genus zu übertragen.

Indem der Roman die ihm in der Programmatik der Académie française zugewiesene Sozialisationsfunktion übernimmt, trägt er im Rahmen der normativen Reproduktion der Gesellschaft zur Stabilisierung der dominierenden Werte und Normen bei; und indem die im Roman repräsentierten und propagierten Haltungen und Einstellungen im Hinblick auf ein adäquates Handeln der Rezipienten innerhalb der bestehenden gesellschaftlichen Verhältnisse perspektiviert sind, dient das literarische Medium zugleich der Stabilisierung der bestehenden gesellschaftlichen Ordnung. Dadurch, daß das Ziel dieser Moralisierungskampagne die Anpassung des Individuums im Hinblick auf ein reibungsloses Funktionieren innerhalb der bestehenden gesellschaftlichen Verhältnisse liegt, wird deutlich, daß das Individuum insofern die Kosten dieser intellektuellen und moralischen Modellierung trägt, als seine Subjektivität unter repressive Normen subsumiert wird.[38] Die im Rahmen des *art bourgeois* intendierte Moralisierung ist als ein idealistisches Erziehungskonzept zu interpretieren. Der idealistische Charakter der Konzeption liegt darin, daß sowohl die gesellschaftlichen Voraussetzungen, Bedingungen und Grenzen für die Entwicklung des Individuums als auch die Veränderung der gesellschaftlichen Rahmenbedingungen für die Entfaltung der Persönlichkeit nicht thematisiert werden.

Diese Orientierung an der Integrations- und Legitimationsfunktion der Literatur macht offensichtlich, daß das Verhältnis der Romanprogrammatik der Académie sowie des Romans des *art bourgeois* zur Moral anders beschaffen ist als in der Aufstiegsphase des Bürgertums. Innerhalb der Aufklärungsbewegung gilt Literatur als Medium zur Beförderung der Humanität bzw. zur Vervollkommnung der menschlichen Zivilisation (Humanisierungs-, Sozialisationsfunktion); sie dient der bürgerlichen Öffentlichkeit als Instrument der Diskussion und Vermittlung von moralischen und politischen Normen, auf deren Grundlage das Bürgertum sein Selbstbewußtsein entfalten und sein Handeln motivieren kann.[39] Auf der Ebene der Gattungen zeigt sich, daß der Roman die literarische Form darstellt, die zum bevorzugten Genus der Selbstverständigung des aufsteigenden Bürgertums avanciert. Zu der angedeuteten Moralisierungskonzeption der bürgerlichen Gesellschaft und deren Literaturvorstellungen steht die Romanprogrammatik der Académie in einem widersprüchlichen Verhältnis: einerseits stellt sie sich in die zivilisatorische Tradition der Aufklärung, weil sie an der moralisierenden Funktion des Mediums Literatur/Roman festhält; andererseits bricht sie insofern mit dem Humanisierungskonzept der Aufklärungstradition, als sie die (in Form psychischer Deformation verinnerlichte) individuelle Fremdbestimmung ausblendet sowie die moralischen Normen von den politischen Normen dissoziiert. Hatte das aufsteigende Bürgertum im Kampf gegen die feudal-absolutistische Gesellschaftsordnung die Moral politisiert, so redet das Bürgertum, nachdem es mit der Juli-Revolution die Macht erworben und endgültig seine Verhältnisse etabliert hat und nachdem es sich, besonders seit der Revolution von 1848, in Frage gestellt sieht, einer Entpolitisierung der Moral das Wort. Es liegt auf der Hand, daß der Bruch mit der bürgerlichen Aufklärungsideologie ein weit stärkeres Gewicht hat als die Betonung einer Kontinuität.

Der Stellenwert der Romanprogrammatik der Académie française innerhalb der zeitgenössischen romanästhetischen Diskussion soll im folgenden präzisiert werden; dies geschieht im Rahmen einer Erörterung von Naumanns These vom Funktionswandel des Romans beim Übergang vom Aufklärungsroman zum Roman des kritischen Realismus.[40] Im Zusammenhang mit dem neuen epochalen Geschichtsbewußtsein, das das Gesetz der geschichtlichen Entwicklung im Fortschreiten zum gesellschaftlich und moralisch Besseren sieht, erhält die Literatur die Aufgabe, zur Verwirklichung dieses Prozesses beizutragen: entweder durch Kritik oder durch Utopie. Die Aufgabe des Aufklärungsromans sieht Naumann folglich darin, »einen durch den geschichtlichen Prozeß schon vorgegebenen und von der Philosophie schon fixierten Sinn zu verdeutlichen, eine Wahrheit zu interpretieren, die in ihren wesentlichen Bedingungen schon als bekannt galt und von der zumindest die Eingeweihten – die Aufklärer nämlich – schon wußten oder zu wissen glaubten, daß sie sich gesetzmäßig in der Geschichte durchsetzen würde«.[41] Gemäß dieser Funktionsbestimmung wird der Roman als Instrument der Bewußtseinsbildung und der Verhaltensstimulation konzipiert: Das Publikum soll über die in der Natur des Menschen liegenden, bisher kaum genutzten Möglichkeiten der Emanzipation in den verschiedenen Bereichen der gesellschaftlichen Praxis aufgeklärt und zu deren Verwirklichung motiviert werden. Diese Funktionsbestimmung hat Konsequenzen für die Realismusauffassung: Betrachtet man den Aufklärungsroman als Methode ästhetischer Aneignung geschichtlich-gesellschaftlicher Wirklichkeit allein unter der Perspektive »ernsthafte Behandlung alltäglicher Wirklichkeit« (Auerbach)[42], so läuft man Gefahr, über dieser am Realismusbegriff des 19. Jahrhunderts orientierten Bestimmung den spezifischen Charakter des Wirklichkeitsverhältnisses beim Aufklärungsroman unberücksichtigt zu lassen. Über die Abbildungsfunktion und die Darstellungsweise hinaus ist für den Realismus des Aufklärungsromans konstitutiv, daß die Problematisierung gesellschaftlicher Wirklichkeit auf eine Bewußtseinsbildung zielt, um so Voraussetzungen für Veränderungen der bestehenden gesellschaftlichen Verhältnisse gemäß den Vorstellungen der bürgerlichen Emanzipationsbewegung zu schaffen.

Fragwürdig wird diese Funktionsbestimmung des Romans, als die Aufklärungsideologie mit ihrem Fortschrittsoptimismus angesichts der Widersprüche der gesellschaftlichen Wirklichkeit des kapitalistischen Systems zusammenbricht. Dieser Verlust der Gewißheit der vorgegebenen Wahrheit führt nach Naumann zu einem Funktionswandel des Romans: »Der Roman wird zum Instrument der Suche nach den Gesetzmäßigkeiten [. . .], die – noch unbekannt – die neue Realität beherrschten [. . .]. Der Autor nimmt sich das Recht, in seiner Romanwelt den Sinn zu produzieren, der außerhalb von ihr noch nirgends vorhanden war.«[43] Im Zusammenhang mit diesem Funktionswandel spricht Naumann von einer »Verlagerung des pädagogisch-aufklärerischen, didaktisch-moralisierenden auf den gnoseologisch-abbildenden Aspekt«. Damit ist angedeutet, daß der Funktionswandel Konsequenzen für die Romanform und – implizit – für die Rezeptionshaltung hat; denn die Voraussetzung für die Übernahme dieser neuen, d. h. vornehmlich erkenntnisbildenden bzw. sinnproduzierenden Funktion des Romans liegt im »Verzicht auf idealisierende Verklärung der gesellschaftlichen Realität und auf Harmonisierungen der durch die Herrschaft des Kapitals ins Leben der Menschen getragenen antagonistischen Widersprüchlichkeit ihrer Beziehungen«.[44] Die Verwirklichung dieses neuen Romantypus sieht Naumann im Roman des »kritischen Realismus« gegeben.[45]

Mit Bezug auf Naumanns Bestimmung des Funktionswandels beim Roman wird deutlich, daß die Romanprogrammatik der Académie française hinter den historisch erreichten Stand der romanästhetischen Diskussion zurückfällt, weil sie die abbildende Funktion des Romans der (norm-)bildenden Funktion unterordnet: an die Stelle von Erkenntnisvermittlung und gesellschaftsbezogener Bewußtseinsbildung tritt eine Moralpropaganda, deren idealistisches Sozialisationskonzept der Stabilisierung bzw. (mit Blick auf 1848) der Restauration besitzbürgerlicher Werte und Normen sowie der sie tragenden und durch sie gestützten gesellschaftlichen Verhältnisse dient. Dies bleibt nicht ohne Folgen für das künstlerische Material sowie die Rezeptionshaltung. Ersteres wird nach dem Prinzip der Idealität organisiert, wobei das Prinzip der kritischen Aneignung der Realität geopfert wird; letztere nimmt, weil das Moment der Reflexivität aus dem Rezeptionsprozeß verschwindet, die Form einer emotional strukturierten identifikatorischen Rezeption an. Neben der Fixierung auf die historisch überholte Moralisierungskonzeption und deren klassen- bzw. schichtenspezifische Füllung ist der Verzicht auf Reflexivität das hervorstechende Merkmal der akademischen Romanprogrammatik. Die dadurch bedingte, tendenziell unreflektierte Rezeptionsweise verwandelt insofern grundlegend die Qualität der normenbildenden und handlungsorientierenden Wirkung der Literatur, als sie sich der manipulativen Einflußnahme öffnet und damit das emanzipatorische Potential liquidiert. Der defizitäre Rezeptionsmodus signalisiert, daß die hier vorliegende Form der Literaturkommunikation Ausdruck einer auf massenintegrative Instrumentalisierung ausgerichteten Institutionalisierung von Literatur darstellt, die in Opposition zum Konzept des kritischen Realismus steht.

Was die historisch-soziale Kontextualisierung der Romanprogrammatik der Académie betrifft, so läßt sich diese Literaturkonzeption, vermittelt über die Lesegewohnheiten und -bedürfnisse des zeitgenössischen Publikums, auch als Ausdruck normativer Orientierungen innerhalb der bestehenden gesellschaftlichen Verhältnisse interpretieren. In ihren Untersuchungen über die Pariser Bourgeoisie der Restauration und der Julimonarchie kommt A. Daumard in bezug auf die literarische Bildung des Bürgertums zu dem Ergebnis, daß die Lektüre in diesem Milieu vor allem dem Erwerb und der Festigung eines die Lebensführung strukturierenden kulturellen Musters dient, nämlich der privatistischen Orientierung der bürgerlichen Existenz (La culture au foyer préparait davantage les bourgeois à méditer sur la morale et à comprendre les tempéraments individuels qu'à réfléchir sur les droits et les devoirs des citoyens).[46] Das Fundament der bürgerlichen Lesekultur bilden die Klassiker – sowohl die Autoren der griechischen und römischen Antike als auch die französischen Autoren des 17. und 18. Jahrhunderts –, deren Werke das Publikum als Darstellungen allgemein-menschlicher Situationen und Probleme auffaßte (Ces œuvres s'intéressaient à l'homme en général).[47] Romane, die die zeitgenössische gesellschaftliche Realität darstellen und problematisieren, und sozialreformerische Untersuchungen, die das Entwicklungspotential der Gesellschaft vor dem Hintergrund der durch den Kapitalismus hervorgerufenen sozialen Ungerechtigkeiten reflektieren, sind deutlich unterrepräsentiert, Motivationen, die dieser Art Lektüre entsprechen, unterentwickelt. Die Lesegewohnheiten des bürgerlichen Publikums stimmen nach A. Daumard mit den seine Existenz perspektivierenden Einstellungen und Haltungen überein, die durch Indifferenz gegenüber den Problemen der es umgebenden Gesellschaft gekennzeichnet sind und die die intellektuelle Bildung, die religiöse Praxis, das moralische Bewußtsein sowie das Familienleben ihrer Träger streng auf privatistische Motivationsmuster verpflichten. Ausgehend von der Annahme, daß die nach A. Daumard für die bürgerliche Lesekultur der Restauration und der Julimonarchie kennzeichnende normative Orientierung auch noch für den Zeitraum des Second Empire gilt, bestätigen sich die Lesegewohnheiten und -bedürfnisse des bürgerlichen Publikums und die Romanprogrammatik der Académie gegenseitig.[48] Deren Moralisierungskonzeption wird man auch und gerade als den Versuch begreifen müssen, einen bestimmten Habitus des bürgerlichen Individuums, den Habitus des privatistischen Bourgeois, zu propagieren und als Identifikationsobjekt im Hinblick auf eine massenintegrative Konsensbildung anzubieten.

4. Zur Kulturpolitik des imperialen Regimes

Die von der moralistischen Kritik vertretene sowie in der Romanprogrammatik der Académie française propagierte Literaturkonzeption entspricht der offiziellen (und offiziösen) Kulturpolitik des imperialen Regimes, deren Einfluß auf die allgemeine Situation der Literatur im folgenden skizziert werden soll.[49] In Fortsetzung repressiver Tendenzen, die sich, nach einer kurzen Phase der Liberalisierung unmittelbar nach der Februarrevolution, seit 1849 durchsetzen, wird eine Reihe von Gesetzen und Verfügungen erlassen, die die Pressefreiheit in beträchtlichem Maße beschneiden.[50] Die von der Administration streng kontrollierte Presse beklagt nicht nur das Ende des politischen Journalismus, sondern auch das Versiegen des literarischen; denn die gesetzlichen und administrativen Regelungen, besonders das Dekret vom 17. Februar 1852, schränken nicht nur die Information und die Kommentierung im politischen Bereich ein, vielmehr beeinträchtigen sie indirekt auch die Wirkungsmöglichkeiten der Kunst- und Literaturkritik, der wissenschaftlichen Berichterstattung sowie der Romanproduktion (roman-feuilleton). Die aufgrund ökonomischer Schwierigkeiten erfolgte Einstellung von Publikationsorganen sowie die massenweise Verhaftung von Publizisten und Schriftstellern sind nur die äußerlich sichtbaren Folgen.[51] Hinzu kommt vor allem die Selbstzensur, die die journalistische und literarische Arbeit lähmt und zu einem Absinken des ästhetischen und kritischen Niveaus sowie zu einem Verlust an moralischer Substanz führt. Angesichts dieser Lage gibt es für Publizisten und Literaten folgende Alternative: regimekonforme Anpassung unter Verleugnung der ästhetischen und moralisch-politischen Integrität oder Behauptung von regimekritischen Positionen, sei es im Engagement innerhalb der Bewegung des *art social*, sei es im Rückzug auf das Prinzip des *L'art pour l'art*. Höhepunkte der repressiven Aktivitäten der imperialen Administration stellen die Literaturprozesse der fünfziger Jahre dar, besonders die Gerichtsverfahren gegen Flaubert und gegen Baudelaire.[52]

Die repressiven Aktionen, die die literarische Intelligenz ins Exil oder in die innere Emigration treiben und damit die Distanz zum politisch-sozialen System noch vergrößern, werden ergänzt bzw. aufgefangen durch eine Reihe von integrativen Maßnahmen, mit denen die Regierung auf eine Indienstnahme der Literatur zielt: Literatur soll sowohl der Legitimationsbeschaffung als auch der Vermittlung von Werten und Normen dienen. Das Legitimationsdefizit sowie die Motivationskrise erklären sich vor allem aus der jüngsten Vergangenheit: zum einen aus der gewaltsamen und blutigen Machtergreifung in Form des bonapartistischen Staatsstreichs, zum anderen aus dem Scheitern der bürgerlichen Revolution und der Erosion der republikanischen Tradition. Eine entscheidende Rahmenbedingung für die Kultur- und Literaturpolitik des Regimes bildet die Schaffung von regimekonformen Presseorganen. Ein anschauliches Beispiel dafür ist die wesentlich von Staatsminister Fould verantwortete Umwandlung des *Moniteur universel*: aus dem regierungsamtlichen Informationsblatt wird ein offiziöses Meinungsblatt. Zum Ausbau der Markt- und Machtposition des *Moniteur* trägt einerseits eine rigorose Senkung des Abonnementpreises (und der Annoncenpreise) bei, andererseits die Gewinnung von Redakteuren und Mitarbeitern, deren Kompetenz ein im Vergleich zu anderen Zeitungen höheres Niveau garantieren (z. B. Gautier).

Was das literaturpolitische Instrumentarium betrifft, so besteht ein wirksames Mittel in der Beeinflussung von Schriftstellern mit Hilfe von schmeichelhaften Reaktionen auf deren Werke durch hohe Persönlichkeiten des Regimes, einschließlich des Kaisers. (Ein Beispiel: Billet von Napoléon III. an Ponsard.[53]) Außerdem zahlt die imperiale Administration Autoren, die den literatur- und kulturpolitischen Vorstellungen des Regimes entsprechen, beträchtliche Summen, die unter dem Titel »encouragement littéraire« verbucht werden.[54] Das wichtigste offizielle Instrument der imperialen Kulturpolitik bilden allerdings die Literaturpreise, vornehmlich der sogenannte Prix Faucher sowie der Prix Montyon. Der von Innenminister Faucher schon im Oktober 1851 per Dekret geschaffene und mit 5000 Francs dotierte Preis soll für das Drama verliehen werden, das am besten folgende Voraussetzungen erfüllt: »qui sera jugé avoir le mieux satisfait les conditions désirables d'un but moral et d'une exécution brillante« oder, noch eindeutiger formuliert, »qui serait de nature à servir à l'enseignement des classes laborieuses par la propagation d'idées saines et le spectacle de bons exemples«.[55] Auf diese Prämierungsstrategie antwortet die Mehrheit der Schriftsteller mit heftiger, ja höhnischer Kritik.[56] Der Prix Montyon, dessen im Jahre 1782 begründete Tradition in der Restaurationsepoche wiederbelebt wird, ist insofern von größerer Bedeutung, als er von der Académie française verliehen wird. Dabei wird die moralpropagandistische Funktion dieses Preises dadurch unterstrichen, daß die Académie, gemäß dem Willen des Stifters, neben dem Literaturpreis (En faveur du Français qui aura composé et fait paraître en France le livre le plus utile aux moeurs) einen Tugendpreis verleiht (En faveur d'un Français pauvre qui aura fait dans l'année l'action la plus vertueuse); beide Preise werden jährlich in gemeinsamer Sitzung verliehen.[57] Die Haltung der Schriftsteller gegenüber dem Prix Montyon ist überwiegend negativ, wenn auch die Ablehnung nicht so eindeutig ist wie im Falle des sogenannten Prix Faucher.[58]

Ein interessantes Dokument der offiziösen Literaturpolitik des Second Empire ist ein an das Kabinett des Kaisers gerichtetes Schreiben von Sainte-Beuve.[59] Darin empfiehlt der »moniteur des lettres« der Regierung eine über private kulturelle Vereinigungen laufende Einflußnahme auf die Literaturproduktion. Diese Zuschrift bezieht sich vor allem auf Vorschläge für die geistige Lenkung (direction morale), auf Angaben in bezug auf zu behandelnde Themen sowie auf Hinweise für die Gewährung von finanzieller Unterstützung zugunsten armer Autoren. Seine Empfehlungen begründet Sainte-Beuve damit, daß es der Literatur (wie der Gesellschaft) nicht gut bekommen ist, daß sie sich selbst überlassen war. Im Gegensatz zur Restaurationsepoche sei die Literatur während der Julimonarchie, bedingt durch die dynamische Entwicklung liberaler Strukturen, nicht mehr von Doktrinen und Prinzipien in Schranken gehalten worden; folglich hätten Profit- und Sensationsgier (désir du gain, joint au besoin de faire du bruit[60]) viele Werke hervorgebracht, die zur Auflösung der öffentlichen Gewalt (pouvoirs publics) und der Ideen beigetragen hätten. Damit spielt Sainte-Beuve vor allem auf die Erosion der literarischen Kultur bzw. der tradierten Kultur infolge der Entfaltung der *littérature industrielle* an.[61]

Gegen die von Sainte-Beuve als Repräsentanten der offiziösen Literaturkritik und -politik vertretene Position – obwohl das genannte Schreiben erst 1870 bekannt wird, ist Sainte-Beuves Ansicht, wenn auch weniger explizit formuliert, notorisch – wendet sich u. a. Laprade in der Satire *Les Muses d'Etat*, in der er gegen die propagierte Indienstnahme der Literatur durch das imperiale Regime polemisiert.[62] Obgleich auf Lebenszeit beamtet (inamovible), verliert Laprade daraufhin seine Professur an der Philosophischen Fakultät von Lyon. Diese heftige Reaktion auf die Polemik ist kennzeichnend für die Schärfe der Auseinandersetzung um die Durchsetzung der imperialen Literaturpolitik sowie die Vehemenz der vorherrschenden moralistischen Kritik. Dadurch wird offenbar, daß sich das Verhältnis des Bürgertums zur Literatur geändert hat.[63] Nach der Julirevolution von 1830, d. h. durch die Stabilisierung einer bürgerlich-kapitalistischen Gesellschaft, revidiert das Bürgertum seine Einstellung gegenüber der Literatur; diese wird nun nicht mehr benötigt, um, wie vorher, eingebettet in die revolutionäre Bewegung, die politischen Forderungen und moralischen Normen des Bürgertums zu proklamieren, vielmehr soll sie jetzt dazu dienen, die eingerichteten bürgerlichen Verhältnisse zu legitimieren und das Bürgertum zu unterhalten. Anders gesagt: Indem die auf die Entwicklung einer humanen Gesellschaft hin perspektivierte gesellschaftliche Funktion der Literatur tendenziell suspendiert wird, wird die in der Tradition der Aufklärung stehende Nützlichkeitsästhetik durch die L'art pour l'art-Doktrin verdrängt. Nach dem Scheitern der Februarrevolution von 1848 bzw. nach der Einrichtung des Zweiten Kaiserreichs verändert sich wiederum die Einstellung des Bürgertums gegenüber der Literatur, indem die Position des L'art pour l'art geschwächt wird; hierbei handelt es sich um einen Prozeß, der mit den sozialen Strukturen des Second Empire zu tun hat. Zwar liegt die wirtschaftliche und politische Macht weiterhin in den Händen des (Groß-)Bürgertums, doch hat innerhalb dieser Klasse eine Verschiebung stattgefunden. Während im Bürgertum der Julimonarchie die Finanzbourgeoisie dominierte, erweist sich im Zweiten Kaiserreich die Industriebourgeoisie als dessen dynamischste Fraktion, eine soziale Gruppe, die nach G. Dupeux den Prinzipien des Liberalismus weit weniger verpflichtet ist.[64] Es liegt nahe, die Ursachen dieses Wandels in der Mentalität des Bürgertums darin zu suchen, daß die Industriebourgeoisie auf das in der von Napoléon III. praktizierten Politik des staatlichen Interventionismus liegende Angebot mit engagierter Partnerschaft reagiert und mit dem Regime auf ideologischer Ebene durch die gemeinsame Orientierung am Programm des (depravierten) Saint-Simonismus verbunden ist. Als Träger der offiziellen Kulturpolitik des Kaiserreichs weist das Bürgertum der Literatur die Aufgabe zu, als Medium der ideologischen Integration in eine (von aufklärerisch-revolutionärem Denken gereinigte) bürgerliche Gesellschaft zu fungieren, wobei die bestehenden gesellschaftlichen Verhältnisse als vorgegebener Ordnungsrahmen gelten.[65]

5. Zur Rezeption von *Germinie Lacerteux* 2: die realistische Kritik

Die Rezensionen der moralistischen Kritiker, die *Germinie Lacerteux* ablehnend gegenüberstehen, sollen mit Besprechungen der realistischen Kritik konfrontiert werden, deren Verfasser den Roman zustimmend aufnehmen und dessen Autoren als Vertreter einer avantgardistischen Literatur einschätzen.[66] E. Zola hebt in seiner Rezension vor allem auf eine Deutung der Figur der Romanheldin sowie auf die Verteidigung des Realismus/Naturalismus ab. Was die Figur der Germinie Lacerteux betrifft, so stellt er die Dualität ihres Charakters in das Zentrum seiner Interpretation. Indem er dieses Moment wiederholt durch eine Reihe oppositioneller Ausdrücke benennt (Il y a, je le répète, dualité en elle [sc. Germinie Lacerteux])[67], weist Zola auf die Alternative hin, die für Germinie Lacerteux' Existenz besteht, und kann ihr »Schicksal« aus den auf sie einwirkenden Milieufaktoren erklären. Daß Germinie Lacerteux scheitert, erscheint nicht als moralisches Versagen, sondern wird als durch die soziale Umwelt und die natürlichen Anlagen bedingtes Schicksal dargestellt. Unter anderen Umständen, so Zolas Hypothese, hätte Germinie Lacerteux sich anders entfaltet (Mettez Germinie dans une autre position, et elle ne succombera pas).[68] Wichtig ist, darauf hinzuweisen, daß Zola mehrmals hervorhebt, daß Germinie Lacerteux sich dem Schicksal nicht einfach ausliefert, sondern dagegen kämpft (Tout le livre est dans la lutte entre les besoins dur coeur et les besoins du corps; Germinie se débattait dans son avilissement).[69] Damit wird evident, daß Zola sie durchaus als Träger einer moralischen Kompetenz deutet.

In Sachen Realismus spricht Zola von der »vérité du récit«[70] und qualifiziert die im Roman geleistete Darstellung der zeitgenössischen gesellschaftlichen Wirklichkeit als »vérité effrayante« sowie »franchise brutale«.[71] Der Realismus (l'étude patiente de la réalité, l'ensemble obtenu par l'observation des détails), so Zolas Antwort gegenüber denen, die die realistische Schule prinzipiell ablehnen, habe in den letzten Jahren so bemerkenswerte Werke hervorgebracht, daß der Streit zu ihren Gunsten entschieden sei. Der Künstler habe das Recht zur detaillierten und unverfälschten Wiedergabe gesellschaftlicher Wirklichkeit; aufgrund der künstlerischen Subjektivität sei die dargestellte Realität ohnehin gebrochen (toujours vue à travers un tempérament). Denen, die lediglich gegen ein Übermaß von Realismus protestieren, hält Zola entgegen, daß es in der Erforschung der Wahrheit (dans l'étude de la vérité) im Prinzip keine Grenze gebe.[72] Denjenigen schließlich, die den Vorwurf erheben, der Roman sei ausschließlich unter einem medizinischen Blickwinkel verfaßt, erwidert Zola, daß die Autoren eine körperliche und seelische Krankheit der Heldin beschreiben, und weist auf die Bedeutung des Körpers im menschlichen Leben allgemein hin, weshalb er ihn als legitimen Gegenstand literarischer Darstellung bezeichnet.

Es ist deutlich geworden, daß Zola nicht an der moralischen Wirkung interessiert ist, die von dem Roman ausgeht bzw. ausgehen kann; anders gesagt: sein Interesse ist nicht wirkungsästhetisch, sondern darstellungsästhetisch motiviert. Die Dominanz der Darstellungsästhetik steht in der Traditionslinie des Realismus, besonders des realistischen Romans, wie ihn Balzac, zumindest teilweise, und vor allem Flaubert geschaffen haben. Wie sehr Zola dieser wissenschaftsorientierten Methode literarischer Darstellung (Thematisierung und Problematisierung) der gesellschaftlichen Wirklichkeit verhaftet ist, zeigt auch das Vokabular, das er in den Bemerkungen zu seiner literaturkritischen Vorgehensweise zu Anfang seiner Rezension gebraucht: Er will eine *Autopsie* vornehmen, mit der Neugier eines *Arztes* bzw. *wissenschaftlicher* Neugier vorgehen, mit einem *Skalpell* in der Hand, eine *exakte*

Anatomie leisten, das Herz *analysieren*, ein unbekanntes Wesen, einen eigenartigen Organismus *entdecken*.[73] (Vgl. Sainte-Beuves Rezension zu *Madame Bovary*, in der er behauptet, daß Flaubert die Feder so führe wie ein Arzt ein Skalpell, sowie Lemots Flaubert-Karikatur, die zeigt, wie der Romancier Emma Bovary seziert.) Dieses literaturkritische Verfahren entspricht der von den Goncourt und den realistischen Autoren überhaupt angewandten Methode für die Darstellung der zeitgenössischen sozialen Realität; beide Arbeitsweisen stimmen konzeptionell mit der vom Szientismus legitimierten und propagierten Methode zur Erfassung der natürlichen und gesellschaftlichen Wirklichkeit überein.

Innerhalb der realistischen Kritik wird der Literatur also die Funktion zugewiesen, Wissen über das menschliche Leben bzw. die gesellschaftlichen Verhältnisse, in die es eingebettet ist, zu sammeln, zu ordnen und damit die Wirklichkeit zu analysieren sowie die Ergebnisse dieser Untersuchungen zu vermitteln. Erkenntnisvermittlung ist die originäre Funktion, die die realistische Kritik der Literatur im allgemeinen und dem Roman im besonderen zuschreibt; die Wertvermittlung scheint ausgeblendet, allenfalls wird sie funktional mit der Erkenntnisvermittlung gekoppelt. Die Moral bzw. die moralische Wirkung der Literatur/Kunst wird als peripheres Moment betrachtet; zentraler Punkt ist die Wahrheitssuche und die Darstellung der gefundenen Wahrheit. Der Wahrheitsbegriff der realistischen Kritik orientiert sich an dem *vérité*-Konzept der Naturwissenschaften.[74]

Indem die Vertreter der realistischen Ästhetik im Zweiten Kaiserreich eine Anpassung von Kunst/Literatur an eine von den gesellschaftlich dominierenden Gruppen gewünschte systemkonforme Moral/Ideologie verweigern, wird evident, daß die Ästhetik des Realismus im Gegensatz zur Ästhetik des Positivismus (à la Comte) steht, die die Grundlage der imperialen Kulturpolitik bildet.[75] Die realistische Ästhetik stellt insofern eine oppositionelle Institutionalisierung von Kunst/Literatur dar, als sie eine Instrumentalisierung von Kunst/Literatur durch das Regime und bezüglich der ideologischen Stabilisierung des Regimes zurückweist. Auch nach der Legitimierung der Romangattung im Rahmen einer auf dem Moralismus-Kriterium basierenden Literaturkonzeption halten die Goncourt am Konzept des realistischen Romans fest und bemühen sich um eine Weiterentwicklung dieses Genres.

6. Stichworte zur zweiten L'art pour l'art-Bewegung

Die Untersuchung der literaturkritischen Debatte um *Germinie Lacerteux* zeigt, daß die Verteidigung und Fortentwicklung der realistischen Ästhetik durchaus als Reaktion auf die in die imperiale Kulturpolitik eingebettete bzw. deren theoretische Grundlage bildende Ästhetik des Positivismus (mit ihrer Dominante moralische Wirkung) begriffen werden kann. Aus diesem Zusammenhang wird auch die Vehemenz der Kritiker verständlich, die die Offizialkultur verteidigen; sie ist auch als Antwort auf das seit Beginn der sechziger Jahre zu registrierende Erstarken der oppositionellen Kräfte zu deuten, deren liberaler Hauptströmung es gelingt, auch für konservative Gruppen »koalitionsfähig« zu werden. Denn die Anhänger der realistischen Ästhetik gehören nicht nur zur ästhetischen Opposition, vielmehr dürfen sie auch als entschiedene politische Gegner des Second Empire gelten. Träger dieser Opposition sind, abgesehen von der linken Opposition und den konservativen Gruppen, jene Fraktionen des Bürgertums, die dem Liberalismus besonders verbunden sind: zum einen, aus wirtschaftlichen Interessen, Kleinhandel und -industrie, zum anderen, aus Überzeugung, die Intelligenz.[76] Der Platz, den die Goncourt innerhalb dieser Opposition einnehmen, bleibt zu bestimmen.[77]

Die zweite L'art pour l'art-Bewegung, innerhalb der die Position der Goncourt zu verorten ist, kann aus ökonomischen und politischen Gründen erklärt werden. Die Autonomiebestrebungen der Goncourt sind durch ihre Erfahrungen mit einem entfalteten Literaturmarkt bedingt, der sie lediglich die negativen Momente des literarischen Kapitalisierungsprozesses sehen läßt (eine Gegenposition dazu nimmt Zola ein). Eine ähnliche Zuspitzung gesellschaftlicher Entwicklungstendenzen findet sich auch im politischen Bereich: Die Liquidation der republikanischen Tradition nach 1848 und im Second Empire bedeutet eine entscheidende Schwächung der demokratischen Kräfte. Angesichts des Legitimationsdefizits und der Motivationskrise des imperialen Regimes unternimmt der Staat große Anstrengungen; diese aktive Rolle des Staates resultiert aus der auf einem Interventionismus-Konzept basierenden Staatsauffassung. Dieses sowohl für den sozio-ökonomischen wie auch für den sozio-kulturellen Bereich geltende interventionistische Konzept, das im Gegensatz zum laisser-faire-Liberalismus der Julimonarchie steht, und die damit gegebenen administrativen Regelungen – die repressiven Pressegesetze und die Literaturprozesse sowie die integrative Literaturpreispolitik und die korrespondierende Literaturprogrammatik staatlicher und halb-amtlicher Institutionen – bedeuten einen beträchtlichen Anpassungsdruck auf die Schriftsteller und einen Angriff auf die autonome Literatur.[78] Indem die Goncourt und ihre Gesinnungsfreunde sich der im Vergleich zu dem historisch-sozialen Kontext der ersten L'art pour l'art-Bewegung verstärkten Einflußnahme im ökonomischen und politischen Bereich entgegenstellen, konstituiert sich die zweite L'art pour l'art-Bewegung als Opposition vor allem gegen die staatlich sanktionierte und propagierte Literaturauffassung bzw. Romanprogrammatik, die auf eine ideologische Integration der Massen in das imperiale System zielt. Die Opposition der zweiten L'art pour l'art-Bewegung realisiert sich allerdings insofern außerhalb der bürgerlichen Öffentlichkeit, als die explizite Abkoppelung vom Publikum zur Esoterik einer arcanum-Gruppe führt.

Anmerkungen

1 Zur Geschichte des französischen Romans im Übergang von der feudalen zur bürgerlichen Gesellschaft vgl. H. Coulet, *Le roman jusqu'à la Révolution,* Paris 1967/68; vgl. auch R. Geißler/M. Starke, *Erzählliteratur und revolutionäres Bewußtsein in der Aufklärung,* in: W. Schröder (Hg.), *Französische Aufklärung [...],* Leipzig 1974, 478-621; R. Geißler/A. Klingenberg, *Der Grundkonflikt zwischen bürgerlichem Lebensanspruch und feudaler Ständeordnung im französischen und deutschen Roman,* in: G. Klotz/W. Schröder/P. Weber (Hg.), *Literatur im Epochenumbruch [...],* Berlin und Weimar 1977, 167-212.

2 R. Geißler/M. Starke (s. Anm. 1), 499 f.

3 Vgl. P. Bürger, *Vermittlung – Rezeption – Funktion [...],* Frankfurt 1979 (stw 288), bes. die im Abschnitt »B. Rezeption« zusammengefaßten Aufsätze; vgl. auch R. Weimann, *»Rezeptionsästhetik« und die Krise der Literaturgeschichte,* in: ders., *Literaturgeschichte und Mythologie [...],* Frankfurt 1977 (stw 204).

4 Vgl. die Aufsätze von P. Bürger (bes. den Abschnitt *Probleme der Literatursoziologie*) und H. Sanders (bes. den Abschnitt *Geschichtlicher Wandel und literarische Evolution*), in: *Naturalismus/Ästhetizismus,* hg. v. Chr. Bürger, P. Bürger, J. Schulte-Sasse, Frankfurt 1979 (es 992; Hefte f. Krit. Literaturwiss., 1).

5 Vgl. H. Sanders, *Ästhetische Norm und Modernisierung. Funktionsbestimmun-*

gen des Romans bei Mme de Staël, unveröff. Ms.

6 Vgl. Ch. Bürger, *Tradition und Subjektivität,* Frankfurt 1980 (stw 326), bes. die Kapitel 7 und 8.

7 M. Naumann, *Prosa in Frankreich [...],* Berlin 1978, bes. den Abschnitt *Funktionen des Romans* im Stendhal-Kapitel.

8 Vgl. vor allem K. Heitmann, *Der Immoralismus-Prozeß gegen die französische Literatur im 19. Jahrhundert,* Bad Homburg v. d. H./Berlin/Zürich 1970.

9 Vgl. Bürger und Sanders (s. Anm. 4).

10 R. Schober, *Annotationen zu Manfred Naumanns »Prosa in Frankreich«,* in: *Weimarer Beiträge,* 1979, H. 10, 97; R. Schober gebraucht in bezug auf die »neue« realistische Schreibweise auch den Ausdruck »neuer« Realismus.

11 P. Bürger, *Institution Kunst als literatursoziologische Kategorie [...],* in: ders., *Vermittlung – Rezeption – Funktion* (s. Anm. 3).

12 Zu zeitgenössischen Rezensionen von *Germinie Lacerteux* vgl. die bibliographischen Angaben in: B. Weinberg, *French Realism: The Critical Reaction, 1830-1870,* Diss. Chicago 1937, 253; vgl. auch P. Sabatier, *Germinie Lacerteux des Goncourt,* Paris 1948, Kap. 5: *Germinie Lacerteux et la critique,* sowie das einschlägige Kapitel in der Monographie A. Billy, *Les Frères Goncourt [...],* Paris 1954, Kap. 17 des ersten Teils. Im folgenden führe ich nur die beiden Rezensionen an, auf die ich mich mehrfach beziehe:

F. de Lagènevais, *Le petit roman,* in: *La Revue des Deux Mondes,* 1865, I, 1061-1069;

E. Zola, *Germinie Lacerteux,* in: *Le Salut public* (Lyon), 26. Februar 1865, abgedruckt in: ders., *Mes Haines,* Paris 1866, 67-84.

13 Pseudonym von Charles de Mazade (RDM) vgl. P. Sabatier (s. Anm. 12), 116 f.; abweichend die Erklärung im Index des *Journal* der Goncourt, wo das Pseudonym mehreren Redakteuren der RDM zugesprochen wird, in: E. et J. de Goncourt, *Journal [...],* hg. v. R. Ricatte, Paris 1956-59, Bd. 4, 1145.

14 Lagènevais (s. Anm. 12), 1061 f.

15 Daß Lagènevais in diesem Zusammenhang Ausdrücke wie »auteurs« oder »écrivains« vermeidet und statt dessen auf psychologische bzw. metaphysizierende Begriffe (le talent, le génie; l'inspiration littéraire, l'imagination) zurückgreift, signalisiert, daß seine Position innerhalb der Tradition des Spiritualismus liegt.

16 Lagènevais (s. Anm. 12), 1063.

17 Ebd., 1064.

18 Ebd.

19 Ebd., 1063.

20 Ebd., 1068.

21 Ebd.

22 Zu diesem Zweck fasse ich Ergebnisse von Untersuchungen weiterer Rezensionen der moralistischen Kritik zusammen, wobei ich auf Belege verzichte.

23 Vgl. A. Guedj, *L'offensive naturaliste,* in: P. Abraham/R. Desné (Hg.), *Manuel d'histoire littéraire de la France,* Paris 1977, Bd. 5, 250-257.

24 Eine offizielle und explizite Romanprogrammatik der Académie française gibt es nicht. Im folgenden verwende ich diese Bezeichnung in bezug auf romanprogrammatische Aussagen in den Reden, die anläßlich der Aufnahme der beiden ersten Romanciers in die Académie française, J. Sandeau (1859) und O. Feuillet (1863), gehalten wurden; dabei berücksichtige ich die beiden Antwortreden von L. Vitet, der jeweils in seiner Eigenschaft als »directeur de l'Académie française« sprach.

Discours de M. J. Sandeau [...], in: Institut impérial de France. Académie française

(Hg.), *Recueil des discours, rapports et pièces diverses lus dans les séances publiques et particulières de l'Académie française. 1850-1859*, Paris 1860, Teil 2, 453-470;
Réponse de M. Vitet [...], ebd., 471-490;
Discours de M. O. Feuillet [...], in: Institut impérial de France. Académie française (Hg.), *Recueil des discours, rapports et pièces diverses [...] 1860-1869*, Paris 1866, Teil 1, 57-83;
Réponse de M. Vitet [...], ebd., 85-108.

25 Vitet (s. Anm. 24), 476.

26 Ebd.

27 Ebd., 478.

28 Ebd., 479.

29 »Cette mission modeste et laborieuse, que depuis vingt années vous [sc. Sandeau] remplissez en volontiers, vous la tiendrez désormais d'une plus haute autorité. L'Académie compte sur vous. Elle sait que le roman n'est pas au bout de ses conquêtes. Comment le contenir et quelles barrières lui opposer? Il n'en est qu'une, la force de l'exemple. Au lieu de le combattre, il faut le relever. Il menace les lettres, et déjà même il les domine; tâchons de l'assujettir aux lettres, de lui en inspirer l'esprit et la discipline, de lui en faire respirer les salubres influences.« Ebd., 489.

30 Ebd., 484. – Auch in den Werken Sandeaus, in denen die moralische Zwecksetzung nicht dominiert – Vitet splittet Sandeaus Schriftstellerdasein in die doppelte Existenz eines moraliste und eines conteur auf –, wird der but moral erreicht – zum Nutzen der »coeurs honnêtes« und der »nobles sentiments«. Ebd., 484.

31 Vitet (s. Anm. 24), 481.

32 Ebd., 486.

33 Bevor ich Feuillets Rezeptionsmodell darstelle, skizziere ich seine romanprogrammatischen Thesen; dabei soll in der Übereinstimmung zwischen Vitet und Feuillet die Wirksamkeit bzw. Übernahme offizieller kultureller/ästhetischer Positionen deutlich werden.

34 Feuillet (s. Anm. 24), 61.

35 Ebd., 71.

36 Ebd., 75.

37 Ebd., 71.

38 Vgl. Feuillets im Rahmen eines Scribe-Porträts artikuliertes Selbstgeständnis: »Ce qui répugne à Scribe, ce qui lui semble dangereux et haissable, c'est l'exagération vaine, la chimère, l'affectation, le faux; c'est la fantaisie substituée à la morale; c'est la passion érigée en maîtresse vertu, en devoir suprême, en régle unique de la vie.« Ebd., 75.

39 Vgl. Ch. Bürger, *Der Ursprung der bürgerlichen Institution Kunst im höfischen Weimar [...]*, Frankfurt 1977, bes. Einleitung und Kap. 1; vgl. auch Bürger (s. Anm. 6).

40 Vgl. Naumann (s. Anm. 7).

41 Ebd., 74.

42 Vgl. die vollständige Definition des modernen Realismus, in: E. Auerbach, *Mimesis [...]* (1946), Bern und München [5]1971, 458.

43 Naumann (s. Anm. 7), 74 f.

44 Ebd., 75.

45 Vgl. Naumanns Begriffsbestimmung des »kritischen Realismus« (s. Anm. 7, 76).

46 A. Daumard, *Progrès et prise de conscience des classes moyennes*, in: F. Braudel/E. Labrousse (Hg.), *Histoire économique et sociale de la France*, Bd. 3/2, 919.

47 A. Daumard, *Les Bourgeois de Paris au 19e siècle,* Paris 1970, 182; hierbei handelt es sich um eine überarbeitete Fassung von dies., *La Bourgeoisie parisienne de 1815 à 1848,* Paris 1963.

48 Auf eine weitere Historisierung dieser Lesebedürfnisse und -gewohnheiten verzichte ich an dieser Stelle; sie sind vor allem als ein Produkt einer am Spiritualismus orientierten Rezeptionspraxis bzw. Literaturauffassung zu verstehen.

49 In Anlehnung an A. Cassagne, *La théorie de l'art pour l'art en France,* Paris 1905.

50 Wichtig sind vor allem die Pressegesetze vom 27. Juli 1849 und vom 8. Juni 1850 sowie das Pressedekret vom 17. Februar 1852.

51 Vgl. M. Ducamp, *Souvenirs littéraires [. . .],* Paris 1882, I, 306.

52 Auf diese spektakulären Prozesse gehe ich an dieser Stelle nicht näher ein. Für die Entstehung der Romanprogrammatik der Académie française sind die im Verlauf des Prozesses gegen Flaubert (in Sachen *Madame Bovary*) gehaltene Anklagerede sowie das gesprochene Urteil wichtig.

53 »Persévérez, Monsieur, votre nouveau succès vous oblige, dans cette voie de moralité trop rarement peut-être suivie au théâtre, et si digne pourtant des auteurs appelés comme vous à y laisser une belle réputation.« (Zit. nach A. Cassagne, s. Anm. 49, 93).

54 Vgl. K. Heitmann (s. Anm. 8), 101.

55 Ebd., 102.

56 Vgl. den Schluß von Baudelaires Artikel *Les drames et les romans honnêtes,* in: ders., *L'Art romantique*; der Artikel erschien am 27. November 1851 in *La Semaine théâtrale.*

57 Vgl. die Einleitung *Vie de Montyon* in: F. Lock/J. Couly d'Aragon (Hg.), *Les Prix de vertu fondés par M. de Montyon. Discours prononcés à l'Académie française [. . .],* Paris 1858.

58 Vgl. K. Heitmann (s. Anm. 8), 102 f.

59 Das Schreiben ist auf den 31. Mai 1856 datiert, wurde aber erst 1870 bekannt, vgl. A. Cassagne (s. Anm. 49), 93.

Vgl. die folgenden Bestimmungen von Sainte-Beuves Position: »véritable ministre des affaires littéraires au Second Empire, chargé de la protection contre la Poésie et le Roman« und »le maître à penser de l'ordre impérial jusqu'aux jours de 1867«, in: R. Fayolle, *Sainte-Beuve, moniteur des lettres,* in: P. Abraham/R. Desné (Hg.), (s. Anm. 23), 85.

60 Saint-Beuve (s. Anm. 59), 94.

61 Vgl. P. Bürger, *Literarischer Markt und autonomer Kunstbegriff. Zur Dichotomisierung der Literatur im 19. Jahrundert.,* in: Ch. Bürger/P. Bürger/J. Schulte-Sasse (Hg.), *Zur Dichotomisierung von hoher und niederer Literatur,* Frankfurt 1982 (es 1089, Hefte f. Krit. Literaturwiss., 3), 244 ff.

62 Vgl. A. Cassagne (s. Anm. 49), 94 f.

63 Ich beschränke mich im folgenden auf einige Hinweise.

64 Vgl. G. Dupeux, *La société française 1789-1970,* Paris [7]1974, 127; vgl. auch P. Verley, *Die politischen Verhältnisse: Vom Liberalismus zum Imperialismus,* in: *Das bürgerliche Zeitalter,* hg. v. G. Palmade (Fischer Weltgeschichte 27), 250.

65 Als Fluchtpunkt der Kultur- und Literaturpolitik des Second Empire funktioniert die Ästhetik des Positivismus, wie sie A. Comte im *Discours préliminaire sur l'ensemble du positivsme* formuliert; vgl. ders., *Système de politique positive ou traité de sociologie [. . .],* réimpression de l'édition de 1851-1881, Osnabrück 1976, Bd. 1.

66 Ich beschränke mich auf einige Bemerkungen zur Rezension E. Zolas (s. Anm. 12).

67 Zola (s. Anm. 12), 70.

68 Ebd.

69 Ebd., 70 und 77.

70 Ebd., 70.

71 Ebd., 79.

72 Alles ebd., 80.

73 Ebd., 68 f. – Hervorhebungen von mir, W. G.

74 Da es im Rahmen dieses Beitrages nicht möglich ist, im folgenden wie im ersten Teil zu verfahren und im Anschluß an den Kritik-Abschnitt die Romankonzeption des Realismus sowie den kulturpolitischen Kontext zu skizzieren, beschränke ich mich auf einige Hinweise.

75 Vgl. Anm. 65.

76 Vgl. G. Dupeux (s. Anm. 64), 128.

77 Ich verzichte an dieser Stelle darauf, die oppositionelle Position der Goncourt darzustellen; damit kein Mißverständnis entsteht: indem die Goncourt die zeitgenössische französische Gesellschaft als bürgerlich-kapitalistische analysieren, leisten sie eine engagierte Gesellschaftskritik »von rechts«.

78 Zu gleichartigen Tendenzen in den Bereichen beaux-arts und science vgl. K. B. Hiesinger/J. Rushel, *L'art et ses critiques: une crise de principe,* in: *L'art en France sous le Second Empire,* Grand Palais 1979, 41-55 bzw. L. Sève, *La philosophie française contemporaine et sa genèse de 1789 à nos jours,* Paris 1962, 153 ff.

Peter Uwe Hohendahl

Von der politischen Kritik zur Legitimationswissenschaft

Zum institutionellen Status der Literaturgeschichte nach 1848

Der Status der Literaturgeschichte (Historiographie) im Ensemble der literarischen Diskurse ist bisher weitgehend unbestimmt geblieben. Die vorherrschende Ansicht betrachtet die Literaturgeschichte als eine wissenschaftliche Disziplin und folglich ihre Entwicklung als einen Teil der Wissenschaftsgeschichte. In diesem Kontext konzentriert sich das Interesse auf die Evolution der Theorie und Methodologie. Eine zweite Möglichkeit besteht darin, die Literaturgeschichtsschreibung in die Geschichte der Ideologie einzubeziehen, dann steht die gesellschaftliche Determination theoretischer und methodologischer Strategien, mit denen Klassen bzw. soziale Gruppen ihre Positionen legitimieren, im Mittelpunkt der Betrachtung. Die besondere Funktion der Literaturgeschichte gegenüber der Literatur als einem System von Praktiken und Normen bleibt in diesen Zusammenhängen weitgehend unerforscht. Wohl sind Literaturgeschichten im Rahmen von rezeptionsgeschichtlichen Untersuchungen im einzelnen ausgewertet worden, um die Wirkung bestimmter Schriftsteller und Werke zu bestimmen, aber der institutionelle Rahmen, durch den solche Studien allererst ihren systematischen Stellenwert erhalten, ist bisher kaum erörtert worden. Auch die neueren Versuche, die Probleme der literarischen Evolution und Transformation durch eine Theorie der Institution zu lösen, bleibt der traditionellen Unterscheidung zwischen dem ästhetischen und dem wissenschaftlichen Diskurs noch verpflichtet und stellt entsprechend die Schöne Literatur in den Mittelpunkt. Die Bestimmung der Institution Literatur wird nicht ausschließlich, aber weitgehend an der Theorie der ästhetischen Normen festgemacht. Die Gründe für diese Präferenz sind darin zu suchen, daß die Frage der gesellschaftlichen Institutionalisierung von Literatur zunächst eng verknüpft wurde mit der Theorie der ästhetischen Autonomie, wie sie im späten 18. Jahrhundert in Deutschland zum ersten Mal ausformuliert wurde.[1] Durch die Theorie des autonomen Kunstwerks erscheint die Kunst überhaupt erst als eine selbständige Institution im Ensemble der kulturellen Institutionen erkennbar zu werden. Insofern sich das Postulat der ästhetischen Autonomie durchsetzt, sondert sich in der literarischen Diskussion durch eine rigorose Bestimmung dessen, was ein Kunstwerk ausmacht, der ästhetische von theoretischen Diskursen, zu denen auch die Literaturgeschichte gehört. Die Literaturgeschichte – besonders dort, wo sie als Wissenschaft aufgefaßt wird – verliert auf diese Weise ihr Heimatrecht in der Literatur.

Es wäre vermutlich für die weitere Diskussion förderlich, schärfer zwischen der Institution Literatur und den dominierenden ästhetischen Theorien zu unterscheiden, d. h. zwischen begrifflichen Ebenen zu differenzieren. Wir würden die Theorie ansprechen als ein signifikantes, jedoch untergeordnetes Element innerhalb des Systems, das die Institution ausmacht. Auf diese Weise wird vermieden, die Institutionalisierung von Gattungen und Einzelwerken gleichzusetzen mit der Regulierung der Produktion und Rezeption durch bestimmte ästhetische und poetologische Normen. Eine Definition der Institution, die vor allem auf die Vorstellungen über Kunst abhebt und diese Vorstellungen dann festmacht an der jeweils herrschenden ästhetischen Theorie, steht vor dem Problem, daß in konkreten historischen Situationen meist mehrere ästhetische Theorien nebeneinander bestehen und möglicherweise um die Vorherrschaft kämpfen. Setzen wir die Vorstellungen mit der Institution gleich und stellen entsprechend die Theorie in den Mittelpunkt, werden wir zu der Annahme geführt, daß eine Veränderung der Theorie jeweils eine Veränderung der Institution Literatur beinhaltet. Wird dagegen zwischen der Institutionalisierung (als dem übergeordneten Prinzip) und der Normierung und Regulierung unterschieden, ist es möglich, das Nebeneinander und Gegeneinander von divergierenden Vorstellungen über den Charakter und den Zweck von literarischen Texten als Teilaspekt der Institutionalisierung zu behandeln. Es läßt sich dann zum Beispiel die Differenz zwischen dem Literaturverständnis der Aufklärung (Moralisierung) und dem Verständnis der Klassik und Romantik (Autonomie der Kunst) als Alternative innerhalb der identischen Institution begreifen, die die bürgerliche Gesellschaft durchgesetzt hat. Das Verhältnis zwischen diesen Modellen brauchte nicht mehr als Abfolge begriffen zu werden, eine Auffassung, die der Realgeschichte des 19. Jahrhunderts nicht gerecht wird.[2]

Die Institution Literatur ließe sich dann definieren als ein System von Beziehungen, durch das die Produktion, Distribution und Rezeption literarischer Werke determiniert wird. Es geht freilich nicht um die faktische Mannigfaltigkeit von Praktiken und Gewohnheiten, aber auch nicht einfach um die Vorstellungen der handelnden literarischen Subjekte (Autoren, Leser etc.), sondern um den intersubjektiven und zugleich bindenden wie systematischen Charakter der Beziehungen. Die Institution läßt sich verstehen als eine Struktur, in der literarische Praktiken der Produktion und Rezeption, poetologische und ästhetische Normen und materielle Organisationen in ein interdependentes Verhältnis treten. Innerhalb dieser Struktur kommt, wie Peter Bürger mit Recht angemerkt hat, der Kodifizierung der literarischen Normen besondere Bedeutung zu (etwa in Form von Literaturdebatten).[3]

Eine Bestimmung, die das gesamte Ensemble und nicht nur auffallende Momente berücksichtigt, hat m. E. den Vorteil, daß sie uns erlaubt, innerhalb des Systems Differenzierungen vorzunehmen und Subinstitutionen zu erkennen. Als solche Teilinstitutionen wären Literaturkritik und Literaturgeschichte anzusehen, die innerhalb der übergreifenden Institution Literatur bestimmte, von ihren Trägern anerkannte und für das System notwendige Funktionen erfüllen.[4] Offensichtlich ist es (seit dem 18. Jahrhundert) die Aufgabe der Kritik, zwischen den Autoren und dem Publikum zu vermitteln, indem sie literarische Texte beurteilt und die Kriterien dieser Beurteilung diskutiert. Für die Kodifizierung und Legitimierung von Normen innerhalb der Institution Literatur ist die Ausbildung der Subinstitution Kritik von entscheidender Bedeutung. Von der kritischen Instanz löst sich im Laufe des 19. Jahrhunderts die Literaturgeschichte als eine selbständige Institution mit spezialisierten Aufgaben, besonderen professionellen Rollen und eigenen Organisationen.

Während vor 1848 Literaturkritik und -geschichte personal wie methodisch noch weitgehend vereint sind, vollzieht sich im späteren 19. Jahrhundert ihre institutionelle Trennung durch Spezialisierung. Zwar haben beide Institutionen an der Normendiskussion teil, aber die Kritik überläßt der Geschichtsschreibung mehr und mehr die Selektion und Tradierung vergangener Literatur.

Die Institutionalisierung der Literaturgeschichte, wie sie sich in Deutschland nach 1830 vollzieht, geht einher mit der Entwicklung einer eigenen Theorie und Methodologie, durch die die Aufgaben der Selektion und Traditionsbildung wahrgenommen werden können.[5]

Eine der entscheidenden Leistungen der Literaturgeschichte ist die Festlegung des Kanons der bedeutenden vergangenen Autoren. Diese Funktion, die im 17. und 18. Jahrhundert die Poetik wahrgenommen hat, geht nicht ausschließlich, aber weitgehend an die Literaturgeschichte über, die damit eine Schlüsselstellung innerhalb der Institution Literatur erhält. Ihr wird die Aufgabe zugewiesen, durch die Rekonstruktion der vergangenen Literatur (nationale Tradition), das gegenwärtige System von Normen und Funktionsbestimmungen zu ergänzen und auch zu legitimieren. Dies geschieht – und das scheint mir ein wichtiger Gesichtspunkt zu sein – in der Form einer *literarischen* Praxis, nämlich durch die Produktion von literarischen Texten, die sich grob gesprochen an dieselben Leser wenden, die die ästhetische Literatur rezipieren.

Je mehr sich im späten 19. Jahrhundert die Literaturgeschichte als Wissenschaft verstand, die vorgegebene Sachverhalte objektiv beschreibt (Positivismus), desto mehr ging im Selbstbewußtsein der Historiker die Einsicht verloren, Teil der Institution Literatur zu sein. Die selbstgestellte Aufgabe der Abbildung von literarischen Verhältnissen verdeckte die weiterhin tatsächlich wahrgenommene Funktion, die literarische Tradition auf dem Wege der Selektion und Bewertung zu konstruieren. Es handelt sich um die Frage, welcher Sinn der literarischen Überlieferung zu geben ist – einmal in bezug auf die Geschichte der parallelen sozialen und kulturellen Institutionen, zum andern als Aneignung und Zubereitung des Vergangenen für die Gegenwart. Und genau dies scheint die Stelle zu sein, wo die Literaturgeschichtsschreibung nicht nur literaturimmanente Funktionen übernimmt, sondern gleichzeitig, durch die Berührung mit anderen Institutionen, ideologische. Die folgenden Ausführungen gehen diesem Verhältnis an einem Beispiel nach.

Ich möchte die Frage verfolgen, in welcher Weise Diltheys Konzeption der Literaturgeschichte geprägt worden ist durch die politische wie gesellschaftliche Konstellation des nachrevolutionären Deutschland und wieweit diese Bestimmung sich dann als Orthodoxie in der deutschen Literaturwissenschaft durchgesetzt hat. Auf dieses problematische wissenschaftliche Erbe hat als erster in den dreißiger Jahren Walter Benjamin hingewiesen, als er über die Germanistik schrieb: »In diesem Sumpfe ist die Hydra der Schulästhetik mit ihren sieben Köpfen: Schöpfertum, Einfühlung, Zeitentbundenheit, Nachschöpfung, Miterleben, Illusion und Kunstgenuß zu Hause.«[6] Die Methode der Einfühlung verweist natürlich auf Diltheys Hermeneutik, wenn auch sogleich hinzugefügt werden muß, daß bei Dilthey mehr zur Diskussion steht als ein begriffsloser Impressionismus. Die Rezeption Diltheys in den methodischen Debatten der Germanistik freilich trifft Benjamin genau: eben die Aufweichung der literarischen Kritik in eine Form des Irrationalismus. Dieses Element hat dann später Lukács in der *Zerstörung der Vernunft* als das Leitmotiv der Diltheyschen Methode herausgestellt und damit auch die Diskussion fixiert.[7] Auf der linken Seite wurde Dilthey durch den Irrationalismusverdacht erledigt; im konservativen Lager, d. h. in der etablierten Germanistik, durch den marxistischen Charakter des Angreifers die Kritik von vornherein disqualifiziert.[8] So schnitt Lukács' Verdikt die Diskussion ab, bevor sie überhaupt an den zu untersuchenden Gegenstand nahe genug herangekommen war.

Wir sehen uns also zurückverwiesen auf die Sachverhalte, aus denen sich Diltheys Konzeption der Literaturgeschichte in den sechziger Jahren des 19. Jahrhunderts entwickelt hat. Dabei sind mehrere Ebenen zu berücksichtigen – einmal die methodisch-theoretische Diskussion der Zeit, die Dilthey vorfand und auf die er sich in seinen Arbeiten affirmativ oder kritisch bezog, ferner aber die politische Ideologie dieser Epoche, d. h. nun die Entwicklung des Liberalismus in den sechziger Jahren, vor allem zwischen 1859 und 1866. In den frühen sechziger Jahren nahm Dilthey lebhaften Anteil an der politischen Entwicklung, er stand den wichtigen Figuren des Liberalismus in Preußen sehr nahe, obwohl er sich niemals entschließen konnte, die wissenschaftliche Öffentlichkeit mit der politischen zu vertauschen.[9] Doch teilte er die Hoffnungen der liberalen Partei auf ein größeres Maß an intellektueller und politischer Freiheit. Und nicht anders als die Mehrzahl der deutschen Liberalen war er 1866 bereit, diese Hoffnungen für die nationale Einigung unter Bismarcks Preußen zu begraben. Diltheys briefliche Äußerungen lassen keinen Zweifel daran, daß ihm 1866 die nationale Tradition politisch wie kulturell wichtiger war als die freiheitlich-liberale.

Diese Einstellung hat sich in seinen Arbeiten niedergeschlagen. Am offensichtlichsten wohl in dem Versuch, für die neue Nation einen literarischen Kanon von klassischen Autoren zu entwickeln, also ein literarisches und kulturelles Erbe, durch das sich die Nation legitimieren kann. Dies geschah nicht nur durch die Auswahl und Verstoßung bestimmter Autoren, sondern gleichermaßen und tiefer wirkend durch eine neue Gesamtkonzeption der deutschen Literaturgeschichte. Dilthey nämlich entwickelte den Gedanken, daß die Geschichte der deutschen Literatur zwischen 1770 und 1830, die Zeit also zwischen Aufklärung und Romantik, als eine kontinuierliche Einheit zu begreifen sei. Diese scheinbar bloß formale Neuordnung der Geschichte hatte indes weitreichende Folgen. Sie enthielt nicht weniger als eine affirmative Einordnung der Literatur in die nationale Tradition. Das Zweite Kaiserreich sollte durch die deutsche Klassik und Romantik vorbereitet werden. Diese Auffassung unterschied sich signifikant von den Darstellungen, die der junge Dilthey vorfand, etwa den Arbeiten von Gervinus, Hettner oder Julian Schmidt, die ebenfalls die Literaturgeschichte mit der politischen in Verbindung brachten, freilich auf eine andere Weise.[10]

Diltheys neue Konzeption entfaltet sich in der Auseinandersetzung mit der vormärzlichen Historiographie – also Figuren wie Ranke, Schlosser und Gervinus. In dieser Auseinandersetzung steht Dilthey keineswegs allein. Etwa zur gleichen Zeit entwickelt der junge Wilhelm Scherer sein positivistisches Programm als Kritik der romantischen Philologie und idealistischen Historiographie, während Theodor Wilhelm Danzel schon unmittelbar im Anschluß an die Revolution ein kritisches Programm vorgelegt hatte, das freilich durch den fühen Tod seines Autors in der folgenden Diskussion nicht lebendig blieb.

Warum erfolgte eine solche Auseinandersetzung mit den älteren Literaturgeschichten und Historikern? Was trennt die vorrevolutionäre von der nachrevolutionären Literaturgeschichte? Warum sollte die nachrevolutionäre Situation in Deutschland, die Restriktion der politischen Freiheit, die Stillegung des politischen Lebens für die Literatur und ihre Geschichte eine solche Bedeutung haben? Die Literaturgeschichten des Vormärz, diejenige von Gervinus zumal, standen im Dienst des Liberalismus. Das Versagen dieses Liberalismus, sein Unvermögen, sich in der Revolution von 1848 dauerhaft gegen die konservativen Mächte durchzusetzen, brachte ihn auch dort in Mißkredit, wo politische Entscheidungen nicht unmittelbar berührt wurden, unter anderem in der Literaturgeschichte. Es sind die Liberalen selbst, die die Revision des Geschichtsbildes fordern und durchführen, Männer wie der Junghegelianer Robert Prutz[11] oder eben der Goethe- und Lessingforscher Danzel. Die jüngere Generation wie Dilthey und Scherer übernimmt weitgehend bereits diese Kritik der liberalen Geschichtsschreibung und wendet sich dann der Aufgabe zu, die Krise zu überwinden und ein neues Programm zu formulieren.

Wir beginnen mit Danzels Kritik der räsonierenden Literaturgeschichte. Sie hat, wie er in seinem Aufsatz *Über die Behandlung der Geschichte der neueren deutschen Literatur* darlegt[12], das Stadium des Dilettantismus noch nicht überwunden. Ihre Unwissenschaftlichkeit zeigt sich darin, daß sie Subjekt und Objekt, Forscher und Materie nicht hinlänglich methodisch trennt. Indem die Historiker des Vormärz bei der Versenkung in ihren Stoff sich die ästhetischen und poetologischen Gesichtspunkte der behandelten Literatur aneigneten, vermengten sie ihren eigenen Standpunkt unkritisch mit der darzustellenden Sache. »Es ist [. . .] der größte Mangel eines literarhistorischen Werkes, wenn in demselben die Urteile und Gesichtspunkte, von denen die Schweizer in ihren kritischen Schriften, Lessing in den Literaturbriefen, Goethe in seinem Leben und Schiller in der Abhandlung über naive und sentimentalische Dichtung ausgehen, zugrunde gelegt sind.«[13] Im Namen der Sachlichkeit verlangt Danzel die vollkommene Trennung von Gegenwart und Vergangenheit. »Nie darf der Geschichtsschreiber«, so lautet sein Postulat, »eben das in sein Subjekt aufnehmen, was er sich gerade ganz objektiv machen sollte.«[14] Das Problem, das Danzel vor Augen hat, ist das Verhältnis zwischen historischen und ästhetischen Gesichtspunkten. Schon Gervinus hatte die ästhetische Betrachtung methodisch aus der Literaturgeschichte ausgeschieden, um überhaupt erst einen historischen Standpunkt einnehmen zu können. Denn die ästhetische Perspektive ist für ihn noch identisch mit einem absoluten und ahistorischen Ansatz, der alle Kunstwerke gleichmäßig sich unterwirft und daher an den historischen Eigentümlichkeiten nicht interessiert ist. Danzels Kritik schließt systematisch an Gervinus an. Sie will den Historiker von einer bestimmten ästhetischen Theorie abtrennen und auf einen höheren Standort stellen, von dem aus gesehen die Ästhetik selber Teil der Geschichte wird. Die methodische Gegenüberstellung von Literaturgeschichte und Ästhetik beruhte auf der Unfähigkeit von Gervinus, die Geschichtlichkeit ästhetischer Theoreme klar zu erkennen. Daher sein Wunsch, sie aus der Geschichte als etwas Fremdes zu entfernen. Danzel schlägt den entgegengesetzten Weg ein und fügt die Ästhetik der Literaturgeschichte hinzu: auch die Theorien von Lessing, Schiller und Goethe sind historische Gegenstände, die der Interpretation bedürftig sind. Das forschende Subjekt weiß sich von diesen Theorien und Poetiken getrennt wie von vergangenen Kunstwerken. Das aber heißt: das Subjekt des Historikers wird formalisiert.

Diese Tendenz wird deutlich sichtbar in dem Versuch Danzels, die Literaturgeschichte von der Philosophiegeschichte methodisch zu lösen. Die idealistische Philosophiegeschichte hatte die Abfolge der philosophischen Systeme, die vorher einfach als eine Reihe vorhanden waren, als die Geschichte des Geistes so konstruiert, daß sie in die gegenwärtige Philosophie logisch einmünden. Die Philosophiegeschichte wird so das Instrument der Selbstreflexion des Geistes. Mit Grund macht Danzel darauf aufmerksam, daß die Literaturgeschichte des Vormärz dieses methodische Prinzip übernahm: »Die Geschichte der neueren deutschen Literatur ist ganz eigens in dem Sinne behandelt worden, daß ihr Verlauf über die Aufgabe der Gegenwart aufklären, ja mit Notwendigkeit auf dieselbe hinweisen sollte.«[15] Im folgenden beschreibt Danzel dann die räsonierende Literaturgeschichte, die von den Interessen der Gegenwart ausgeht und sich zur Geschichte zurückwendet, um Antworten für die Zukunft einzuholen: »Andere, welche ganz in den politischen Bestrebungen unserer Tage leben, haben zu finden geglaubt, die Entwicklung im vorigen Jahrhundert weise darauf hin, daß den literarischen Bestrebungen solche folgen müßten, die auf die Neugestaltung des Staates gerichtet seien, der Zeit der *Dichtung* eine Zeit der *Tat*.«[16] Obwohl er nicht genannt wird, ist zweifellos Gervinus hier gemeint. Danzel wirft dieser Auffassung vor, daß sie das Material tendenziös manipuliert, indem sie die Interessen der Gegenwart in die Vergangenheit hineinprojiziert. Der Historiker gleicht dann, um Danzels Vergleich zu benutzen, dem Prediger, der die Bibel für seine erbaulichen Absichten gebraucht.

Bedeutungsvoll wird dieser politisch gemeinte Einwand freilich erst durch die methodische Begründung, die die progressive bürgerliche Literaturgeschichte des Vormärz in der Tat an ihrer zentralen Stelle trifft. Der Versuch, den Prozeß der Geschichte als einen umfassenden Zusammenhang darzustellen, durch den sich die Literaturgeschichte eines Gervinus von den älteren annalistischen Werken abheben sollte, geht Danzel zufolge von einer problematischen Auffassung von Geschichte aus. Die Möglichkeit einer historischen Synthese beruht bei Gervinus, wie Danzel mit Recht ausführt, auf zwei Voraussetzungen: erstens der idealistischen Prämisse eines sich entwickelnden Geistes und zweitens der Bestimmung dieses Geistes als eines Volksgeistes.[17] Unterstellt man für den historischen Prozeß eine sich entfaltende Substanz, ist es methodisch möglich, ja erforderlich, Literatur und Politik zu verbinden, denn beide sind nichts anderes als Modifikationen des einen Geistes. Sobald man die idealistische Geschichtsauffassung problematisiert, zerfällt der von Gervinus gestiftete Zusammenhang von literarischer und politischer Geschichte. So unterminiert Danzel die Konzeption der historischen Synthese, wenn er von den verschiedenen Aspekten und verschiedenen Aufgaben des Geistes spricht, die jeweils ihre eigene und selbständige Geschichte haben. Und so wäre auch die Geschichte der Literatur aus ihren eigenen Voraussetzungen zu betrachten und darzustellen, nämlich aus dem Zusammenhang von ästhetischen Normen und Werken. Danzel konzipiert am Schluß seines Aufsatzes ein Programm, in dem die Literaturgeschichte nicht mehr Teil der politischen Geschichte, sondern »eine Art Kunstgeschichte« ist. »Ihre Aufgabe ist, ohne links und rechts zu sehen, die Metamorphosen der poetischen Produktion rein aus dieser selbst aufzustellen.«[18] Wie diese Evolution sich abspielt und vor allem, wie unter diesen Bedingungen ein geschichtlicher Zusammenhang mit den Bereichen der Philosophie oder der Politik hergestellt werden kann, wird kaum angedeutet. Als eine Möglichkeit schwebt Danzel vor, die Progression der literarischen Produktion durch den Vergleich mit der gleichzeitigen Ästhetik und Poetik zu erklären – als das Bewältigen von Aufgaben, die die Theorie formuliert, oder umgekehrt das Formulieren von neuen Aufgaben, welche die Theorie an innovativen Werken abliest.

Das Ergebnis dieser Gervinus-Kritik ist einmal die Entleerung und Formalisierung des historischen Subjekts, dessen aktuelle Interessen als illegitim ausgeschieden werden, und zweitens die

Trennung der Literaturgeschichte von der pragmatischen Geschichte. Das heißt: durch die methodische Kritik wird der politische Auftrag, wie er in Gervinus' Geschichtskonzeption angelegt ist, zurückgenommen. Im Namen einer strengen, wissenschaftlichen Methode zieht sich die Literaturgeschichte aus der öffentlichen Sphäre zurück und überläßt diese den populären Darstellungen. Das politische Engagement des Vormärz wird bei Danzel als dilettantisch denunziert.

Verglichen mit dieser scharfsinnigen methodischen Kritik, wirken Diltheys erste Versuche, sich mit der vorgefundenen Literaturgeschichte auseinanderzusetzen, einigermaßen undeutlich. Den Namen einer Kritik verdienen sie nicht eigentlich, da sie eher darauf angelegt sind, die Leistungen von Gervinus, Hettner und Julian Schmidt zu würdigen. Der Aufsatz *Literarhistorische Arbeiten über das klassische Zeitalter* (1866) soll durch eine Übersicht über das Geleistete den Boden für die eigenen, weit ausgreifenden Arbeiten vorbereiten. Daß dieser Überblick jedoch methodische Probleme aufwirft, zeigt sich, sobald Dilthey die Frage sich vorlegt, welche Aufgabe die Literaturgeschichte zu leisten habe, und wie die Durchführung zu gestalten sei.

Dilthey betrachtet die Literaturgeschichte als einen Teil der Bildung. Die Darstellung der vergangenen Literatur setzt dort ein, wo der zeitgenössische Leser nicht mehr die Muße hat, die Werke selbst zu rezipieren. Folglich ist für Dilthey die sachliche Information der leitende Gesichtspunkt, denn der Leser muß sich auf den Historiker verlassen können. Für Dilthey besteht die Aufgabe des Historikers darin, aus dem überlieferten Material herauszupräparieren, was *bleibenden* Wert hat.[19] Offenbar liegt das Schwergewicht für Dilthey auf der *positiven* Seite, nämlich auf der Erwerbung einer bleibenden Tradition und weniger auf ihrer Kritik. Diese Einstellung führt zu einer, wenn auch sehr vorsichtig vorgetragenen Kritik an der räsonierenden Literaturgeschichte von Gervinus und seinen Schülern, denn die räsonierende Historiographie versteht sich als richtende. Sie unterwirft die Vergangenheit ihrem moralisch-politischen Urteil, das an dem Ziel des geschichtlichen Prozesses seinen Maßstab nimmt. Deshalb kann das Räsonnement auch die Klassiker der deutschen Literatur nicht schonen, wenn von ihren Werken eine Wirkung ausgeht, die dem Prozeß der Aufklärung hinderlich ist. Bezeichnenderweise hält Dilthey gerade dieses Verfahren für falsch und unsachlich. Er wirft Gervinus vor, die Aufgabe der reinen Geschichtsschreibung verlassen zu haben, insofern er jenseits des Gesichtspunktes der historischen Wirkung direkte Werturteile fällt.[20] Dilthey mißbilligt die gegenwartsorientierte Wertung als moralisch abstrakt und befürwortet ein Urteil, das sich gleichsam aus dem Gegenstand selbst entwickelt, indem es sich an die Wirkung in der folgenden Zeit hält. Ohne es ausdrücklich hervorzuheben, verkehrt er hier, gegen die räsonierende Literaturgeschichte gewandt, die Perspektive: Ausgangspunkt der historischen Arbeit ist die Tradition und der durch sie beschlossene Kanon bedeutender Autoren und nicht das Interesse der Gegenwart.

Dilthey steht in diesen Jahren der positivistischen Methode wenigstens nahe, so wenn er für die sachliche Literaturgeschichte strenge Erklärung wünscht: »Wir wollen die Verkettung der Ursachen und Wirkungen, in welchen intellektuelle Vorgänge so gut verlaufen als die der politischen Historie, in einer lückenlosen Ordnung überblicken. Aufdeckung der kausalen Verknüpfung der Begebenheit fordern wir auch in diesem Falle.«[21] Es ist bemerkenswert, daß Dilthey unter den zeitgenössischen Literaturgeschichten schließlich diejenige Julian Schmidts derjenigen von Hermann Hettner vorzieht. Bei aller Anerkennung der ausgebreiteten Kenntnisse und der Darstellungskraft von Hettner bemängelt er nicht anders als Wilhelm Scherer die mangelnde kausale Ableitung. Hettner ist bloß beschreibend, während Schmidt, Dilthey zufolge, eine dramatische Darstellung bietet, die die kausalen Zusammenhänge eingehender und angemessener berücksichtigt. Dilthey findet zu diesem Zeitpunkt bei Julian Schmidt, was er selbst verwirklichen möchte: eine empirisch begründete Geistesgeschichte des 18. Jahrhunderts, die sich von den theoretischen und methodischen Grundsätzen der liberalen Historiographie freigemacht hat. Dilthey ist sich bei diesem Urteil durchaus bewußt, daß Schmidts Literaturgeschichte im Ansatz dem vormärzlichen Liberalismus verpflichtet war, von dem er sich distanzieren möchte. Dies ist nun möglich, weil Schmidt sein Werk mehrfach überarbeitete und in der fünften Auflage, auf die sich Dilthey bezieht, eine Fassung vorlegte, die vom liberalen Engagement der ersten Auflage nicht mehr viel spüren läßt. Dilthey billigt diese Wendung ausdrücklich als einen Gewinn an Sachlichkeit.

Der junge Dilthey schwankt in den sechziger Jahren zunächst noch zwischen einer kausal-genetischen und einer beschreibendgenetischen Auffassung. Der Positivismus hat eine beträchtliche Anziehungskraft für Dilthey, da er, angeblich wenigstens, mit der spekulativen Geschichtsphilosophie und dem idealistischen Fortschrittsbegriff bricht. Die Positivisten stehen der räsonierenden Literaturgeschichte nicht weniger kritisch gegenüber als Dilthey. Warum entscheidet sich dieser schließlich gegen den Positivismus und für eine eigenständige geisteswissenschaftliche Methode?

Diltheys Ausbildung einer selbständigen geisteswissenschaftlichen Methodologie (wie sie systematisch zuerst 1875 in der Schrift *Über das Studium der Geschichte* vorgelegt wird[22]) verdankt ihre entscheidenden Anstöße der frühen Beschäftigung mit Schleiermacher und dem Problem der Hermeneutik. In seiner preisgekrönten Schrift über das hermeneutische System Schleiermachers von 1860 stellt sich der junge Dilthey die Aufgabe, das Erbe der romantischen Literaturkritik und Auslegungslehre in die Definition der Literaturgeschichte einzubringen.[23] Dilthey umgeht gewissermaßen Hegel und die hegelsche Tradition, die auch in der postrevolutionären Literaturgeschichte noch mächtig ist, und verschiebt die Problemstellung. An die Stelle der Frage nach der Möglichkeit, historische Totalität zu konstruieren, tritt die Frage nach der Möglichkeit objektiver Textauslegung.

Aufschlußreicher für die methodologische Selbstreflexion des jungen Dilthey sind die gleichzeitigen Tagebucheintragungen, denn aus ihnen geht klarer hervor, in welchem Maße für Dilthey die Frage der Hermeneutik verbunden ist mit der Frage des Verstehens von Geschichte. Die Eintragung vom 26. März 1859 gibt zu erkennen, daß Dilthey sich der theoretischen und methodologischen Aporien der Geschichtsschreibung sehr wohl bewußt war und den inneren Zusammenhang zwischen methodischem Ansatz und dem Ergebnis der Darstellung begriff. Er war sich also im klaren darüber, daß Geschichte das Resultat einer *Nachkonstruktion* ist.

Die Geschichte, soweit sie sich mit dem Verlauf des geistigen Lebens beschäftigt, ist sehr abhängig von der Methode ihrer Historiker. Über diese Methode herrscht heftiger Streit. Betrachtung eines Werks als Ausdruck einer von der allgemeinen Dialektik hervorgebrachten Idee; die atomistische Zergliederung desselben in vielfache Motive und Anfänge; die daguerreotypisierende Reproduktion der Werke im kleinsten Raum: wie verschieden sind die historischen Bilder, welche nach so verschiedenen Grundsätzen, mit so verschiedener Technik entworfen werden.[24]

Dilthey zieht zur vergleichenden Erörterung die verschiedenen Schulen der Geschichtsschreibung heran: die Geschichtsphilosophie Hegels und seiner Schule, den neuen Positivismus, den episierenden Historismus eines Ranke. Am klarsten setzt sich Dilthey 1859, möglicherweise unter dem Eindruck von Hayms Hegelbuch, von der Geschichtsphilosophie ab. Er bewertet den Begriff einer gradlinigen historischen Entwicklung, die sich nach der in der »Dreiheit der Momente sich vollziehenden Dialektik« entfaltet, als eine Illusion. »Diese vernünftige Gestalt der Welt erwies sich als Illusion in Natur und Geschichte. Die Unregelmäßigkeit der Welt hat keine andere Vernunft in sich, als das Gesetz.«[25] Diese Kritik der absoluten Vernunft in der Geschichte hält freilich sowohl am Begriff des Fortschritts als auch am Begriff des Gesetzes fest, um überhaupt einen Rahmen für die Erfassung und Darstellung des historischen Materials zu haben. In verschiedenen Formulierungen drückt Dilthey den gleichen Grundgedanken aus, daß der menschliche Geist vorwärts schreitet auf Grund von mechanischen Gesetzen. Der historische Prozeß wird gefördert nicht durch die Emanation der Idee, sondern durch die Umstände: »Die Geschichte hat es zu tun mit der *fortschreitenden* Kultur. Die Form des geistigen Fortschritts ist, mechanisch angesehen, die Komplikation der Ideen und Verhältnisse, wie sie bewirkt wird durch die gegenseitige Einwirkung der Nationen in ihrer historischen Verbindung.«[26] An anderen Stellen spricht Dilthey von der Möglichkeit, die Fortbewegung der Geschichte aus einer bloßen mechanischen Gesetzmäßigkeit zu erklären. Diese Umpolung erlaubt ihm dann, versuchsweise auf die älteren idealistischen Prämissen zu verzichten, ohne den Fortschrittsbegriff und das Konzept einer universalen Geschichte aufzugeben.

Es bleiben freilich ungelöste methodische Probleme: wie sind in der Geschichte des Geistes solche Gesetze nachzuweisen, und wie ist schließlich in der gesetzmäßig verlaufenden Geschichte der Fortschritt aufzuweisen? Dem Gang der Geschichte muß, wie Dilthey sieht, eine Richtung angewiesen werden. So wird von Dilthey emphatisch behauptet, daß der historische Prozeß sich nicht als Kreislauf, sondern als Linie darbietet. Doch diese Annahme wird nur mit dem Hinweis begründet, daß anhand des geschichtlichen Materials eine *Differenzierung* der Ideen phänomenal festzustellen ist. An dieser Stelle bringt Dilthey die Hermeneutik ins Spiel und beruft sich auf Schleiermacher. Nachdem er die verschiedenen konkurrierenden methodischen Ansätze erörtert hat, schreibt er: »Hier ist nun die Meinung, welche zu begründen eine Hauptaufgabe der Untersuchung sein wird, daß die Grundsätze der Schleiermacherschen Hermeneutik die Eine wesentliche Seite der historischen Methode zuerst und meisterhaft darstellen.«[27] Das Problem der Geschichtsschreibung, so allgemein es zunächst aufgeworfen wurde, wird deutlich am Beispiel der Kultur- und Geistesgeschichte abgehandelt, für die der mechanistische Positivismus am wenigsten geeignet ist. Bevor historische Gesetze auf diesem Felde konstruiert werden können, ist überhaupt erst abzusichern, daß wir die Gedankenwelt, wie sie uns in Texten entgegentritt, verstehen. Insofern ist für Dilthey die Hermeneutik der erste und nicht zu übergehende Schritt für den Historiker. Das methodische Verstehen von Gedanken und Gedankensystemen bedeutet für Dilthey immer schon mehr als das Referat von Urteilen. Es geht ihm nämlich um die »ersten ursprünglichen Impulse«[28], aus denen die Gedankensysteme hervorgegangen sind.

Bezeichnenderweise führt Dilthey den geisteswissenschaftlichen Ansatz bis zu dem Punkt, wo dieser den positivistischen Grundannahmen schließlich widerspricht. Ausdrücklich wendet Dilthey sich nämlich gegen das Erklären geistiger Vorgänge »aus einem atomistischen Getriebe von Motiven« und verlangt, ein Verstehen »aus dem Wesen des Menschen heraus«[29]. Wird aber der Text als die Manifestation menschlicher Tätigkeit betrachtet und, im Sinne der Schleiermacherschen Hermeneutik, ein Zusammenhang hergestellt zwischen der Individualität des Autors und der Struktur des Textes, dann erhebt sich die Frage, wie denn angesichts dieser individualisierenden Betrachtung der universale historische Zusammenhang, die Gesetzmäßigkeit der Geschichte, noch erhalten bleibt.

Dilthey sieht diese Schwierigkeiten, in die eine hermeneutische Begründung der Geisteswissenschaften führen würde, und schlägt deshalb eine Verbindung von hermeneutischen und positivistischen Methoden vor. Er verlangt von der historischen Methode, daß sie einerseits ein bestimmtes Werk, ein Gedankensystem als Teil des ganzen historischen Prozesses ausweist, d. h., er verlangt die Einordnung des Besonderen in das universelle Gesetz, und er erwartet auf der anderen Seite, daß die historische Methode uns ermöglicht, in die Bedeutung von geistigen Äußerungen einzudringen. Dilthey bleibt also kritisch gegenüber Schleiermacher, dessen philologische Methode zu sehr auf den einzelnen Text und seinen Autor bezogen bleibt.

Schleiermachers Methode vereinzelt alles zu Individualitäten, begreift es als geschlossenes Ganzes, in seiner eigentümlichen Komposition, in seiner eigentümlichen inneren Form. So weit die Kunst reicht, ist diese Methode gerechtfertigt [. . .]. Aber das innere Gesetz der Geschichte verlangt, daß unbedingter Ernst mit der Kontinuität gemacht werde.[30]

Bemerkenswert ist, daß Dilthey an dieser Stelle von dem inneren Gesetz und nicht dem mechanischen Gesetz der Geschichte spricht und damit, wenigstens implizit, einräumt, daß die gewünschte Verbindung von philologischer Hermeneutik und Positivismus nicht problemlos ist. Es zeigt sich nämlich, daß der Idealismus nicht so leicht zu überwinden war, wie Dilthey unter dem Einfluß positivistischer Strömungen zunächst angenommen hatte. Eine Tagebucheintragung von April 1861 läßt denn auch erkennen, daß Dilthey, um den historischen Prozeß auf den Begriff zu bringen, an idealistischen Prämissen festhält:

Der historische Prozeß allgemein angesehen ist, daß die inneren Züge unseres sittlich-geistigen Daseins, als gemeinsam in Vielen, Formen dieser Gemeinsamkeit bilden, daß aber diese wie alle Formen dem erzeugenden Geiste, der eine fortschreitende Unendlichkeit ist, nicht genügen und von verschiedenen Impulsen als Partei- und Schulgegensätze sich gegen ihn erheben.[31]

Dieser Satz steht Hegel zweifellos näher als Comte, doch führt er nicht zum absoluten Geist zurück, sondern zur Nationalgeschichte und zur vergleichenden Anthropologie, aus denen die sittlich-geistigen Grundzüge abgeleitet werden sollen. Dies geschieht in einer Form, die sich vom positivistischen Ansatz schon deutlich unterscheidet. 1861 differenziert Dilthey klarer als 1859 das philologisch-hermeneutische und das historische Verstehen: die Hermeneutik bezieht sich auf den individuellen Text sowie seinen Kontext, die historische Rekonstruktion dagegen ist geleitet von dem Gesichtspunkt, das Werk bzw. das philosophische System als Glied »der Geschichte der Ideen«[32] zu betrachten. Dilthey versucht, beide Verfahren so zu vereinigen, daß sie einander ergänzen. Die Konstruktion der Ideengeschichte (von der politischen Geschichte ist nie die Rede) ruht auf der philologischen Vorarbeit, die die Bedeutung von Texten erarbeitet.

Wir sehen jetzt klarer, was der Einwand der fehlenden Sachlichkeit, den Dilthey gegen die räsonierende Historiographie erhebt, bedeutet: Er führt uns zur Hermeneutik als der Methode, durch die Werke so nachkonstruiert werden, daß sie als eine Einheit sich evident darstellen. Der ihnen durch Interpretation abverlangte Gehalt wird dann, in einem zweiten Schritt, in die Geschichte der Ideen eingefügt. In diesem Zusammenhang nun verschiebt sich für Dilthey die Wahrheitsfrage. Was Dilthey an der liberalen Geschichtsschreibung stört, ist der unvermittelte moralisch-politische Zugriff auf die Werke und Ideen. Diese werden am Ziel der Geschichte gemessen. Dilthey dagegen ist zugleich kritischer und unkritischer. Kritischer ist er, insofern er die mangelnde Vermittlung des moralischen Ansatzes durchschaut. Unkritischer ist er, insofern er die Wahrheit des historischen Erkennens schon durch das Verstehen von Werken/Texten und der Nachkonstruktion von Ideen gesichert sieht. Dadurch aber wird die geschichtliche Tradition dem kritischen Fragen entzogen. Diltheys Wende zum politischen Konservatismus, die nach dem Nachweis von Bernd Peschken 1866 erfolgte[33], ist theoretisch bereits in den Schleiermacherstudien und den früheren Ausführungen zur Hermeneutik angelegt. So heißt es 1865 in den Tagebüchern: »Das Wesen der Geschichte ist die geschichtliche Bewegung selber, und wenn man dieses Wesen Zweck nennen will, so ist sie allein der Zweck der Geschichte.«[34] Dilthey verlegt mit anderen Worten das Ziel der Geschichte in diese selbst hinein – die Bewegung wird das Ziel –, und so wird der geschichtliche Prozeß zur Wahrheit, für welche die Werke und Personen nur die Zeichen sind.

Obgleich die frühen theoretischen Ausführungen sich auf die Geschichte im allgemeinen beziehen, wendet Dilthey seine Einsichten zunächst auf die Literaturgeschichte an, und zwar in den Aufsätzen über Novalis, Lessing und Goethe, die vier Jahrzehnte später in überarbeiteter Form in dem Buch *Das Erlebnis und die Dichtung* erscheinen werden. Dilthey konzipiert diese Essays als einen ersten Versuch zu einer Literaturgeschichte der Goethezeit. Dies ist besonders an den einleitenden methodischen Überlegungen des Novalis-Aufsatzes abzulesen, die zum guten Teil in Diltheys Baseler Antrittsvorlesung von 1867 eingegangen sind. Im Gegensatz zur älteren liberalen Geschichtsschreibung betrachtet er den Zeitraum zwischen 1770 und 1830 als eine in sich geschlossene einheitliche Periode. »Aus einer Reihe konstanter geschichtlicher Bedingungen entsprang in Deutschland im letzten Drittel des vorigen Jahrhunderts eine geistige Bewegung, in einem geschlossenen und kontinuierlichen Gange ablaufend, von Lessing bis zum Tode Schleiermachers und Hegels ein Ganzes.«[35] Nicht so sehr durch die Meinungen oder die Werke begründet sich die unterstellte Einheit für Dilthey, sondern durch das sich sukzessiv entfaltende Streben nach einer neuen Anschauung der Welt.[36] Ihr nun spricht Dilthey einen spezifisch deutschen Charakter zu. Er übernimmt von der liberalen Geschichtsschreibung ein wichtiges Argument, funktioniert es jedoch so um, daß es seinen Sinn vollständig ändert. Für Gervinus und Julian Schmidt zeichnet sich die Weimarer Klassik dadurch aus, daß sie den politischen Aufgaben der deutschen Nation fern steht, daß sie, überspitzt ausgedrückt, weltfremd bleibt. Dilthey teilt diese Einschätzung und hebt die besondere Lage Deutschlands hervor, indem er sie der Entwicklung von England und Spanien gegenüberstellt. In diesen Ländern entfaltete sich die Blüte der Literatur vor dem Hintergrund eines blühenden Nationalstaates. Die großen spanischen und englischen Schriftsteller ergriffen ihre Stoffe »unter dem Gesichtspunkt eines fertigen Nationalgeistes«.[37] In Deutschland dagegen fehlte die nationale Einheit, es gab weder ein politisches noch ein kulturelles Zentrum. Das deutsche Bürgertum sieht sich von der politischen Beteiligung ausgeschlossen. Unter diesen Bedingungen nimmt, Dilthey zufolge, das kulturelle Leben eine durchaus andere Gestalt an: »So wird ihr ganzer Lebensdrang, ihre ganze Energie in den besten Jahren ihrer Kraft nach innen gewandt: persönliche Bildung, geistige Auszeichnung werden ihre Ideale.«[38] Die Literatur, so schließt Dilthey, tritt an die Stelle der politischen Öffentlichkeit.

Eben diese Tendenz hatte Gervinus in seiner Literaturgeschichte noch beklagt und zur Politisierung des geistigen Lebens aufgerufen. Bei Dilthey dagegen nimmt die aus drei Generationen bestehende »deutsche« Bewegung den Charakter einer positiven nationalen Tradition an. Dilthey spricht von einer Weltansicht, »in welcher der deutsche Geist seine Befriedigung finde«.[39] Aufklärung, Klassik und Romantik erscheinen als drei Phasen einer kontinuierlichen, bruchlosen Entwicklung. Auffallend ist die Auswahl der repräsentativen Autoren. Bei der Behandlung der Aufklärung stützt sich Dilthey fast ausschließlich auf Lessing und läßt Schriftsteller wie Wieland und Klopstock beiseite, da ihr Werk angeblich nicht typisch sei für den Geist der deutschen Aufklärung. Erstaunlicher noch: auch Kants grundlegende Bedeutung für die begriffliche Durchdringung des Projektes Aufklärung bleibt fast unberücksichtigt. Was Lessing in den Augen Diltheys vor Kant auszeichnet, ist sein Dichtertum, d. h. der Vorteil der intuitiven Anschauung gegenüber dem begrifflichen Diskurs des Philosophen. Lessing steht gleichsam in der besseren Tradition, nämlich der spinozistischen und leibnizschen. »In Lessing wird aus Leibniz das historische Bewußtsein entbunden. Aus dem teleologischen oder ideellen Grunde von Leibniz erscheinen die geschichtlichen Erscheinungen als notwendige Stufen einer Entwicklung, deren Ziel Aufklärung und Vollkommenheit ist.«[40]

Unter diesem Gesichtspunkt kann die Aufklärung nicht mehr als eine Vorstufe für die Goethezeit sein, in der dann das Eigentliche, nämlich die pantheistische Naturanschauung, durch Goethe entfaltet wird. Die Literatur der Aufklärung wird durch Auswahl und Akzentsetzung entpolitisiert. Im gleichen Maße wird die politisch motivierte Kritik der liberalen räsonierenden Geschichtsschreibung an der deutschen Klassik und Romantik abgebogen, denn Dilthey spricht der Entwicklung von Sturm und Drang bis zur Romantik Notwendigkeit, d. h. aber Legitimität zu. Auf die ideologischen Implikationen dieser Konzeption hat Peschken hingewiesen.[41]

Diltheys hermeneutisch-ideengeschichtlicher Ansatz, der sich kritisch von der räsonierenden Literaturgeschichte der Liberalen absetzt, antizipiert die konservative Reichsgründung. Es ist nicht allein die Konzeption der deutschen Literaturgeschichte, die hier entscheidend verändert wird, sondern zugleich Theorie und Methodologie dieser Disziplin, die gerade beginnt, sich an den deutschen Universitäten durchzusetzen. So sehr sich Diltheys Ansatz auch vom Positivismus der Scherer-Schule unterscheidet, so führt er doch auf anderen Wegen zum gleichen Ergebnis. Die Literaturgeschichte wird in den Dienst des Zweiten Reiches genommen, sie wird in letzter Instanz eine Legitimationswissenschaft. Dies geschieht freilich nicht direkt, sondern indirekt als Kritik der liberalen Literaturgeschichte, die ihre politischen Erkenntnisinteressen offen darlegt. Im Namen der Sachlichkeit werden die umfassenden Konstruktionen der vormärzlichen Historiographie zurückgenommen und ersetzt durch den hermeneutischen Ansatz, der die Tradition affirmiert.

Dieses Einbinden der romantischen Hermeneutik in die Theorie der Geschichte hat bereits Hans-Georg Gadamer in seinem Dilthey-Kapitel herausgearbeitet. Für Gadamer stellt sich das Projekt Diltheys dar als der Versuch, den epischen Historismus eines Ranke erkenntnistheoretisch zu begründen.[42] So ist Dilthey für ihn ein kritischer Nachfolger des objektivistisch gesonnenen Historismus, aber eben ein Nachfolger, der nicht kritisch genug ist und sich daher schließlich durch die Art, wie er sein Problem stellt, im Objektivismus verstrickt. Gadamers Ansatz verdeckt aber die Tatsache, daß Dilthey nicht einfach die Vergangenheit allseitig verstehen wollte, sondern sehr wohl inhaltliche Vorstellungen von dem hatte, was aus der Vergangenheit überliefert werden sollte. Gadamers eigener Traditionalismus macht ihn blind für die Art, wie Geschichte und Literaturgeschichte bei Dilthey durch Auswahl und Akzentsetzung festgeschrieben werden. Die Aneignung der Tradition ist mehr als Verstehen – es ist ein Akt der selektierenden Konstruktion, durch den mittelbar auch Herrschaft bestätigt wird. So entschied sich Dilthey methodisch wie inhaltlich *gegen* die Rezeption der literarischen Tradition, welche ihm die Historiographie des Vormärz anbot. Dieser fehlte die wissenschaftliche »Objektivität«. Der Begriff der Objektivität, der in Gadamers Darstellung nur auf der Ebene der Theorie und Methode wahrgenommen wird, ist nach 1848 inhaltlich aufgeladen, ohne daß dies freilich ausdrücklich kenntlich gemacht wird. Die Macht der nachrevolutionären Rhetorik besteht darin, die inhaltlichen Interessen, die auf dem Spiel stehen, hinter dem erkenntnistheoretischen Apparat verschwinden zu lassen.

Gadamer legt den Nachdruck seiner Dilthey-Kritik auf die Tatsache, daß Dilthey von Schleiermacher die Hermeneutik übernahm und zur Basis des historischen Erkennens erklärte. Auf diese Weise wurde Geschichte zum Text verkürzt. Diese Kritik ist berechtigt, aber nicht hinreichend. Der frühe Dilthey ist sich durchaus bewußt, daß die Hermeneutik nicht alle Aufgaben des Historikers lösen kann. Der Prozeß der geschichtlichen Kontinuität, die Kette der Ideen, war auf diese Weise nicht zu sichern. Wo größere Zusammenhänge erfaßt werden sollen, muß das Verstehen zur Konstruktion übergehen.

Auch der spätere Dilthey verzichtet nicht auf die Vorstellung eines übergreifenden historischen Zusammenhangs, in den das Individuelle einzuordnen ist. Er benutzt den hegelschen Begriff des objektiven Geistes, um die Vorgegebenheit von Strukturen kenntlich zu machen. Im objektiven Geist transzendiert die Geschichte die subjektive Relation von Erlebnis, Ausdruck und Verstehen, die dem hermeneutischen Verfahren bei Dilthey zugrunde liegt.

Ich verstehe unter ihm [dem objektiven Geist, PUH] die mannigfachen Formen, in denen die zwischen den Individuen bestehende Gemeinsamkeit sich in der Sinneswelt objektiviert hat. In diesem objektiven Geist ist die Vergangenheit dauernde beständige Gegenwart für uns. Sein Gebiet reicht von dem Stil des Lebens, den Fomen des Verkehrs zum Zusammenhang der Zwecke, den die Gesellschaft sich gebildet hat, zu Sitte, Recht, Staat, Religion, Kunst, Wissenschaft und Philosophie. [...] Von dieser Welt des objektiven Geistes empfängt von der ersten Kindheit ab unser Selbst seine Nahrung.[43]

Wohl macht Dilthey darauf aufmerksam, daß das historische Verstehen allemal schon dadurch berührt ist, daß der Forscher Teil dieses Zusammenhangs ist. Aber eben diese Einsicht macht ihn bei der Reflexion auf seine Methode wieder blind gegenüber der kategoriellen Verschiedenheit des Individuellen und des Ganzen, so daß er die Rekonstruktion des Zusammenhangs (Totalität) schließlich doch wieder durch das erlebende Verstehen begründen will. Er argumentiert:

Die Prinzipien der Geschichtswissenschaft lassen sich nicht in abstrakten Sätzen, die Äquivalenzen ausdrücken, aufstellen. Denn sie müssen der Natur ihres Gegenstandes entsprechend auf Verhältnissen beruhen, die im Erleben begründet sind. Im Erleben ist die Totalität unseres Wesens. Eben dieselbe bilden wir im Verstehen nach.[44]

Worum es Wilhelm Dilthey auch in den achtziger Jahren noch ging, hat er unmißverständlich in seinem Nachruf auf Julian Schmidt (1887) ausgesprochen. Im Rückblick auf Schmidts Entwicklung bemerkt Dilthey einen deutlichen Wandel der Konzeption nach dem Jahr 1866. Diesen bringt er in Zusammenhang mit den politischen Ereignissen, d. h. dem Sieg Preußens über Österreich und damit der Annäherung an die kleindeutsche Lösung. Durch die Möglichkeit der nationalen Einigung wurde aber der Literaturgeschichte eine neue Perspektive verliehen.

Von neuem änderte sich der Gesichtspunkt für die Auffassung unserer neueren Literatur gänzlich, als seit 1866 die Nation, deren Einheit bis dahin in ihrem geistigen Leben gelegen hatte, ein politisches Ganzes wurde. Nun trat die schöpferische Bedeutung unserer großen Literatur auch für unseren nationalen Staat deutlicher hervor. Nun empfand man, was Menschen wie Kant, Schiller, insbesondere aber Herder, auch in dieser Rücksicht für uns gewesen sind.[45]

Schmidts Literaturgeschichte erscheint Dilthey derjenigen von Gervinus überlegen, weil sie »ihn den Zusammenhang unserer nationalen Bildung«[46] erkennen läßt, während Gervinus angeblich nur literarische Physiognomien geschildert hatte. Dieses befremdliche Urteil, das die späten Arbeiten von Schmidt allzu unkritisch gelten läßt, enthält ein gutes Maß an Projektion. Dilthey identifiziert sich auch 1887 noch mit der nationalliberalen Kehre von 1866, die der räsonierenden Literaturgeschichte den Boden entzog. Er wünscht die Ausrichtung der deutschen Literaturgeschichte auf die nationale Einigung unter dem Vorzeichen der preußisch-konservativen Hegemonie. Die Methodenreflexion steht letztlich im Dienste dieser Konzeption einer deutschen Nationalbildung.

Am Beispiel von Wilhelm Scherer verdeutlicht sich Dilthey erneut diesen Zusammenhang. Im Nachruf auf den Generationsgefährten kann Dilthey sich noch mehr in die Situation des anderen hineinversetzen und verstehend auch das eigene Projekt mit umreißen. Obwohl sich Dilthey darüber in klaren ist, daß sich seine Methodologie von der Scherers unterscheidet, sieht er doch Verbindungen und Parallelen – besonders hinsichtlich der Konzeption einer nationalen Tradition. Die philologische Schulung, die Scherer bei den älteren Germanisten empfing, verbindet sich mit dem zeitgenössischen Positivismus zur methodischen Grundlage der neueren Literaturgeschichte: auf der einen Seite die naturwissenschaftliche Methode der kausalen Ableitung und Vergleichung, auf der anderen Seite die philologische Kritik, deren Beitrag Dilthey folgendermaßen beschreibt:

> Die strenge sprachliche und metrische Beobachtung und die auf sie gebaute niedere und höhere Kunst der Kritik, wie sie die deutsche Philologie an den Denkmälern unseres Altertums ausgebildet hatte, wandte er auf die neueren Dichtungen an. [. . .]. Die ästhetischen Kategorien der idealistischen Schule sind verbraucht, durch unsere jetzigen ästhetischen und kunsthistorischen Arbeiten geht ein Grundzug: aus der konstruktiven Technik des einzelnen Kunstgebietes wollen wir die Betrachtung der Kunstwerke verstehen und ihren ästhetischen Wert erfassen.[47]

Die Parallele zu Diltheys eigenem Pluralismus ist unübersehbar. Und am Beispiel des verstorbenen Freundes spricht Dilthey auch deutlich aus, wodurch sich die Methode rechtfertigt: sie dient der Absicherung des inhaltlichen Konzeptes der deutschen Literaturgeschichte, das Dilthey in Scherers Darstellung ausgeführt fand.

Während Dilthey die methodologischen Differenzen zwischen sich und Scherer anmerkt, steht er Scherers inhaltlicher Rezeption der deutschen Literatur durchaus positiv gegenüber; denn diese verfolgt die Entwicklung des nationalen Geistes. »So schien er [Scherer, PUH] dazu bestimmt, die unvergängliche Funktion der Poesie in dem Nationalleben wissenschaftlich inmitten der materiellen und politischen Interessen unserer Tage, in dem heutigen Berlin zu vertreten.«[48] Eine Sendung, mit der sich Dilthey wohl identifizieren konnte.

Daß die wissenschaftstheoretischen Unterschiede zwischen Diltheys Hermeneutik und Scherers Positivismus unter dem Gesichtspunkt der Institutionalisierung ihre Bedeutung verlieren, daß beide Methoden zum gleichen Ergebnis führen, zeigt einmal mehr, daß es nicht so sehr die Theoreme sind, auf die es in diesem Zusammenhang ankommt, vielmehr ihre *Funktion.* Diltheys emphatische Rekonstruktion der Goethezeit als dem verbindlichen kulturellen Paradigma Deutschlands ist der Versuch, die Institution Kunst gegenüber den zeitgenössischen politischen und sozialen Institutionen zu situieren. Das zeigt sich in der Art der Aneignung und Auslegung der goethezeitlichen Kunsttheorie: War um 1800 der Begriff des autonomen Kunstwerks eine Strategie im Kampf gegen den höfischen Begriff der Kunst als Unterhaltung, aber auch gleichzeitig schon Abwehr der Vermittlung der Kunstproduktion über den Warenmarkt, möchte Dilthey durch die Rezeption dieser Kunsttheorie die kulturelle Sphäre im Zeitalter des organisierten Kapitalismus als einen Sonderraum (zweite Welt der Dichtung) sichern. Dieser konservative Versuch grenzt sich ab gegen die beiden literarischen Bewegungen, die das späte 19. Jahrhundert dominieren: die Oppositionsliteratur des Naturalismus, die auf die gesellschaftlichen Widersprüche inhaltlich reagiert, und den Ästhetizismus, der die Autonomieästhetik bis zur gehaltlichen Entleerung des Kunstwerks radikalisiert. Diltheys Aneignung der Goethezeit möchte die Phantasie und die Spontaneität (des Künstlers) retten gegen die instrumentelle Rationalität, welche nicht nur die Wissenschaft, sondern auch die sozialen Institutionen beherrscht. Die Problematik ist selbstverständlich seit dem späten 18. Jahrhundert vertraut, die Genieästhetik erscheint als die erste Antwort. Bezeichnend ist jedoch für die Situation des ausgehenden 19. Jahrhunderts, daß der Rückgriff auf die Vorstellung des irrational schaffenden Künstlers nicht mehr die Produktion, sondern nur noch die Konsumtion von Kunst bestimmen kann, nämlich als Kontemplation.

Anmerkungen

1 Peter Bürger, *Theorie der Avantgarde*, Frankfurt 1974; Christa Bürger, *Der Ursprung der bürgerlichen Institution Kunst [. . .]*, Frankfurt 1977.

2 Siehe auch Hans Sanders, *Institution Literatur und Roman*, Frankfurt 1981, 14-20, bes. 16.

3 P. Bürger, *Institution Literatur und Modernisierungsprozeß*, in diesem Band.

4 Dazu im einzelnen meine Untersuchungen *Literaturkritik und Öffentlichkeit*, München 1974, bes. 7-49.

5 Ich kann hier verweisen auf die Einleitung meiner Untersuchung *The Institution of Criticism*, Ithaca: Cornell University Press, 1982.

6 W. Benjamin, *Literaturgeschichte und Literaturwissenschaft*, in: ders., *Angelus Novus*, Frankfurt 1966, 453.

7 G. Lukács, *Werke*, Darmstadt und Neuwied 1974, Bd. 9, 363-385.

8 Vgl. Christoph Zöckler, *Dilthey und die Hermeneutik*, Stuttgart 1975, 105-107.

9 Vgl. Bernd Peschken, *Versuch einer germanistischen Ideologiekritik*, Stuttgart 1972, 57-72; Zöckler (s. Anm. 8), 209-239.

10 Zur Literaturgeschichte des Vormärz vgl. Bernd Hüppauf, *Literaturgeschichte zwischen Revolution und Reaktion*, Frankfurt 1972, 3-35; Klaus Weimar, *Zur Geschichte der Literaturwissenschaft. Forschungsbericht*, in: *DVjs* 50, 1976, 298-363, bes. 302-329.

11 Beispielhaft Robert E. Prutz, *Die deutsche Literatur der Gegenwart. 1848 bis 1858*, 2 Bde., Leipzig: Voigt und Günther 1859.

12 Ursprünglich gehalten als Rede am 11. September 1849 an der Universität Leipzig, wo Danzel als Privatdozent wirkte. Zitiert im folgenden nach *Deutsche Literaturkritik im 19. Jahrhundert*, hg. v. Hans Mayer, Frankfurt 1976, 317-327.

13 Danzel (s. Anm. 12), 318.

14 Ebd.

15 Ebd., 319.

16 Ebd., 320.

17 Vgl. ebd., 323.

18 Ebd., 326.

19 Vgl. W. Dilthey, *Gesammelte Schriften*, Stuttgart und Göttingen, Bd. 11, 196.

20 Vgl. ebd., 197.

21 Ebd., 198.

22 W. Dilthey, *Über das Studium der Geschichte der Wissenschaften vom Menschen, der Gesellschaft und dem Staat*, in: ders. (s. Anm. 19), Bd. 5, 31-73.

23 Die Arbeit ist endlich im Druck zugänglich im 14. Bd. der *Gesammelten Schriften* (s. Anm. 19).

24 *Der junge Dilthey. Ein Lebensbild in Briefen und Tagebüchern 1852-1870*,

hg. v. Clara Misch, Leipzig und Berlin 1933, 92.

25 Ebd., 82.

26 Ebd., 83.

27 Ebd., 92.

28 Ebd., 93.

29 Ebd.

30 Ebd., 95.

31 Ebd., 147.

32 Ebd., 151.

33 Peschken (s. Anm. 9), 57-72; auch Zöckler (s. Anm. 8), 227-239.

34 Der junge Dilthey (s. Anm. 24), 190.

35 Dilthey (s. Anm. 19), Bd. 5, 13.

36 Vgl. ebd., 16.

37 Ebd., 14.

38 Ebd., 15.

39 Ebd., 13.

40 Ebd., 19.

41 Vgl. Peschken (s. Anm. 9), 71. – Zum nachmärzlichen Liberalismus in Deutschland vgl. Theodor Schieder, *Die Krise des bürgerlichen Liberalismus,* in: *Liberalismus,* hg. v. Lothar Gall, Köln 1976, 187-207; Rainer Wahl, *Der preußische Verfassungskonflikt und das konstitutionelle System des Kaiserreichs,* in: *Moderne deutsche Verfassungsgeschichte (1815-1918),* hg. v. Ernst Wolfgang Böckenförde, Köln 1972, 171-194.

42 Vgl. H. G. Gadamer, *Wahrheit und Methode,* Tübingen ^{2}1960, 218.

43 Dilthey (s. Anm. 19), Bd. 7, 208.

44 Ebd., 278.

45 Dilthey (s. Anm. 19), Bd. 11, 235.

46 Ebd., 236.

47 Ebd., 250.

48 Ebd., 253.

Bio-bibliographische Hinweise

Karlheinrich Biermann, geb. 1937; Studium in Münster, Bordeaux, Montpellier und Paris (Französisch, Philosophie, evangelische Theologie); Promotion 1970; Professor für Romanische Philologie an der Universität Münster.

Veröffentlichungen: *Selbstentfremdung und Mißverständnis in den Tragödien Jean Racines,* Frankfurt 1970; *Literarisch-politische Avantgarde in Frankreich 1830-1870 – Hugo, Sand, Baudelaire und andere,* Stuttgart 1982.

Christa Bürger, geb. 1935; Studium in Frankfurt (Deutsch, Französisch, Philosophie); Lektorin an der Universität Lyon; Studienrätin in Bonn und Erlangen; Promotion 1973; seitdem Professorin am Institut für Deutsche Sprache und Literatur der Universität Frankfurt.

Veröffentlichungen: *Deutschunterricht – Ideologie oder Aufklärung,* Frankfurt 1970; *Textanalyse als Ideologiekritik. Zur Rezeption zeitgenössischer Unterhaltungsliteratur,* Frankfurt 1973; *Der Ursprung der bürgerlichen Institution Kunst im höfischen Weimar. Literatursoziologische Untersuchungen zum klassischen Goethe,* Frankfurt 1977; *Tradition und Subjektivität,* Frankfurt 1980 (stw 326).

Peter Bürger, geb. 1936, seit 1971 Professor für Literaturwissenschaft an der Universität Bremen.

Veröffentlichungen: *Die frühen Komödien Pierre Corneilles und das französische Theater um 1630,* Wiesbaden 1971; *Der französische Surrealismus. Zum Problem der avantgardistischen Literatur,* Wiesbaden 1971; *Studien zur französischen Frühaufklärung,* Frankfurt 1972; *Aktualität und Geschichtlichkeit. Studien zum gesellschaftlichen Funktionswandel der Literatur,* Frankfurt 1977; *Vermittlung – Rezeption – Funktion, Ästhetische Theorie und Methodologie der Literaturwissenschaft,* Frankfurt 1979.

Gerhard Goebel, geb. 1932; Studium in Berlin (Französisch, Englisch); Professor für Romanistik/Literaturwissenschaft an der FU Berlin, an der Universität Hannover und seit 1975 an der Universität Frankfurt.

Veröffentlichungen: *Zur Erzähltechnik in den »Histoires comiques« des 17. Jahrhunderts (Sorel-Furetière),* Berlin 1965; *Poeta faber. Die erdichtete Architektur in der italienischen, spanischen und französischen Literatur der Renaissance und des Barock,* Heidelberg 1971.

Wilfried Grauert, geb. 1941; Studium in Göttingen und Marburg (Deutsch, Französisch); seit 1968 Unterrichtstätigkeit an Bremer Gymnasien; mehrjährige Tätigkeit als Praxislehrer an der Universität Bremen (Französisch); Arbeitsschwerpunkt: Goncourt.

Evelyne Heydemann, geb. 1949; Studium der Anglistik in Frankreich; Maîtrise 1973; seit 1978 Lehrbeauftragte für Französisch an der Universität Bremen; z. Zt. Promotion über *Das Bürgerliche Drama in Frankreich unter besonderer Berücksichtigung L. S. Merciers.*

Peter Uwe Hohendahl, geb. 1936; Studium in Bern, Göttingen und Hamburg (Deutsch, Geschichte, Philosophie); Promotion 1964; Professor am Department of German Literature der Cornell University (Ithaca, New York).

Veröffentlichungen: *Das Bild der bürgerlichen Welt im expressionistischen Drama*, Heidelberg 1967; *Literaturkritik und Öffentlichkeit*, München 1974; *Der europäische Roman der Empfindsamkeit*, Wiesbaden 1977. Herausgeber von: *Sozialgeschichte und Wirkungsästhetik*, Frankfurt 1974; *Literatur und Literaturtheorie in der DDR*, Frankfurt 1976 (es 779).

Joël Lefebvre, geb. 1926; seit 1961 Dozent an der Universität Lyon; Habilitation 1969; seit 1970 Professor für deutsche Literatur und Kulturgeschichte an der Universität Lyon 2; Mitherausgeber des Jahrbuchs für Internationale Germanistik.

Veröffentlichungen: *Les fols et la folie. Etude sur les genres du comique et la création littéraire en Allemagne pendant la Renaissance*, Paris 1968; *L'Histoire du Docteur Faust (1587). Traduction, introduction et notes*, Paris 1970; *Luther et les problèmes de l'autorité civile. Traduction, introduction*, Paris 1973; *Thomas Müntzer, Ecrits théologiques et politiques. Traduction, introduction et notes*, Lyon 1982.

Ulrich Meier, geb. 1952; Studium der Sozialwissenschaften, Germanistik, Philosophie; Promotion 1981; tätig als freier Autor wissenschaftlicher Beiträge.

Veröffentlichung: *›Endspiel‹ und Avantgarde*, Frankfurt 1982.

Hans Sanders, geb. 1946; Studium in Bonn, Erlangen und Bremen (Deutsch, Französisch); Promotion 1977; seit 1975 wissenschaftlicher Assistent im Fachbereich 4 (Romanistik) der Gesamthochschule Wuppertal; Arbeitsschwerpunkte: Neuere französische Literatur, Literaturtheorie.

Veröffentlichung: *Institution Literatur und Roman. Zur Rekonstruktion der Literatursoziologie*, Frankfurt 1981 (es 668).

edition suhrkamp. Neue Folge